吴美花　高国军 / 著

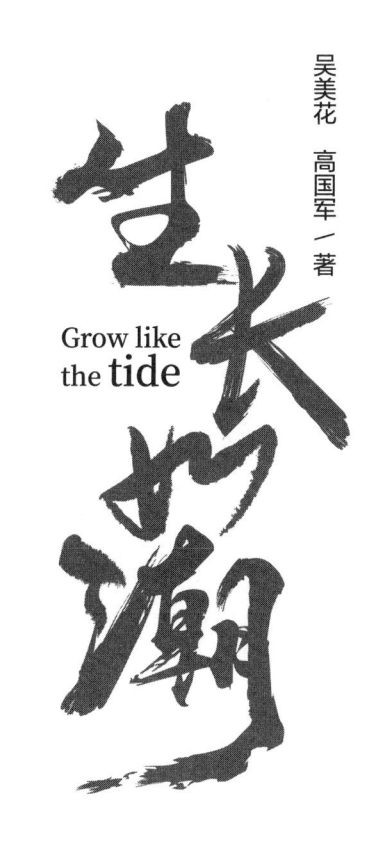

生长如潮

Grow like the tide

你不知道的长龙模式

红旗出版社

序

"潮之涨退，海非增减。盖月之所临，则水往从之。"

唐朝余道安在《海潮图序》一书中说，潮涨潮落，并不是因为海水的增与减。世界上，有海的地方就有潮汐。只不过，不是每一处潮汐都让人叹为观止、惊为天人。

在全球，中南美洲的亚马孙河、南亚的恒河与东亚中国的钱塘江，并称为"世界三大强涌潮河流"。钱塘江涌潮的强度和壮观景象，除亚马孙河外，其他河流无法与之媲美。

潮水来前，远处先呈现一个细小的白点，转眼间变成了一缕银线；潮水来时，声如雷鸣、排山倒海，犹如万马奔腾。从一缕银线到万马奔腾，这一转变很快就完成了，几乎没有给人反应的时间。

有一句诗是这么写的："钱塘一望浪波连，顷刻狂澜横眼前。"看似平常的江水里，蕴藏的能量可惊天。在古代人眼里，这是由一股神秘力量造成的，他们甚至神化了一位"潮神"。很多现象，当大家无法用简单的理由解释时，就更愿意相信背后有一股神秘力量在驱使这一切发生。

2012年，钱塘江边一家航空公司实现货运首航。这家公司一开始只有3架货机，在短短10年内竟然发展成为一家拥有60多架飞机的中大型航空公司。它以"浙江唯一本土航空公司"的姿态腾空而起，翻开了浙江民航发展的新画卷，甚至定下了成为世界级航空集团的目标。当这家航空公司以迅雷不及掩耳之势完成自己的崛起时，很多人觉得推动它的是一股看不见的神秘力量。

生长如潮，如今，长龙人找到了一种可以解释的内生逻辑，这种解释方法简单明了、生动形象，又与现实无比契合。从2012年货运开航到2013年客运开航，长龙航空从一方小企到走向国内国际的中大型航空公司，如潮般生长，向前奋进，向上攀登。

现在，我们可以比较科学地解释钱塘潮的成因了。潮汐的出现是有规律的，农历初一、十五涨大潮。此时，月球、地球和太阳三个天体差不多在同一条直线上，月球与太阳的引潮力几乎作用于同一个方向，两者的合力最大，海水就涨得最高、落得最低，即形成大潮。

钱塘潮主要由杭州湾入海口的特殊地形形成。杭州湾外宽内窄、外深内浅，是一个典型的喇叭状海湾。出海口江面宽达100千米，往西到澉浦，江面骤缩至20千米，到海宁盐官镇一带时，江面只有3千米宽。起潮时，宽深的湾口一下子吞进大量海水，由于江面迅速收缩变窄变浅，夺路上涌的潮水来不及均匀上升，便都后浪推前浪，一浪更比一浪高。

长龙航空的生长过程与钱塘潮竟然有着惊人的相似之处。2012年，长龙航空诞生时，民航开放的时机、全球经济的变化、国内出行的需求三个要素形成合力。这股合力作用于民航，让长龙航空处于一个时代机遇层叠奔涌的年代。

2013年，全球各大航空公司将31亿人和5100万吨货物安全送达世界各地。这是全球各大航空公司齐心协力第一次突破旅客运输量30亿人次大关。2019年，全球各大航空公司运送的旅客量增加到45亿人次，运送的货物量则达到6120万吨。6年时间内增加的运送人次，已经超过了我们国家的人口数量。

长龙航空总部在浙江，如果描摹浙江走向世界的"形状"，那也是一个喇叭形：浙江是全国陆地面积最小的省份之一，面积和宁夏、海南差不多，但它面向世界的窗口很大，温州的皮鞋、嵊州的领带、诸暨的袜子和珍珠、杭州的女装……这些商品通过一座座线下市场、一个个线上平台走向全国乃至世界，在全球占据了很大的市场份额。

在这里，一个又一个弄潮儿诞生、崛起，他们干在实处、走在前列、勇立潮头。弄潮儿，可以是一个人，也可以是一支队伍，他们对潮涨潮落的时机有着精准的把握，懂得利用一涨一落所带来的能量，更擅长规避江面之下的暗流。

要说长龙航空的生长逻辑与钱塘潮之间的区别，那就是人了。两者都有天时与地利，而长龙航空还有人和，它有一位擅长审时度势、开疆拓土、高瞻远瞩的掌门人，又有一支执行力强、效率高的团队。就像《基业长青》一书中所说，一家高瞻远瞩的公司追求进步的驱动力就在公司内部，在公司的上层和公司的每一个员工心里，向外和向前推动。

本书并不能回答关于长龙航空的所有问题，比如：为什么偏偏是长龙航空能在短时间内形成这样的机队规模与企业成就？它的成功到底是战略的产物还是时代的产物？最后它将走向何方？这些问题很难回答，长龙航空"进化"的速度太快了。我们最初认识的长龙航空与眼下的它已经有了翻天覆地的变化，一开始别人最关注的是它成长的速度，但它偏偏要将所有人的注意力转到它的品质与安全上来。后来，它又致力于打造数字航空、时尚航空。

如今的它，以最年轻的官方航空客运服务合作伙伴牵手亚运会，作为"诗画江南，活力浙江"的使者飞越碧空，和世界相逢，与彩虹相拥。它正在探索航空文化建设的新内涵和新路径，打造软实力，激发新动力，以"弄潮儿向涛头立"的勇气，奋力走在时代最前沿。

它所影响的已远远不止一家公司数千名员工的发展与几座偏远城市的出行，它围绕智慧运行、智慧出行，逐渐对更多的生态系统施加影响。这一点，大概也是被"潮"所影响，就像潮汐对海洋生态系统、海洋交通和能源开发等也会产生深远的影响一样。

写这本书，是因为相信，即便很多人并不了解长龙航空的过往与成长，也依然有可能被它"进化"中的魅力吸引。一家公司最有魅力的地方，不是它当下的样子，而是它能够让人憧憬未来，但又让人捉摸不透。

目录
CONTENTS

第一章
湖北人选择了浙江
航空业又敞开怀抱，拥抱了民营资本 ……………………… 002
浙江又有了本土航空 ………………………………………… 009
湖北人刘启宏选择了浙江 …………………………………… 019

第二章
第一架飞机起飞之前
被三架飞机"骗"到长龙 …………………………………… 032
一口气放弃了9名飞行员 …………………………………… 047
只要有一点儿机会，就要攻下来 …………………………… 065

第三章
"胆大包天"的目标一个接一个
办公室不够用了 ……………………………………………… 078
没有魄力，长龙飞不了那么快 ……………………………… 089
跑起来，时间也会被甩掉 …………………………………… 100

第四章
优等生的代价
服务永远在路上 112
刻在骨子里的习惯 121

第五章
在四层小楼拿下国际认证
惊心动魄的 4 个小时 140
飞难飞的机场，投更多的钱 149
未病先治 169

第六章
一场变革中的破与立
守住民航创新的底线 188
穿越云层的颠簸期 200
未来的民航人不再只是"工具人" 211
差点儿"胎死腹中"的数字化 224
省钱的数字"秘籍" 240

第七章
"独飞侠"好听不好当
不吃香的"独飞"航线 252
开航容易，撤退难 269

越是飞向贫困地区，越要快 ·· 277
学会自己"造血" ··· 288

第八章
孤勇者

武汉！武汉！ ··· 298
孤胆英雄为什么是它？ ··· 307

第九章
制造"永动机"

飞机在，这个行业不会消失 ·· 320

第十章
基业长青

追求利润，更追求广泛的理想 ······································ 336

参考文献 ··· 353

后记 ·· 355

第一章 / Chapter 1
湖北人选择了浙江

航空业又敞开怀抱，拥抱了民营资本

2013年12月29日中午12时，长龙航空GJ8691航班和GJ8687航班同时从杭州萧山国际机场起飞，一架飞往重庆，一架飞往深圳。

无论是在重庆江北还是在深圳宝安，这只是2013年在机场起降的20多万架飞机中的一架，对于机场而言，这两架飞机的到来，不过是又增加了150多名旅客。这150多名旅客，对于一年要吞吐3000万人次的深圳宝安国际机场而言，是再普通不过的一批旅客。

两个小时以后，这些旅客将迅速消散在机场步履匆忙的人群之中，大多数人不会记得自己曾坐过的那趟航班，更不会知道这两趟航班有什么特殊意义。

显然，很多人不知道，从这一年的7月10日开始，几百号人没日没夜地筹备了近6个月，就是为了听到这两架飞机滑行时引擎发出的轰鸣声。

——那是飞机起飞的声音，也是改写中国民航历史的声音。

在飞机起飞的杭州萧山国际机场，一场简单而又隆重的仪式正在举行。仪式分成内场和外场，很多人忙到来不及看一眼滑行的飞机，它们就已经一跃而起，向着更安全的高度爬升。

机坪上，一个穿着深色西装、系着亮黄色领带、身形魁梧的男人被相机、摄像机、话筒里三层外三层地包围着，外界都在好奇，这家新生的航空公司将如何突破重围，飞向远方。他是刘启宏，长龙航空的创始人，一位让中国民航队伍又增加一名新成员的企业家。对这个圈子而言，他是一名空降兵，先是办了一家货运航空公司，后又顺势而为完成了从单一货运到客货并举的综合型航空公司的转变。

从此，长龙航空和刘启宏的事业会噌噌噌地向上走，这是一位企业家人生中的重大转折点，但在当时几乎没有人意识到这一点，他们都没怎么注意刘启宏当天处于什么样的状态。"我想他可能是很激动的。"参加了长龙航空客运首航仪式的高管是这么猜想的。对于当天在现场的职业经理人而言，或许只是航路上又增加了一家航空公司的航班，是一件稀松平常的事。然而，这次首航对刘启宏的意义截然不同。

当天的首航仪式，所有流程与环节平稳顺利完成，这也是所有长龙人希望看到的结果。在这种氛围下，一些本应该引起关注的言论甚至被忽略了。当天到现场的还有空客公司派出的高层代表，这名代表在发言中提到，浙江是民营经济最发达的省份，民营经济在这片热土上的腾飞是有迹可循的。就人口和面积而言，浙江省可以和欧洲任何一个大国相媲美。"所以我们完全有理由相信，在不远的将来，可以在这片土地上看到像法航、英航、汉莎一样的航空公司腾飞、发展、壮大。在这样的远景下，我对长龙航空的未来发展充满着信心。"

如此宏大的未来，不知道刘启宏在当时是否设想过，但可以确定的是，那高悬在头上的无限高远的苍穹，对他来说，从那一天开始慢慢变得触手可及了。蓝天，不再像以前那般未知、辽阔、茫无边际了。"小时候看战争片就觉得，有了飞机就占领了制高点。"从小向往蓝天的刘启宏，终于找到了一种不操控驾驶舱也能征服蓝天的方式——创

办自己的航空公司。

一

能够在2013年进入民航领域，或许是让整个社会都刮目相看的一件大事，因为浙江长龙航空有限公司（简称"长龙航空"）面临的挑战与机遇都是巨大的。

2009—2013年，我国的人均GDP（国内生产总值）每年都上一个新的千美元台阶。2009年，我国人均GDP为3832.6美元，到2013年，数字就突破了7000美元。而中国在20世纪漫长的数十年里，做到的不过是让人均GDP突破1000美元。

国际航空运输业有一条规律：人均GDP越高，人均乘机次数越多。2013年前后，我国人均GDP相当于美国20世纪70年代的水平，当时美国人均乘机次数已达1次，然而，2013年我国人均乘机次数还停留在0.26次——几年之后，甚至有经济学家作出"国内10亿人没坐过飞机"的判断。

另一边，中国人消费的身影从那时候开始活跃在世界的各个角落。

2013年，光是国庆黄金周，中国人跑到国内125个旅游城市和景点，就消费了2233亿元人民币。在这一整年内，中国人花掉了6000多亿元人民币，买走了全球47%的奢侈品。

节俭了数十年后，中国人消费量级的增长如一股洪流般迸发，浩瀚壮阔得无法阻挡。而发现这一趋势的互联网企业，把目光投向了更广袤的三线、四线城市与农村地区。因为去掉一线、二线城市的3.9亿人口，在那里还有大概10亿人口，人口规模相当于三个美国。这是其他国家难以想象和获得的广阔天地与市场，在这超过全国面积2/3的土地上发生的变化，是人们所不易察觉的。

当时，国内一些互联网企业为了赢得下沉市场，刷出了"既能出国，也要下乡""高大上起来进得了纽约时代广场，接地气下去能涂遍农村的红砖墙"的标语。然而，当中国人从一座城市到另一座城市、从国内到国外的出行欲望与冲动不断膨胀的时候，国内的交通出行却仍以地面交通为主导。

有数据显示，21世纪初，每年国内有350亿次长途旅行，相当于每个人每年有25次出行，人们选择的还是绿皮火车与长途客车。别说飞机了，此时连高铁都还没有成为主流的出行方式。当时就有研究认为，如果出行条件改善，中国旅行者数量至少会再增加一半。

此时的全球市场，因2008年金融危机和经济衰退而集聚在航空业上空的乌云也正在逐渐散去。2013年，全球各大航空公司将31亿人和5100万吨货物安全送达世界各地。这是全球各大航空公司齐心协力第一次突破旅客运输量30亿人次大关。2019年，全球各大航空公司运送的旅客量增加到45亿人次，运送的货物量则达到6120万吨。

当年的航空业仍一只脚陷于混沌，一些发达国家开始将厚望寄托于这个行业，而且寄望从未如此强烈。那时候，经济增长是这些国家摆脱财政危机的唯一途径，而航空业是它们加快与日益强大的经济体

贸易合作的重要纽带。

2012年，当欧洲区的航空公司还在勉强实现收支平衡的时候，亚太区的航空公司继续创造了行业最高的利润。在此期间，国际航空市场上65%的客运量增长都出现在与新兴经济体有关联的市场中，亚洲地区的旅游业务占了这部分增长的较大比重。

中国，是其中崛起速度最为迅猛的国家之一。这一年，亚马逊公司开始招募中国卖家入驻，此后4年是亚马逊公司的大爆发时期。

也就在这个时候，中国民航的发展正迎来新的变化。

2012年7月，国务院发布《关于促进民航业发展的若干意见》，明确提出"鼓励和引导外资、民营资本投资民航业"。次年年初，民航局多次研究拟取消的行政审批项目，并推进放松公共航空运输企业经营许可，优化新设航空公司及航空公司设立分（子）公司、航线准入等方面的审批流程。

二

这是民营资本第二次收到民航业向它们敞开怀抱的信号。这个领域上一次对新入局者关闭闸门，距今已经6年。

2007年7月，民营资本眼睁睁看着，民航业那道闸门仅仅向它们敞开了3年，又紧紧关上——民航总局出台了文件《民航总局关于调控航班总量、航空运输市场准入和运力增长的通知》，明确2010年前暂停受理新航空公司申请，并且严格控制新航空公司运力增长。

8月15日是民航总局根据文件精神开始调减北京首都国际机场国内航班的日子，第一批调减了48个航班。此后的3年，民营资本对民航的期待与狂热始终没有消退。它们正积蓄新的力量，坚定地等待着。

那几年，民航业正以每年16%的发展增速蓬勃生长。当时对新入局者关闭闸门，原因显然不能归结为市场需求退潮，因为出行数据依旧在每年的发展报告上"狂奔"。仅仅两年时间，北京首都国际机场年旅客吞吐量就从2007年的5361.17万人次上升至2009年的6537.5万人次，在全世界机场的排名从第9位一举跃升至第3位。

排在它之前的，只有美国亚特兰大国际机场和英国希思罗国际机场。

2009年，广西机场集团下属6个机场年旅客吞吐量达1077.15万人次，同比增长30.9%，这是广西民航在那15年里交出的一张较为优异的成绩单。那一年，光是以单打独斗之势突破千万吞吐量的机场就有4座，全国年旅客吞吐量超过1000万人次的机场总量达到14座。

在旅客吞吐量突飞猛进的同时，国内飞机引进的速度也不容小觑。2007年底，国内共有民航运输飞机1131架，航空公司拥有的飞行员为11509人。而波音公司当时的预测是：未来20年，中国将新增2400架飞机。一架飞机的引进，对应着10多名飞行员的培养。

中国民航业70%的飞行员、80%的机长，是由四川广汉占地约13平方千米的中国民用航空飞行学院培养，并向全国各地的航空公

司输送的。在闸门关闭之前,曾有业内人士预估,以中国民航业当时 12%—14% 的增速,只要 5 年,飞行员的缺口就会达到 1 万人次,到 2015 年,这一缺口会扩大到 1.8 万人次。

那几年,中国民航业引进飞机的数量超过了历史上任何一个时期。有一家民营航空公司引进了 5 架飞机,由于缺飞行员,当时只有 1 架飞机能够起飞。

飞行员数量缺口并不是这股洪流需要暂时放缓行进速度的唯一因素,那时候机场、空域资源以及其他专业技术人才等方面或多或少也出现了一些短缺现象。许多航空公司的机务人员基本上满负荷运转,甚至是超负荷运转。

当时的机场基础设施建设虽然紧锣密鼓、夜以继日,但仍无法满足行业发展需求。有细心人测算过,在北方某国际机场,飞机从发动到起飞,通常要等半个小时以上,甚至有的飞机发动一小时了还飞不出去,又要回来重新加油。

所以,当产业链上的其他要素跟不上趟时,资本的冲劲必须停下来,等一等整条产业链的完善。很多要素在 2007—2012 年间发生了变化。

到 2012 年底,国内有 183 座颁证运输机场,虽然与一些发达国家仍有很大的差距,不过毕竟比 2007 年多了 31 座。放眼全球,这可能是不起眼的增速,但对于中国而言,这个速度已经不算慢了。

还有一些更重要的数据也发生了变化。

民航业固定资产投资金额已从 2007 年的 350 亿元增加至 2012

年的 1464.6 亿元，后者是前者的 4 倍还多；年旅客吞吐量在 1000 万人次以上的机场从 2007 年的 10 座上升至 2012 年的 21 座，年旅客吞吐量在 100 万人次以上的机场从 2007 年的 47 座上升至 2012 年的 57 座。

2007 年，北京、上海和广州三大城市四个机场，接纳了全国 35.1% 的旅客；到 2012 年，这个比例已下降至 30.7%。

飞行员的规模增速则是所有数据中最为惊人的。在国内，手中持有有效执照的飞行员从 2007 年的 1 万人左右增长至 2012 年的 3 万多人。

那几年，数字的增长都在说明产业链上的供给要素正迅速追赶上来。

所有一切都指向一件事：是时候二次开闸了。而这一次开闸形成的势能，或许比上一次更为迅猛，一个在 960 万平方千米土地上遍地开花的中国民航新时代，即将拉开序幕。

浙江又有了本土航空

长龙航空 GJ8691 航班、GJ8687 航班，是第二波民营航空潮中最先起航的两架飞机。当这两架飞机双双在蓝天上翱翔时，谁也想不到，这一刻会在多年以后改写历史。

一直以来，城市的轮廓和命运都取决于交通运输方式。一条铁路、

一段航线的起始点无论设在哪里，都等于一片郊区的消亡和一座城市的兴起。

然而，对于杭州萧山国际机场而言，这两趟航班同其他航班相比也没有什么不一样。

这两趟航班起飞前的1个月，这座机场年旅客吞吐量首次突破2000万人次，成为中国内地第10座进入"2000万级俱乐部"的机场。取得突破的11月23日当天，杭州萧山国际机场有限公司在T3航站楼举行了庆祝活动。活动现场，浙江机场集团有限公司（2017年更名为浙江省机场集团有限公司）揭牌。

在一系列盛事面前，一家航空公司的诞生就没有那么起眼了。更何况，每天有500多架次的飞机在这里起飞与降落，这不过是其中的两个架次而已。

一

如果说有什么特殊的地方，那就是2013年12月29日这一天被记载在杭州萧山国际机场的发展历程中，表明这是首家以杭州萧山国际机场为主基地的浙江本土航空公司正式开通客运。什么是"基地航空"？通俗地说，就是类似足球比赛的主场，一个地方的基地航空公司以该地作为航线运行中心、办公和后勤中心，而非基地航空公司只派驻飞机。

放眼全国，这座机场的繁忙程度以及所在区域的经济活跃程度，没有多少机场和区域可以比拟，但当很多商务活动不如这里活跃的省份都有了本土航空公司时，浙江却迟迟没有动静。

这座机场建成多少年，本土航空公司就缺席了多少年。当然，这个描述并不一定准确，因为浙江民航史上曾出现过一家叫"浙江航空"的公司，它成立于1987年（一说1986年）。1996年，浙江航空公司从一家独立的航空公司变成了中国航空股份有限公司的子公司，并更名为中航浙江航空公司。

当机场各方面还没有处于饱和时，即便本土航空公司缺席，也不会带来多大的影响。这一阶段的机场需要不断提升运行能力，尤其是吞吐量规模的增长、机场设施设备利用率的提高。无论哪一座机场，航线网络的优化，以及航线如何辅助完成城市战略等问题，在这个阶段或许并不是重点关注的选项。

在浙江这样的经济强省，市场所带来的商务、旅游流量会不断提升机场的吞吐量，当下的航线与客流能够满足市场发展的需求，因此，有形之手不着急出来干预。

杭州萧山国际机场2000年建成通航，当时一期工程设计的年旅客吞吐量和年货邮量分别为800万人次、11万吨。然而它的客货吞吐量每年增速均超过30%，仅仅过了4年，机场的运力已经吃紧。2004年，机场的货邮吞吐量已经达到16万吨，而旅客吞吐量突破600万人次。只要再过一年，连当初设计的旅客吞吐量也快不够用了。

这片土地对于商业的嗅觉有多敏锐，人与货的往来就有多频繁。

到2004年为止，这片土地上每年达到上亿产值的块状经济就有

601个，比2000年多88个。光凭这些块状经济，就能撑起64%的浙江工业总产值。

这些块状经济分布在20多个工业部门，如纺织、服装、电气、通用设备等。这些工业产品以浙江为中心，被各路浙江商人携带着向全球的各个角落迁徙。他们每到一地，就播下市场的种子，通过一条条温州路、义乌街以及一座座专业市场，向当地消费者输送浙江商品。

一批批产品一旦被卷入这股买与卖的商业大旋涡，就能在需求旺盛的国内市场与全球市场迅速消化。2004年，浙江向全世界卖出了8亿双鞋，所有行业的外贸总额加起来突破800亿美元，实现贸易顺差310.9亿美元。在全国，这个规模的贸易顺差可以登上冠军的宝座。

在这一过程中，一个群体也在日复一日的商业活动中壮大。

在世界各地，有800万商人是从浙江走出去的，穿梭、活跃在商界。有一个说法是，这些商人每年创造的财富总值几乎相当于浙江全省的GDP，这意味着这个群体在浙江之外又创造了一个"浙江省"。

这些商业活动，频繁地牵动着浙江与国内国外市场的联络。这些联络是通过公路上的汽车、轨道上的列车、航线上的飞机完成的，这些商人一年坐上百趟航班也不是稀罕事。

所以，即便只是依靠市场最原始的动力，这里的航线摇身一变，就能成为空中的黄金桥梁。

二

浙江的民营经济犹如一台力量强大的发动机，推动着这里的一切迅猛发展，包括航空业。而这台发动机力量的源头与其说来自民间资本，不如说来自看似无形实则有形的政府调控。

在距离杭州萧山国际机场30分钟车程的地方，有一个大唐镇。大唐镇属于诸暨，20世纪80年代，大唐人喜欢把袜子装在篮子里，在杭金公路两旁等着，只要有汽车停下来，他们便举着篮子里的袜子让坐在车上的人挑选。

当时，那些坐车的城里人又挑剔又精明，大唐人站一天也赚不到什么钱。倒是隔壁的义乌小商品市场，在那里卖袜子的诸暨籍老板生意红红火火。当地政府就想把这些老板请回大唐，在大唐镇办一个袜子销售市场，但那些老板宁愿花几千块钱请登门的说客吃饭，也不答应回来。

看到市场的反应，当地政府并不继续强行推进市场的规划，而是给大唐镇一个新的定位：袜子生产基地。这里的生产线，与义乌的市场遥相呼应、形成配套。这一定位，让大唐镇成为蜚声中外的"中国袜业之乡"，全世界三双袜子之中就有一双是从大唐镇的生产线上走下来的。

浙江一直有"政府搭台，企业唱戏"的经济发展思路，所以，当其他地方的政府参与组建地方航空公司的热情高涨时，失去了本土航空公司的浙江也在不断转变思路，准备重新起步。

许多城市将成立地方航空公司视为刚需。一部分原因是，比起高铁、高速公路的投资体量，航空业的投入本身会小得多：高铁与高速公路的单项目投资体量在几十亿元到几百亿元之间，而如果建设一座支线机场，仅需承担几千万元到上亿元。

国家民航局财务司的一份相关资料显示：建一座3千米跑道的机场，周期一般是2年左右便可发挥效用，投入额为3亿—5亿元。在平原地区，如果修一条3千米的高速公路，投入额一般在3亿元以上；修一条3千米的高速铁路，投入额约为4.5亿元。在高原地区，修建高速公路与高速铁路的投入额只会更高。而在国内，公共财政收入在200亿元以下的地级市，到2019年仍占半数以上。显然，对于很多城市而言，选择投资体量小而向周边辐射的能量却不容小觑的航空业，是相对较为容易且稳定的投资方向。

国际民航组织曾有一组测算：机场年旅客吞吐量每100万人次，将为周边地区创造约1.3亿美元的经济效益，并且能够带来1000个直接和3700个间接工作岗位；每新增10万吨航空货物，将直接创造出800个工作岗位；每新增一个航班，将直接增加750个工作岗位。机场日旅客吞吐量中约20%的人会在机场所在城市食宿，由此带动城市社会就业，形成多产业进入并谋求发展的综合性平台。据国内研究分析，我国机场每百万旅客吞吐量可以产生经济效益18.1亿元人民币，提供相关就业岗位5300多个。

头顶的每一趟航班、每一条航线背后，都是一条条产业链。不过，并不是所有城市只要拥有一座机场，就能吸引航空公司前来开辟航线。

伊春，是黑龙江的"神经末梢"。到 2010 年，从黑龙江的省会城市哈尔滨出发，到达伊春，走公路需要 6 个小时甚至更久，走铁路最快也要 7 小时 17 分钟。相比之下，飞行时间只需要 1 个小时左右。

这些数据，表明这座城市试图通过更便捷的交通方式与外界取得联系。从而城市有底气抛弃原来的资源路线，从旅游这条线上蹚出一条经济增长的新出路。不过，理想很丰满，现实却是骨感的。在航空公司看来，地方政府的一腔热情并不能换来航线开通后的真金白银。所以，在伊春林都机场通航的第一年，那里的航班量与旅客吞吐量都不是很理想。

一些城市往往会将这种局面归结为本土航空公司的缺失使得地方发展战略无法落实。在这些城市眼里，只要拥有自己的航空公司，地方政府就像有了话语权，可引导本土航空公司的发展与城市发展的地方决策相吻合。与这类城市相比，杭州这样的城市要幸运很多。一方面，在浙江，在杭州，只要做出"来者都是客"的拥抱姿态，即便没有自己的航空公司，也会有很多航空公司积极主动与这个市场共生共荣。

另一方面，浙江这个省份开放、包容的秉性一直延续到了航空业。"浙江对航空公司确实比较开放，这里有好的机场，有好的经济，谁来他们都欢迎。"很多业内人士这么评价杭州萧山国际机场的态度。

迄今为止，在几个千亿级机场中，杭州萧山国际机场是航空公司竞争最为激烈的。曾有机构对 2020 年春运期间我国十大机场的航空公司航班量占比作过一次观察。在十大机场中，重庆江北国际机场与

杭州萧山国际机场这两座机场的竞争程度最高,还没有一家航空公司在当地占据绝对优势地位,其中杭州萧山国际机场尤甚。

三

浙江的包容与开放,或许是杭州萧山国际机场在通航后的10多年里迟迟没能等来本土航空公司的重要原因之一。

不过,要是用这样两个软性因素把本土航空公司的姗姗来迟草草地做了总结,未免有失偏颇。同在长三角地区的上海,机场发展势头强劲,显然也是过去很多航空公司不选择浙江的原因。而且,不只是浙江,江苏的本土航空公司也因为同一个原因缺席了很久。

在全国航空格局中,长三角无疑是一个重要区域。

中国旅客吞吐量最大的单一机场是北京首都国际机场,但旅客吞吐量最大的机场群在长三角地区。数据显示,2019年,长三角地区机场共完成旅客吞吐量2.48亿人次,远高于第二名京津冀机场群的1.45亿人次。这一年,全国所有民航机场加起来,完成的旅客吞吐量是13.52亿人次。也就是说,全国将近1/5的旅客吞吐量是在长三角地区机场完成的。这种吞吐量规模,位居国内四大机场群之首,长三角地区机场群由此成为全球五大机场群之一。

长三角地区拥有密集的机场网络,"十三五"期间,这里共有民航机场23座。对于长三角地区的41座城市而言,相当于超过一半的城市拥有自己的民航机场。而上海浦东国际机场显然是其中当之无愧的老大，也是华东地区最大的民用机场。2019年，这座机场所完成的7615万次旅客吞吐量，差不多是整个长三角地区机场群旅客吞吐量的1/3。

相比之下，浙江或江苏，即便把本省所有民航机场的吞吐量都加起来，也无法赶上一座上海浦东国际机场的吞吐量。2019年，浙江所有民航机场的旅客吞吐量为7015万人次，江苏则为5844万人次——这两个大省的旅客吞吐量加起来，也只相当于上海浦东国际机场和上海虹桥国际机场的旅客吞吐量的总和。

来看看这三个地方的人口：2020年，江苏人口为8000多万人，浙江人口为6000多万人，上海人口则只有2000多万人。人口仅为江苏1/4、浙江1/3的上海，却在机场旅客吞吐量上走出了一条相反的曲线，除了上海国际旅游与商务往来频繁的解释，只能说上海对周边地区的虹吸效应着实强劲。

再早几年，在强势的上海机场的笼罩下，江浙机场的"阴影面积"更为巨大。2013年，在上海，一个通达世界、密布全球的航线网络已逐步形成和完善，当时的上海浦东国际机场已成为国内通程航班项目开通航点最多、旅客运输量最大的航空枢纽。这一年，有70家国际（地区）航空公司和24家国内航空公司在上海浦东国际机场执行飞行计划，航线通达109个国际（地区）城市和85个国内城市。

对这一串数据没有什么概念的话，可以拿杭州萧山国际机场的数据来比较一下。这一年，在杭州萧山国际机场执行飞行计划的航空公司中，来自其他国家和地区的仅为22家，航线通达的其他国际（地

区）城市仅为30个，均只有上海浦东国际机场的1/3左右。

上海高密度的航班频次，一方面给了旅客最大的选择自由，另一方面又降低了机场的单位运营成本。这样一来，愈加明显的竞争优势又进一步吸引了周边省份的旅客。曾有数据显示，江苏有超过45%的省内客流会选择从省外出行，大部分人会选择从上海的机场出行。

一些业内人士认为，在浙江，也有很多商务人士会选择到上海坐飞机。为什么到上海去？一方面，从地面交通来讲，浙江到上海交通网络很便捷，高铁40分钟就到了；另一方面，最关键的原因，无论上海浦东国际机场还是上海虹桥国际机场，航班航线都比浙江的机场多。

究竟有多少浙江人跑到上海坐飞机？这样的数据很难统计，但一些在欧洲做生意的浙江华侨宁可坐一班高铁跑到上海浦东国际机场飞到国外，也不愿赶到杭州萧山国际机场。因为从杭州到欧洲各国的航线，数量不多，飞行时刻也不够理想。21世纪初的一项数据显示，一家上海的航空公司售票点，业务中有10%左右来自浙江人。如果每个售票点的情况都差不多，也就意味着从上海出港的客流中，10名乘客中就有一个浙江人。

这些商务人士的出行需求往往是临时的，如果明天欧洲有一单生意要谈，马上要飞，但浙江的航班满足不了，怎么办？

这些人就会选择上海。

湖北人刘启宏选择了浙江

当很多浙江人在航空出行中不得不将上海作为最优选项时，有一个湖北人悄悄选择了浙江。

2011年4月19日，在杭州市萧山区市心北路99号，长龙国际货运航空有限公司注册成立。比起客运首航，刘启宏的这个动作没几个人关注到。即便有人发现，在他们眼里，也不过是浙江又多了一个老板。

老板，在浙江这个地方算不上什么稀有身份。按照最新的说法，每7个浙江人中就有1个老板。加上刘启宏处事低调，所以长龙航空的诞生与其说隐秘，不如说没人关心。

即便如今长龙航空无论在民航领域还是在整个社会都已具备一定的知名度，从公开渠道能找到的关于刘启宏个人的一些报道依然不多。

刘启宏拥有超强的人脑记忆力。一个夸张的说法是，他的大脑内大概能储存1万个车牌号码。最平常的日子里，他一天要应酬四五拨客户，迎来送往，在这样高密度的人情往来中，他能在与同一个人的第二次会面中清楚地说出他们第一次见面的情形，哪怕这个人只是一个非常普通的角色。

在这样的记忆力加持下，刘启宏人生中两次极为关键的经历对他产生的影响变得尤为巨大而深远。一次是部队经历，一次是参与西南地区一家航空公司的组建。两次履历看上去完全不搭边，但产生的影响如铁的烙印般刻在长龙航空的基因里，使这家身世不起眼的航空公

司在后来的崛起中变得与众不同。

军队中培养的韧性、责任感，以及从前一家民营航空公司的发展中汲取的经验教训都在提醒刘启宏，要用一种新的眼光看待中国航空业。现在看来，这种眼光超越了行业与传统，站到了面向全社会的创新高度之上。

一

2011年初，上一轮国内的民营航空重组兼并潮已接近尾声，同时，航空业还没有显示出新一轮向民营资本开闸的任何迹象。但就像前面所说，春天正加快脚步向民航人赶来。

此时，城市间围绕航空业的合作与较量也正在发生微妙的变化。改革开放以来，浙江和江苏两个经济大省与国际间的来往就极为密切而频繁，但它们很早之前就习惯了依托上海的两座机场，保持与国外城市和地区的沟通。

曾经，它们虽然不满足于当地机场现有的运输量，但似乎也没想过要与上海的两座机场平分秋色，然而，随着各个城市战略决策与机场容量的变化，它们对航空业的心思也在发生变化。

距离杭州150千米开外的上海的两座机场，每隔几年，外界就对它们表达渐趋饱和的担忧。尽管上海浦东国际机场在投入使用的20多年里足足扩建了3期，2022年又迎来了第4期扩建，但外界依然觉得上海的机场被分流是迟早的事。

"机场有一个最佳经济规模，太大之后，各种资源都不够经济，无论是对旅客还是对航空公司，都不太方便，运行效率也会下降。比如大量飞机集中在一个小空域里面，就影响了效率。"中国民航大学一位教授就曾指出，当一个城市的一座机场吞吐量达到五六千万人次后，一般就要开建第二机场，使经济和服务上能达到平衡。

按照这位教授的说法，我国修建第二机场的大城市会越来越多。

2010年，世博会在上海召开。旅客吞吐量刚刚于上一年突破3000万人次的上海浦东国际机场，在这一年12月23日，又瞬间突破了4000万人次。此时，这座机场仅需要增加200万人次不到的旅客吞吐量，就可以轻易超越当年二期工程所设计的目标。

同一年，50千米外的上海虹桥国际机场不甘示弱，以24.8%的增速突破了3000万人次的旅客吞吐量。上海的两座机场正一次又一次突破自己的极限，总有一天，外溢会到来。

此时，还没有等来上海外溢流量的浙江，其自身的流量也开始上涨。在杭州—北京这条航线上，往返的每一趟航班几乎都是爆满。为了满足这条航线上的出行需求，有些大型航空公司在早上8时到晚上9时的每一个整点都安排一趟航班，但需求仍未得到满足。

刘启宏洞察到了这种变化。世博会举办后的第二年，他来到杭州注册了一家货运航空公司。由于当年民航客运的大门依然紧闭，他借道货运向着蓝天出发。

当刘启宏选择浙江时，国内还没有第二家航空货运公司将自己的旗帜插到这片宝地上。因为在过往的认知里，浙江确实是出口大省，

但它的大部分出口商品是从上海的机场出港的，而且，相比江苏，浙江出口商品的附加值低一点儿。商品附加值低，则对物流价格更为敏感，一旦航空货运价格上浮，商品就会改道海上被运往世界各地。

浙江出口的商品，从浙江到上海 200 多千米，装货的卡车只要开 3 个多小时就可以到达上海的机场。有些总部在上海的航空货运公司，提供的是从浙江地面保障到上海上机的全过程一条龙服务。在浙江省内没有机场的地方，很多出口货物会被装上卡车运往上海的机场集散。在有机场的杭州、宁波、义乌、温州等地，航空货运公司更是安排了始发的卡车衔接到上海飞往世界各地的货机。

不过，这种认知很快发生了转变。2013 年 9 月 28 日清晨，国内三大航空公司中的南方航空将一架波音 777-200F 货机降落在杭州萧山国际机场，它要装入一部分货物后直飞美国洛杉矶。这显然是一架怀有雄心的货机，它飞的是杭州的机场通往美洲的第一条洲际货运航线，打通了浙江与美国之间空中穿梭的"快车道"。

二

说起来，杭州的雄心从 2003 年开始就已经萌生了，当年杭州萧山机场升级成国际口岸的消息基本敲定。

在这之前，上海方面将虹桥国际机场全部港澳地区和国际航班转移到浦东国际机场。由于上海市内交通拥挤，来自江浙的一些企业从上海外环线到浦东国际机场比原先到虹桥国际机场慢了许多。

不过，之后很多年，依然很少有人把目光锁定在杭州萧山国际机场，因为这里真正迈向国际化仍需要几年的时间。当时杭州萧山国际机场的货物运输依靠的是腹舱运输，就是通过客机"肚子"下面那部分仓储空间来带货。

尽管腹舱货运至今仍是国内航空货运的重要运输方式，但在那时候，杭州萧山国际机场的腹舱货运已经越来越满足不了浙江货邮吞吐量的胃口。

对于在2013年开通纯货运国际航班，杭州萧山国际机场方面的心思表达得比较委婉，他们认为，开通航班主要是为了方便家门口的浙江货。但在货运公司眼中，这事没那么简单。

在货运公司看来，离上海如此之近的杭州开辟如此新的国际航线，对上海的分流效果是显性的。开通之后，如果一些上海货从上海出不去，就可以用卡车拉到杭州出港。杀伤力不止于此，这一招可能不单会分流上海的货物，还会与上海争夺苏南腹地——当时无论是运往上海浦东国际机场还是运往杭州萧山国际机场，苏州货花在路上的时间大概都是2小时。

更早押注这片土地的其实是联邦快递。

2005年，联邦快递落地杭州前，其亚太转运中心刚刚经历一番激烈争夺。仅仅过了一年，2006年，联邦快递又马不停蹄地物色中国区转运中心。当时很多人觉得，最有希望被联邦快递垂青的三个城市是北京、南京和成都。

一年后，结果却出人意料，夺魁的竟然是不在选项内的杭州。在

此之前已有人料定，联邦快递的选址绝对不会因为对某个地方单方面的垂青而改变。它需要考虑的是整个中国市场的布局。

联邦快递在10多年前作出的选择，已经说明了一些问题。

2010年前后，以史无前例的速度扩张的加工型制造业迎头撞上了国际金融危机，这让浙江人开始下意识思考一个问题：处于产业链和价值链低端，出路是否会越来越窄？带着这一疑问，浙江人开始追寻一条转型升级的新路子：往产业链高处走，往战略性新兴产业上走，往全球品牌方向走。

一头是制造，另一头是消费。制造业在附加值上下功夫的同时，浙江另一股经济力量也开始迅速崛起。2010年，国内电子商务交易额破4万亿元，高达4.8万亿元，其中，浙江占据了半壁江山。要知道，上一年这项交易额数据仅为3.8万亿元。

比这个增长走势更为可怕的是，2009年淘宝商城（现天猫）首次推出"双11"，2010年"双11"的交易成交额就从上一年的0.5亿元火箭般上升到9.36亿元。9.36亿元，这个数字已经超过当年香港1天的零售额。回过头去看，2010年前后的浙江航空物流正重演21世纪初的美国故事，电商消费模式与产业转型升级，即将一同裹挟着这个行业迈入爆发阶段。

在当年，很少有人看准这一趋势并坚定地投身于这片土地、这个行业。就像前面说的，即便到了2013年，很多业内人士依然觉得南方航空在杭州布局国际货运航线未必是一个理想的选择。

但梳理全国机场运输历年数据，就能标示出浙江航空货运

2010—2020年的扩张程度。如果说2010年上海浦东国际机场趁着世博会拉升了一下增长曲线,那么接下来的10年里,它的走势是偏弱的。同期,杭州萧山国际机场则走出了完全相反的曲线——2010年,这座机场的货邮吞吐量仅为28万吨,到2020年就达到80.2万吨。

这种向上的势头冲出了新冠肺炎疫情的重围,杭州萧山国际机场在2021年更是实现了国际货运的逆势增长,完成货邮吞吐量91.4万吨,其中,国际及地区货邮吞吐量17.88万吨。这座机场定下了"对标美国孟菲斯,全力打造全球航空货运标杆"的目标。

在杭州萧山国际机场,邮件、快件、跨境电商货量占国际总货量的比重约为50%,与上海的机场以一般贸易为主的货运业务形成错位发展格局。很多人逐渐意识到,当下的浙江机场尤其是杭州萧山国际机场比历史上任何时候都接近国内货运枢纽第一梯队和世界级货运枢纽。

不过,10年前就选择投身这里的,先有联邦快递,后有长龙航空。

三

2011年,国内180座民用机场当中有135座亏损了,亏损面高达75%。从数据上看,只有京、沪、广、深等地的大型机场和部分中型机场能够保持盈利。然而,大面积的亏损并没有吓退地方政府建机场的热情。

一座机场带动一方的经济，对于地方政府灵敏的投资嗅觉而言，确实很有吸引力。

2009年2月16日，西南边陲，建设了将近两年的腾冲机场通航。按照规划，腾冲机场第一期设计的旅客吞吐量为48万人次，然而，仅仅过了2年，这一规划就不够用了。

2011年，腾冲机场的旅客吞吐量将近51.8万人次。在机场通航前，腾冲接待的游客量以每年20万人次左右的速度增长；到通航当年，腾冲接待游客量从上一年的288.5万人次上升到330.5万人次，到2019年，这个数字达到1958.8万人次。也就是说，当地接待游客量10年间增长了1600多万人次，相当于平均一年增加160万人次。

在中国的最北端，漠河古莲机场从2008年通航后，辐射周边70千米范围。机场建设前，附近农民一年收入约3000元；通航后，当地居民通过农家乐的经营业态，一天收入就达3000元。

所以，对于到2012年底仍有近1亿贫困人口的中国而言，建设机场无疑是脱贫攻坚历程中的一剂良药。此时的机场已不再是单纯的交通基础设施，而是将深刻影响中国经济产业结构的催化剂。

到2012年底，我国贫困发生率超过20%的地区有西藏、甘肃、贵州、新疆、云南和青海。在这些地区，从一座城市到另一座城市，往往要耗费大量时间，修建公路和铁路耗资巨大。而在新疆、青海等地建设一座机场、开通一条航线，就有可能使地方与省会、与首都的通行时间缩短4—18个小时。

新疆于田机场于 2020 年 12 月通航，通航后，于田到北京只需要 5 个小时。过去，于田人只有到乌鲁木齐地窝堡国际机场才能坐飞机到北京，而从于田到乌鲁木齐就差不多要花 6 个小时。

当一部分人觉得支线机场建设热潜藏风险时，另一部分人觉得机场建设要算两本账：一本是机场的盈亏账，一本是地方的经济账。放眼全球，要实现中小机场及支线航空的经济效益都是一个普遍难题。在欧美国家，对偏远地区的中小机场，为确保连通性，会通过补贴以维持运营。

偏远地区的上空多一条航线，山高水长的西部就朝着全国乃至世界的方向走近一步，所以，即便航空公司往返飞一趟，地方就要从财政的裤腰带里出一笔补贴，地方政府也要到民航局争取建设一座机场的机会。

建设机场只是第一步，而真正给予机场生命的是跑道上那些起飞、降落的飞机。起降的架次越多，机场的价值越大。

飞机从哪里飞来，又飞到哪里去？

这时候，东部与西部手牵手的战略意义再一次凸显。在人员、物资、商务从东部去往西部，又从西部返回到东部的过程中，欠发达地区的"自我造血"功能逐渐形成，而这一过程离不开航空公司的参与。

连接东部与西部的这些航线，对航空公司而言并没有多大的吸引力，大多数情况下，它们需要很长时间的孵化才不至于让自己陷入亏损。此时，在东部的浙江，若期望更好地牵手西部城市，就需要一家在扶贫航线上耐得住寂寞的航空公司。

恰好，长龙航空出现了，而此时很多指标也预示着浙江在出行方面正在酝酿一股更为强烈的内驱动力。

2011年浙江省生产总值达3.2万亿元，人均地区生产总值已超过9000美元；全省民航旅客吞吐量达3005万人次，这是一个历史性的突破，也是浙江民航"十二五"规划的良好开局。数字的背后，"临空经济"正在浙江的天空中绘制充满想象力的蓝图。

这一年，浙江全面小康社会实现程度为96.9%，比2006年提高10个百分点，24项指标中已有16项指标百分百达到并超过全面小康目标。5年前，2006年，这里的城镇居民人均可支配收入和农村居民人均纯收入分别是18265元、7335元，2011年这两个数字分别增加到30971元和13071元。也就是说，平均每一名城镇居民5年来增加了1万多元收入。

以城镇居民人均可支配收入为指标，浙江已连续11年位列上海、北京之后，居全国第三；而以农村居民人均纯收入为指标，浙江已连续27年居全国各省区首位。

当收入持续上涨时，这里的居民也更有底气和信心把钱花出去。5年来，浙江城镇居民人均消费性支出由2006年的13349元增加到2011年的20437元，增加了7000多元。

而此时浙江省内有7个运营机场、2个通用机场和2个在建机场。这一年年底，浙江省与中国民航局形成了《关于加快推进浙江民航发展的会谈纪要》，这也为浙江省民航事业的发展注入了强劲的动力。为进一步贯彻落实《国务院关于促进民航业发展的若干意见》，浙江省政府也希望加快大航空建设。通过长龙国际货运航空有限公司增加客运项目的方式组建浙江长龙航空公司，在当时是一个可操作性强、落地速度快的选择。

2012年9月，浙江省政府曾致函中国民航局商请支持组建长龙航空，开展航空客运。几天之后，民航局就给出了支持长龙航空增加客运项目的批示。之后，华东民航局加快推进受理工作，连续两次召开专题会议研究长龙航空增加客运项目的事宜。

次年2月，长龙国际货运航空有限公司更名为浙江长龙航空有限公司。

第二章 / Chapter 2

第一架飞机起飞之前

被三架飞机"骗"到长龙

"长龙航空能快速成长为今天的长龙航空,离不开浙江这方热土。"刘启宏从不掩饰浙江这片土壤给予长龙航空的空间与力量。

站在当下的视角,回顾这家民营航空公司的发展历程,确实是一段波澜壮阔、气壮山河的历史,是恰逢其时、顺应时代的产物。但真正经历过那些节点的很多人,并没有想到由刘启宏谋划的蓝图会一步步变成现实。

一

前文那些关于长龙航空诞生之初的判断,更像是一种理想化的沙盘推演,说白了就是"马后炮"。但在2013年前后,外界对于民营航空公司未来会走向何方仍持有不同的态度。那是一个机遇很大、挑战也大的时代。上一秒有新公司诞生,下一秒就可能有同行消亡。而在这份名单里,大多数公司带有民营的因子。

长龙航空注册成立前夕,数家航空公司因各种原因停航。尽管当时的一两家航空公司已找到适合自己的路子,但许多航空公司仍处于摸索之中。从出生第一天起,它们就注定即便已从小虾米蜕变成为一条大鱼,也需要面对各种问题的困扰。

航空是一个资金密集型产业,就连收入达到天文数字的航空公司往往都无法进入舒适区。曾有国外业内人士坦白:"这是一个疯狂的行业，成本支出繁多，根本无法准确计算出航空公司的所有运营成本。"高风险、高投入、重资产、高人才、低回报，这些不太友好的要素似乎在这个行业里叠满了。

我们能看到的燃油、引进飞机、员工的成本，都只是手表的表面。而表面下那些微小而繁多的零部件运转的成本，同样消耗着航空公司的支出，比如值机柜台的租借、飞机上餐食的提供、对滞留旅客的安抚等。

"从公司起步到现在，每天大量烧钱，但没有人雪中送炭。"曾有国内民营航空公司负责人无奈地透露。然而，资本并不是民营航空公司遇到的唯一棘手难题，行业资源的获取也是难以突破的障碍之一。

当刘启宏望着自己的两架飞机冲向云霄时，国内的南方航空营收率先突破了 1000 亿元大关。8 年之后，连国内目前最为知名的两家民营航空公司，营收都没能突破 200 亿元。如果不进行对比，可能很多人对这一行业规模没有什么概念，但在对比之下，双方的身形高下立见。

一直以来，民航总局对航线的审批十分严格。民航总局的初衷并不是用政策束缚民营资本在这一产业内施展拳脚。彼时的中国民航正以一种勇猛而迅疾的步伐前进，到 2002 年，我国民航运输总周转量达到 165 亿吨千米，上升到世界第 5 位。中国成为航空大国。

这显然不是中国民航想要抵达的终点站，它希望中国能由航空大国走向航空强国。在由大到强的过程中，仍有很长一段狭长而艰险的路要走，这中间最大的挑战仍来自飞行安全。2002 年，民航总局把

从航空大国走向航空强国的周期定为20年。

一方面,在一些专家看来,中国民航在安全系统上的先进程度并不逊于国际水平。在中国民航学院一位教授眼里,中国民航在安全方面的进步甚至超过国际速度。另一方面,不得不承认的是,中国民航一直以较快的速度发展,运输量呈陡梯状上升。在这种趋势下,即便事故率呈平缓阶梯状下降,事故的绝对数量也可能增加。

相比让客机在9000米高空以900千米/小时的速度安全飞行,在行业的高速发展中,中国民航小心翼翼地试图找到行业发展与飞行安全的平衡点,其所面临的难度系数显然更大。这一难题,在民间资本准入之后会愈加突出。

在改革过程中,民航总局不得不走稳一步,再放开一步。2006年3月2日,民航总局运输司的一名知情人士透露,放宽部分航线市场准入的《中国民用航空国内航线经营许可规定》已经出台,将从当年3月20日起执行。

从该规定中可以看出,除了一些繁忙航线、特殊航线的核准仍在民航总局手中,其他国内航线只需到地方民航主管部门登记注册就可以运营了。当时很多民营航空公司的掌门人或许觉得这样的部分放开,对整个航空市场而言影响不大,不过从后来的时间轴其实可以看出民航总局放开国内航线经营权的决心与紧迫感。在国内,2005年需航线审批的机场为40座,2006年底减至15座,2008年已减至10座。2010年,民航总局进一步改革国内航线经营许可和航班管理,这样一来,需要航线审批的机场直接减少至4座。

在这些改革中，民航总局还第一次引入了"申请航线和航班时刻时，新进入公司优先"的原则，目的是鼓励竞争。就这样，在这些枝繁叶茂的参天大树之下，刚刚播下的民营航空的种子用尽全力从大树枝丫间透过的阳光中汲取生长养分。

当然，得益于这些改革动作，一种对未来的强烈预期开始奔涌，催动着民航人决心壮大整个行业的意志。即便仍有堆叠如山的危难险阻围绕在民航业周边，很多人也坚信，只要改革这条路不放弃，安全这根弦不放松，中国民航就能持续翻开新的篇章。

二

面对两个关口，所有民航人都必须谨慎前行。一个是发展的关口，一个是安全的关口，对于民营航空公司乃至整个行业而言，忽略其中一个关口就会陷入片面的视角。

迄今为止，中国民航经历了两次开闸，每一次民间资本都表现得极为踊跃。民营航空公司对整个行业怀抱着美好的憧憬，只有在自家的航班真正飞向蓝天时，那些障碍才会像暗影里的伏兵一样全部显现。

刘启宏不一样，无论是在公开场合还是私下交流，对于民营航空所遭遇的阻碍与困惑，他几乎都是一句话带过。只有民营航空的责任与突围等话题，才能打开他的话匣子。

但接触这家航空公司越久，越知道所有的艰难险阻它一个都绕不过去。刘启宏说过，民航是一个非常传统的行业，它不像IT（信息技术）领域，打造一个新概念、新技术、新商业模式，就能实现弯道超车。"长龙航空并不是抄了什么近道或突然发现了什么奇招，无非是所有长龙人付出的比别人更多而已。"

刘启宏不相信这个世界有奇迹，更不认为奇迹可能降临在民航这个领域。要说有奇迹，也只不过是众多人的付出堆积起来，让长龙航空走出了比同行更快、更有力的步伐。

"在民航周边，或许有不少可以创新的地方，但民航本身是非常传统的。如果不遵循它的规律，不投入、不培训，不从一点一滴打下扎实基础的话，根本不可能成长起来。没有基础，只会像在沙地上盖楼一般，基地不牢，地动山摇。"

2013年前后，一大批民航专业人才陆续加入长龙航空，很多人业已成为集团的中坚力量。这支队伍往往以长龙航空团队的面貌出现，但只要对中国民航有粗浅的认识，就能想象得到，仅仅是组建这样一支队伍就有多么不容易。加入长龙航空之前，这些人都要有决心先走出舒适区，再跨进一家名不见经传，连办公楼都是租借的航空公司。

他们都是业内的佼佼者，自从民间资本被允许进入这个领域，一些人可能不止一次接到过民营航空公司抛来的橄榄枝。那么，长龙航空又凭什么打动他们？

高于业内的待遇、可预见的上升空间以及领导者的人格魅力，这些或许是缺一不可的。三项之中，第一项是最容易达成的，第三项则由一种说不清道不明的磁场所致。第二项可能是最难达成的，它既需要现实作基础，又需要人格魅力作支撑。

当时长龙航空租借在一栋 4 层楼高，外墙只用油漆简单涂刷的蓝白相间的办公楼里，做着紧张的前期筹备。一家民营航空公司的创始人，在这样一栋大楼的办公室里，对着 3 架租来的飞机描绘出来的未来蓝图，就算宏伟又富有想象力，又有几个人会相信呢？

再加上其他航空公司又怎么肯轻易将培养出来的专业管理人才拱手让给自己的竞争对手，如此一来，组建这样一支中坚力量的难度就已经超出大多数行业。其中最难的是从三大航空公司中找到一批有飞行员背景、懂飞行安全又有团队管理经验的高层干部。

刘艺就是长龙航空招募的高层干部中最为典型的例子。他是飞行员出身，加入长龙航空之前，他刚刚从中国国际航空股份有限公司天津分公司总经理的职位调入中国航空集团公司航空安全办公室任主任。按照个人的意愿，他会在国有体系内完成自己的职业使命，但这条顺理成章的事业轨迹由于长龙航空一而再再而三的邀请而拐了个急弯。

"民航对于经济的拉动作用十分大，中国幅员辽阔，飞机在长距离交通上有着无可取代的优越性，因此多年来民航发展始终在国民经济中占据重要一席。"刘艺说，"浙江是经济大省，需要一家颇具实力的民航公司来服务地方发展，助力经济社会发展更上一层楼。"几番权衡之下，刘艺作出了人生中又一个重大抉择。

2013 年，在北京，一过完元宵节，刘艺就急匆匆结束了在国航的工作生涯，同刘启宏搭乘次日一早 6 时多的航班赶往上海。到杭州之前，刘启宏要带着新任总裁到位于上海的中国民用航空华东地区管

理局报到。离开北京前一晚，与同事道别的刘艺多喝了几杯，到华东管理局时特意嚼了一颗口香糖清除口气。

就这个小动作，却让当时华东管理局的领导误以为，这个出身三大航空公司之一的职业经理人在民营企业能否施展身手尚需观察。在很多人看来，国有航空公司与民营航空公司之间有一道天然而固化的鸿沟，没有强大的基因作匹配，是很难融合到一起的。

不过，事情总还有另外一面。中国民航业说大可以很大，将效率做到极致的航空公司，1架飞机就要对应100号员工左右。也就是说，当机队规模达到50架时，航空公司的员工规模就要达到5000人左右。但这个行业说小也可以很小，到2020年底，国内的航空公司不过64家，这里面包括了客运、货运与混营，其中，国有控股公司49家，民营和民营控股公司15家。从这个比例可以看出，刘艺这类专业管理人才在选择去向时大多会面临两个极端：一是成熟稳定的大航空公司，一是充满未知的创业型航空公司。

加上从民航局到航空公司、机场、空管系统等环节本身是较为封闭的体系，所以他们的选择不多，甚至可以说非常少。这就意味着他们要么选择当大企业的螺丝钉，要么选择创业公司挑战从0到1的过程。而向往蓝天的人需要在按部就班与宏伟理想之间作选择时，往往会给出一般人不太能理解的答案。

很多高管回忆当初为何选择长龙航空时出奇地轻描淡写，连给出的理由都极为相似。其中一部分人是因为喜欢杭州这座城市，一部分人是因为另一半是浙江人，他们都想在一家几乎还是白纸的航空公司中留下自己浓墨重彩的一笔。

这种梦想完全是自发的，每向着目的地迈出一步，这些人心中都怀着一股对航空产业的敬畏、激情与冲劲。而同时发生的是，他们开始被自称"门外汉"的刘启宏的人格魅力折服。

尽管刘启宏曾经参与组建另外一家民营航空公司，又创办了一家国际货运航空公司，但他仍自称"门外汉"。不过，不可否认的是，当需要从头至尾自己组建一家客运航空公司时，之前的那些经验显然是不够用的。

在长龙航空货运开航之前，3架货机是从国航手里买过来的。3架飞机的购买合同谈妥之后，刘启宏和长龙航空创始股东欢欣不已，在回程的车里庆祝了一番。但决定进入航空客运之后，刘启宏似乎连这样的时间也没有了。

刘启宏不谈障碍的原因，不是长龙航空没有遇到障碍，而是一有障碍冒出苗头，就被这支队伍快速掐灭。这些很难被外界捕捉到的动作，耗去了长龙人极大的精力，一马当先的自然是刘启宏。

"为什么说老板是长龙发展的核心呢？很多外部困难都是他一个一个去解决的，到现在，对于公司管理，他也一直不离不弃。"刘艺向我透露，刘启宏希望其他职业经理人能将更多精力投放到专业和技术管理方面。

就是这样，在高要求之下，所有高管都有熬夜到凌晨甚至通宵的经历。现在回头去看，正是这些人夜以继日的拼搏，为民航业创造了一种"长龙现象"，一种一路小跑突破行业成长速度的现象。

三

从首航那天起，就注定这是一家慢不下来的航空公司。

当航空业向新一轮民营资本开闸时，长龙航空并不是第一家获得民航局批筹的。它在2013年7月10日获得批筹公示，而与它同期诞生的其他几家航空公司早在两个月前就完成了这道程序。

但后来为人所津津乐道的是，长龙航空竟然是这一拨"10后"航空公司中唯一一家赶在2014年之前实现首航的。显然，这是一家雷厉风行且拥有不凡意志的航空公司，最先意识到这一点的是业内同行。同行们越早意识到这一点，这家航空公司遇到的阻力或许就越大。

飞向蓝天，首先得有飞机。

当时长龙航空旗下只有3架737货机，这3架货机所匹配的运行资格审定、机组人员配置等一整套运行和飞行规则，放到客运上就不适用了。

"首航的日子都差不多定了，但没有飞机怎么飞？你想直接从市场上订一架飞机是订不着的，这不是从4S店买一辆汽车。"按照刘启宏的解释，这相当于从汽车厂商定制一辆汽车。这样一对比，外界更容易理解航空公司订购飞机的性质，但这个对比并不是最贴切的。比起汽车，飞机订购显然要复杂得多。

引入新飞机是一项系统工程，光通关就有好几道。

国内航空公司要向国外制造商订购飞机，大多绕不开中国航空器材集团有限公司（简称"中航材"）。这是一家由国务院国有资产监督管理委员会管理的中央企业，是中国第三方飞机采购及航材保障综合服务提供商。

大多民营航空公司每次购买的飞机数量少，通过中航材集中采购，理论上而言，可以获得一定的价格优惠。由于飞机交易的金额动辄数十亿美元，因此很多航空公司的飞机订单往往是集中签订的。

中航材的飞机批量采购业务是经国家相关部委批准，以其中立地位作为飞机批量采购的总协调，将各航空公司所认购的机型批量打包，以争取到更优惠的价格和更好的技术保障及商务条件。

业内人士透露，航空公司想买飞机，要先将购机计划报给民航局，民航局会对行业发展和运力规模作相关分析。随后，民航局将意见报给国家发改委，再由国家发改委结合战略需求，按照相关程序推动飞机集中采购。

一边是要统筹考虑国内的运力需求，一边是国外制造商每年的交付能力有自身的"天花板"，这意味着任何一个国家的航空公司购买飞机都不是一场简单的交易。

2021年，空中客车公司（简称"空客"）共向全球88家客户交付611架民用飞机，相当于平均每家客户分到的飞机不到7架。就这样的交付能力，已经比2020年增长了8%。还有一个数据值得注意：2021年底，空客手头储备的订单量就有7082架。按照2021年交付的速度，光是消化储备订单，空客就需要11年左右。

此时，航空公司想临时订飞机，不好意思，得先排队，而且是从第7083架排起。

说回当年的长龙航空。2013年7月10日，长龙航空获得增加客运的批筹公示，当年12月29日首航。这中间相隔连半年都不到，因此想从国外制造商那里引进飞机，无异于天方夜谭。对于长龙航空而言，当时最快能租到飞机的一条路就是：找同行。

这条路也没有想象中的畅通平坦。"当时大家都需要飞机，有没有闲置的飞机租给你？闲置的飞机，是否正好匹配长龙的航线与载量？租飞机的价钱是否合适？"这些都是长龙航空需要考虑的问题，没有一个问题不是烫手的山芋。

刘启宏了解到首都航空有富余的运力，可以对外租借飞机，他用最快的速度与首都航空的母公司海航集团达成口头协定。

之后，双方的管理人员、法务团队紧锣密鼓地展开了谈判，硬是在一周内把飞机的租赁合同谈妥了。"恐怕放眼整个民航，这个速度都是史无前例的。"那位参与谈判的长龙航空高管解释："租飞机与租车完全不是一回事，后者花500块钱就能把车开走，但前者涉及很多细节。"

飞机的租赁合同谈妥之后，机身要喷涂上长龙航空的标志。这支团队又使出浑身解数，在最短的时间内让长龙航空"神龙回首"的图案喷绘在客运的飞机上。

"借"这个字眼，在客运开航早期对长龙航空而言一点儿都不陌生。飞机出故障了，航材得去借；飞机要维修了，机库也得借；最捉襟见肘的时候，人员还是需要靠借。在民航业，无论是借调来的还是招聘来的机组人员，都要有资质。

这种资质是不准随身携带的，一旦离开原来的单位，资质就立即处于失效状态。所以，尽管机组人员能招的招来了，一时半会儿招不到的也借来了，但人员到位只是开始，这些人还要按照长龙航空的训练大纲重新取得资质，才能进入机舱执行飞行任务。这显然又是一个漫长的过程。

一方面要保证飞机在期望的时间内准时启航，一方面很多资源都要东挪西凑准备妥当，这对这支融合了不到一年的团队提出了极高的效率要求。他们要以一种全新的状态投入这项刚刚启动的事业，这是一种与过去分道扬镳的姿态。

刚到杭州的刘艺要负责两头，一头是客运开航的前期筹备，一头是货运的日常飞行。每天早出晚归，连抽身找一处住所的时间都没有，他跟着刘启宏在酒店住了一周之后，终于提出让办公室帮忙找一处住所。"我是来工作的，不是来享受的。"刘艺说。找到住所之后，让刘艺更为尴尬的是，他整整一周都没有时间去超市，所以连擦手纸都没有。

这种遭遇，在国航是不会发生的。当初在国航，工作若有变动，履新之前，办公室的人会轮流来了解你的需求，之后还会有一次满意度调查。有时家里人托运点儿东西过来，也有人直接从候机楼带来。到长龙航空以后，刘艺身边只有一名助理，而这名助理连自己的工作都忙不过来。

总裁都遇到这么多难处，新员工自然就不必说了。刘启宏知道这个情况后，作出了一个决定——每一名从外地来入职长龙航空的新员

工都有 3—7 天的酒店过渡期，以便在这段时间里先找住处安顿下来。

四

为了让第一架飞机顺利起飞，所有人都忙得跟陀螺似的。

那时候，团队工作到午夜 12 时是家常便饭，通宵开会也不是什么稀罕事。通宵之后，第二天一早还是照常出现在办公室，大家依旧是一副斗志昂扬的样子。

"那时候氛围既融洽又紧张，所有人好像全身有用不完的干劲。"王玉国原本也在体制内过着朝九晚五的日子，直到那一天，他遇到刘启宏。他甚至都没跟刘启宏有过多的交流，看着对面这个年轻又有冲劲的创始人，他就决定将自己的职业生涯归零，转而追随一家民营航空公司实现从 0 到 1 的艰难突破。

2013 年 10 月 8 日，王玉国正式加入长龙航空，他清楚地记得那一天。因为刚到杭州办理好入职手续，他就被派回北京，任务是跟进对接引进飞机事宜。

对于一家新入局的航空公司而言，跟进对接引进飞机十分不容易。"全靠腿脚勤。"王玉国说得很坦诚，他那时候为了等一位领导结束会议，可以在对方的办公室门口站上几个小时。"万事开头难。"最难的那段时间，刘启宏经常身先士卒亲自出马，等上几个小时的情形也时有发生。

在王玉国眼里，长龙航空有一个优点，无论是急事儿、难事儿还是大事儿，从来没掉过链子，包括运行合格审定，也赶在开航之前顺利完成了。

王宏比王玉国早两个月来到长龙航空，那时候，他的紧急任务就是负责王玉国所说的CCAR121运行合格审定。通俗地解释，CCAR121运行合格审定就是民航局对一家航空企业是否具备大型飞机公共航空运输资格的审核。

尽管有前期货运航空的基础，但基于客运更高的安全敏感性，从审定过程和符合性审查条款来看，客运补充审定都是更为严谨、复杂与精密的工作。从接到迎审任务起，王宏就带着平均年龄为二十三四岁的迎审团队开始满负荷运转。这是一项涵盖上百条符合性声明逐条梳理、数十本拟定手册上千页内容逐页核查校对，以及民航局方面各监察员和公司运行团队密切沟通协调的工作，烦琐而又浩大。经过两个多月夜以继日的审定材料准备、民航局方面文审、演示验证等过程，在2013年12月25日那一天，长龙航空顺利通过增加定期载客补充合规审定，实现了从货运到"客货并举"的华丽转身。

此时，距离12月29日客运首航还有4天。"为了那一天，小伙伴们真的是拼了，我们没把自己当成一名普通打工者，而更像是创业者。"直到今天，王宏都对那一段日子记忆犹新。

同一年加入长龙航空的还有党建平。在此之前，党建平在海航航空集团维修板块负责管理一个5000人的团队。当时，仅维修板块，海航航空集团就已对土耳其myTECHNIC机务维修公司进行了战略投资。"海航航空集团当时机队规模即将突破500架，机队规模都快

赶上长龙的员工规模了。"党建平的话粗糙却形象。

加入长龙航空以后，党建平接管了一支30人左右的团队，他甚至很难得看见1架飞机。"我来的时候，长龙航空只有3架货机，货机也都在外面飞。"党建平说。起初，管这支小团队比管5000人的团队还累。在海航航空集团的时候，党建平只需要按照既定且成熟的体系，让团队成员分头有序执行就可以了，而到了长龙航空，他要从头开始搭建一套体系、打造一支团队。

"当时的心理落差确实太大了。"在近乎"房无一间，地无一垄"的状态下，党建平等刚加入长龙航空的管理干部绝不仅是做好管理就行了。小到细枝末节，大到体系搭建，整个过程都需要他们的参与和讨论。那时候，党建平已过不惑之年，但他还要爬到737货机上亲自排查故障。

在党建平看来，那时候任务重、时间紧、要求高，年轻员工在挑战中得到了大量的收获。在一张白纸上快速而稳妥地描画宏伟蓝图，这一过程中必然会产生极大的空间与众多的机会；相反，随着长龙航空趋于稳定与成熟，空间与机会将逐渐减少。当体系、架构、规则与文化越来越稳定时，个人发挥的空间就越来越小。

不过，长龙航空仍是一座火烧得正旺的大熔炉，不断有年轻人加入，他们在熔炉里锻造，在逐渐强大中走向成熟。

当然，并不是所有人都能在这样一座大熔炉里坚持上几年。尤其是创业初期，人来了又走，换了一拨又一拨。前几年，一些非业务线岗位只配几个人，甚至是一个人，一旦人员流动，就意味着很多工作要从头再来，又增加了管理难度。

可能很多人难以理解，这些在体制内已拥有一定职业地位的人为何愿意加入一家当时连自己的客机都没有的航空公司。然而，当他们说出自己的理由时，你就会觉得，就是这么一帮人凑在一起的时候，很多东西包括"长龙现象"就能解释得通了。因为他们向往深耕、向往拼搏、向往创新，他们都希望自己还能干一番事业。

事实上，当这么一帮人在一起坚守与创造的时候，所有困难最终都会被克服。

12月16日下午2时，杭州萧山国际机场，在雨幕的衬托下，一架喷有"浙江长龙航空"字样的天蓝色A320客机出现在天际。飞机穿"水门"而过，缓缓停稳后，机长走出机舱，现场响起了一片掌声。这是浙江唯一的本土航空公司长龙航空引进的首架A320客机从海南飞抵杭州。

10天之后，首航路线于12月27日正式确定，2架飞机将比预先安排的时间更早一步飞上蓝天。赶在2014年新年钟声敲响之前，王宏作为机长与另外几名飞行员成功首航，而他身边的副驾驶员来自另外一家航空公司。

一口气放弃了9名飞行员

1架飞机通常需要10多个飞行员才能保证飞行，而当时的长龙航

空连副驾驶员都需要借调，可想而知手头的机组人员亦是屈指可数。彼时刘启宏给出的两大指示，现在看来有效地保证了长龙航空组建一支优秀的飞行员队伍。

"有多少，要多少。"这是刘启宏的第一句话，"市场上有，我们就要花钱。"

短短6个字，只有民航业的人才明白这句话的内涵是多么重要。20世纪末，刘艺所在的航空公司人力资源部门建议减少每年招收飞行学员，理由是招收学员产生的成本负担太重了。当时刘艺还因为这个建议拍过桌子，他认为HR可以管干部，但管不了飞行员，因为他们未必懂运行。

然而，对于航空公司而言，当市场竞争加剧、利润空间压缩时，控制成本又是一件不得不做的事。成本支出与人才储备就成了跷跷板的两端，倾向哪一端都可能失衡。

所以，当刘启宏说"有多少，要多少"时，刘艺内心还是震动了一下。

一

"当时飞行员还是很紧缺的，无论是三大航还是其他航空公司，都比较紧张。"刘艺告诉我。2013年底，虽然全行业取得驾驶执照的飞行员已超过3.5万人，但这些执照包括飞机、直升机与其他航空器的驾驶员执照。

民用航空器驾驶员执照大致分为商用驾驶员执照、学生驾驶员执照、运动类驾驶员执照、私人驾驶员执照、多人制机组驾驶员执照、航线运输驾驶员执照。

在这些名目繁多的驾驶员执照中,只有持航线运输驾驶员执照的驾驶员可以担任执飞民航客运航班的机长。而持有航线运输驾驶员执照的驾驶员数量仅为1.4万余人,连全部飞行员的一半都不到,这些飞行员对应着2145架飞机。

按照民航总局的规定,1架新飞机来了以后,要配备最少4个机组,每个机组按照2名飞行员计算,1架新飞机最少要配备8名飞行员。

2013年,中国民航运输总周转量为美国的42%,运输飞机架数为美国的30%;美国持有各类执照的飞行员为59.91万人,而中国为3.55万人;减去飞行学员后,美国持有各类执照的飞行员为47.88万人,中国为3.16万人,包括聘用的约800名境外飞行员。

这种紧缺并不仅限于某一家航空公司,也不仅限于国内,而是一个全球性的问题。即便是美国,也不可避免地面对过这一困扰。"航空业最大的问题就是总是有飞行员在跳槽。"美国弗吉尼亚州亚历山大市一家非营利性组织——飞行安全基金会的一名主席曾说。

这个群体身上携带着一种"贵族基因",既昂贵又脆弱,一旦流失就难以快速填补空缺。培养1名飞行员尤其是机长的周期非常长,再出色的飞行员,成为1名机长也要经过7年以上的实飞及训练。

一般来说,1名飞行学员进入民航院校,有4年的学业要完成。

而从入学到毕业,约有15%的人会被淘汰。从学校顺利毕业,并不代表这些人的身份从飞行学员升级至飞行员,这个时候他们还仅仅是"准飞行员"。

去掉一个"准"字,还需要进行一系列漫长的培训。

"从民航院校毕业,只是取得进入民航运输飞行员行列的资格证。驾驶每一种机型都要先进行模拟机的改装,飞行员每年都有两次复训,在模拟机上有固定的科目,主要是让飞行员熟悉飞行程序,掌握特情处置的方法,确保飞行安全。"一名飞行员透露。

之后,飞行学员要通过跟班飞行等方式,从FS级副驾驶逐渐升为FZ级副驾驶,要掌握白天、夜晚和不同机场的起飞降落及飞行技术。1名飞行员成长为副驾驶、机长,需要打通15个环节的"任督二脉"。

当飞行学员一路"升级打怪"到成为一名机长时,最少要花去2700个小时的有效飞行时间。2700个小时,放在其他行业,1天工作8小时,1年也就完成了。但飞行时间有另外一套计算方式。民航局规定,为防止飞行员疲劳飞行,每个飞行员每月飞行不能超过100个小时,每年飞行不能超过900个小时,要完成2700个小时的飞行量,需要3—5年时间。

机长的肩上是四道金色杠,分别代表专业、知识、技术、责任。可想而知,一名学员要经过多久的磨炼才能顺利戴上这四道杠,也正因为如此,一名成熟的机长愈加显得稀缺与珍贵。

急着等米下锅的新生代航空公司,不可能等自己培养出一定数量的机长再让飞机飞向蓝天，这样的成本不可估量。想尽快投入运营，摆在它们面前的只有一个选择：在市场上招飞行员，尤其是机长。

那个时期，国内运输航空可用飞行员有八成在大型航空公司手中，早期空军退役飞行员大多加入了三大航空公司。

在国内第一架民营航空公司的客机飞向蓝天之前，一份文件非常及时地出现了。这份文件对飞行员流动等问题提出要求："对辞职的飞行人员，其飞行执照交用人单位所在地的民航地区管理局暂存保管；飞行记录本和航空人员健康记录本由用人单位封存保管6个月后交所在地的民航地区管理局暂存保管。待条件成熟时，积极研究交相关协会保管的办法。"

大意是，国内飞行员的流动将受到限制。其实大型航空公司不愿意放人也很容易理解，一方面不想让人才资源落入竞争对手手中，另一方面培养一名新机长确实是费时费钱的事。

航空公司培养一名机长的费用通常要在600万—800万元，所以飞行员跳槽往往会有"转会费"。按照五部委的文件，飞行员"转会费"最高只能到210万元，但后来水涨船高，一路涨到500万元左右，机长的"转会费"甚至接近1000万元。

不过，一名机长的培养费用其实很难在账面上计算。机长的培养周期不是结束于走出航空学校，而是贯穿其整个飞行生涯。一方面，在从飞行学员到飞行员再到机长的过程中，航空公司要付出时间与精力对其进行无数次飞行训练；另一方面，从进入驾驶舱那一刻开始，飞行员就开始为航空公司产生收益。

当然这也是有历史原因的，国内飞行员赖以生存与成长的根系，从进入民航院校开始就和航空公司紧紧交缠在一起了。中国民航飞行员的培训费用历来是由航空公司负责，学员和航空公司签订正式合同，学员的养成训练、初始改装训练等费用由航空公司支付，学员完成训练、通过考试并取得民航局颁发的商用驾驶员执照后，将进入航空公司工作。

自己辛苦拉扯大的"孩子"就这么拱手让给竞争对手，自己却陷入飞行员紧缺的局面，这自然不是大型航空公司想要的，也不是一笔"转会费"能安抚的。一个坚持要走，一个坚持要留，想走想留，却难走难留。

二

办法总比困难多。为走出困局，国内45家航空运输企业负责人与飞行员代表等在2014年底坐下来，签署了《航空公司飞行员有序流动公约》。

该公约对航空公司每年可流出的飞行员、飞行员离职时间，以及新成立航空公司每年可流入飞行员的数量作了规定。

这一份公约，虽然并没有站在新进入的航空公司这一边，但就当前而言，不得不说是一张尚好的药方。只是航空公司在加速引进飞机，而一部分飞行员又到了退休的年龄，很多股线交缠在一起，让飞行员招募这件事变得越来越困难。

对早期的长龙航空来说，这种层面的困难更加突出。

举个例子，有一个机组不得不飞内蒙古的航班，在杭州与呼和浩特之间打个来回能将时长控制在民航局要求的上限之内，但因为长龙航空还没有到呼和浩特的航线，机组只能飞到通辽。而在杭州与通辽往返飞一趟，机组的执勤时间就超时了，因此他们不得不选择在通辽更换机组。由于公司发展初期没有可供调配和腾挪的足量基地与人员，通辽当地也没有可供更换的机组，因此长龙航空只能从其他城市调配机组到通辽。在这个过程中，必然会产生食宿等额外成本。

执勤时间可能只超时 1 分钟，但对于航空公司而言，这是永远都不能逾越的 1 分钟。

机组调配能力不足的前提下，谈发展也只能是空谈，对民营航空公司来说，组建自己的飞行员队伍是一件刻不容缓的事情。没有足够的飞行员，引进来的飞机也只能停在机坪上晒太阳，而飞机停飞 1 天，航空公司的账上就消失 1 万美元——这还没算上机组人员的成本。

为此，刘艺迫不得已回老东家谈飞行员转会的事情。

现实的需要比任何抽象的理论都更有驱动力。然而，令人费解的是，当 9 名飞行员揣着飞行记录本出现在长龙航空时，却 1 名都没被录用。2014 年前后，一家大型航空公司的 9 名飞行员想集体跳槽，原本他们的去向是总部在上海的一家民营航空公司，但突然看到家门口成立了一家客运航空公司，就改变了主意。

当长龙航空的工作人员翻阅 1 名机长的飞行记录时，发现其中 1 名飞行员当上波音 737 的机长后，又在非常短的时间内当了空客

A330 的机长。当时长龙航空内部判断，这名飞行员在空客 A330 上极有可能只是一名"航线机长"。其实中国并没有航线机长的概念，只有在双机长的制度下才出现类似的情况。这里提这一概念，是为了方便向读者解释这其中的差别。

双机长制度一般出现在高高原航线或远程国际航线的航班上，这类航班因为飞行条件复杂或飞行里程过长，一般会启用两名机长。一名机长疲劳或遇到突发问题时，由另一名机长顶上。其中一名机长或许就只是航线机长，航线机长遇到问题时，可请教责任机长，后者承担完全责任。

航线机长与责任机长之间仍有一道肉眼可见的实操鸿沟。长龙航空是一家新成立的航空公司，对于机长完全承担责任的能力要求更加突出，亟须责任机长负责安全飞行。因为在航班上，兼备精湛技能和成熟心态的机上最高决策者，仍然是责任机长。

那 9 名飞行员态度非常明确："我们是一起来的，要是可以录用，那就一起录用；如果少录用一个，我们就都不来了。"有时，飞行员会形成一股抱团力量来对抗传统的大型航空公司。飞行员离职一次，就会在舆论上引起一次震荡。一来是离职诉讼往往旷日持久，二来是他们动辄抱团离职。在供不应求的市场下，面对求贤若渴的航空公司，抱团可以让他们占据谈判的上风。

供需失衡让他们相信，"此处不留爷，自有留爷处"。

不夸张地说，当时长龙航空遇到 9 名飞行员，就相当于久旱逢甘霖。但此时刘启宏抛出了第二句话："宁缺毋滥，我们一定要选好的。"

"宁缺毋滥"这4个字,做起来远没有说出来容易。没有创始人的这句话,下面的人面对齐刷刷上门的9名飞行员的去留,很难作出抉择。"我们不能因为8个优秀的机长,就妥协接受1个'夹生饭'。"最后的审查没在刘艺这儿通过,9名飞行员最后一个都没被录用。"一个都没来,是很心疼,那个时候眼睛都发红了。"

刘艺能作出这个决定,还是因为刘启宏的第二句话。"你可能很难理解,这句话给这个决定带来的支持力度有多大。"在航空公司,如果创始人始终以效益和利润为中心,心中对安全这根弦没有敬畏的话,这支团队尤其是飞行团队是很难有安全感的。而在长龙航空,你会发现刘启宏的安全思想贯穿始终。

飞行员在航空公司中扮演着极为重要的角色。他们是航空公司除飞机之外最珍贵的一笔财富,也最有可能摧毁航空公司最后一线生机。飞行员只要在飞行过程中出现一丁点儿问题,就有可能毁掉一家航空公司。这也是为什么长龙航空在发展初期亟须持证人员,可以对其他工种考虑再三综合评判,对飞行员群体的安全底线却从未有过片刻的放松。

拒绝9名飞行员是一次性的,但再招9名却要花上很长时间。对于长龙航空而言,招飞行员的速度永远都赶不上引进飞机的速度。

连刘启宏都说不清,是到了哪一天,长龙航空的飞行员队伍就够人数了。"永远不够,一直在拼搏。"长龙航空曾两次出现"飞机引进之后,飞行员却不够用"的状况,这时候都是找其他航空公司借飞行员。虽然可以借,但其他航空公司本身也并无富余,勒紧裤腰带出借

就意味着剩余飞行员的飞行密度要增加。借，显然只是权宜之计。

三

按宁缺毋滥的思路组建飞行团队，显然要花更多的时间与成本，不过长龙航空还有一个比较难得的表现是：从未在招募飞行员这件事上降低标准。

刘启宏并不掩饰，相比其他航空公司，长龙航空提供的是相对有竞争力的薪酬制度。但它的薪酬制度参照了其他民营航空公司，并没有用业内最高的工资待遇去挖人。"华东地区的消费水平本来就比较高，钱给少了，大家也不愿意来。"刘启宏说。

或许，比起国有航空公司，不少飞行员内心更倾向于民营航空公司。

一个最直观的原因是，同样水平的飞行员，在民营航空公司的薪酬会比在国有航空公司高20%—40%。当然，国有航空公司的各类福利待遇也是民营航空公司所不具备的。同时，每家公司的飞行小时费也不一样，民营航空公司给出的小时费在全行业是领先的。

放眼全球，国内民营航空公司给出的薪酬也是很有吸引力的。民航业向民间资本开闸之后，外籍飞行员也随之进入，到二次开闸的时候，飞行员流入速度进一步加快。

那些在国际上知名度还较低的国内航空公司，开出的薪酬甚至比达美航空公司资深机长的薪资高50%。有些航空公司开出了每月2.6

万美元的实付工资。当时来自新兴市场（如巴西和俄罗斯）的飞行员如果选择到中国开飞机，收入可以翻四番。

2014年，国内的外国机长数量达到那个时期的峰值——689人，与上一年相比飙涨62%，其中264人供职于成立不到10年的航空公司。由于地理和文化的接近，国内民营航空公司对韩国飞行员尤其有吸引力。

最关键的是，这些人不是普通的飞行员，而是业内顶尖的飞行员，是机长或者飞行指挥员之类。外籍机长的优势是来了就能投入生产，不需要漫长的谈判，也不需要高额的"转会费"。在一些民营航空公司，外籍机长占机长总数的1/4左右。

并不是每一名飞行员都能拿到百万年薪，而机长身份是收入的分水岭，一旦升级成机长，飞行小时费就能翻三番。在飞机驾驶舱内，一名飞行员从副驾驶座到机长座，只需要跨过中间那道控制台；但在飞行体系内，一名副驾驶员要晋升为机长，要走过5—10年时间。

在哪家航空公司能更快地完成从飞行员到机长的晋级，就选择哪家航空公司成为自己的东家，这逐渐成为业内的一个共识。国有航空公司的饭碗可能在外行人眼里更稳妥，但当披着简朴袍褂却效率惊人的民营航空公司出现在飞行员面前时，不少人内心的天平便有了倾斜。

成熟的航空公司只要机长够调配，对飞行员队伍培养的力度就会相对减弱。对于大型航空公司而言，飞行员晋升为机长之后会增加运营成本，这样放机长的周期就会被拉长。"长龙不一样，快速发展的它亟须更多机长。"

有时候，决定命运的只是机长的多少。"如果长期没有足够数量的机长，绝对会影响公司的成长。"刘艺说，"有时候市场情况很好，我们航空公司想要增加班期，但是由于飞行员多数已经接近规定时限，不得不放弃增加航班的想法。"

这样一来，一些在大型航空公司暂时看不到晋升希望的飞行员就更愿意选择像长龙航空这样发展势头正猛的公司。

在长龙航空，从副驾驶员晋升为机长的机会更多一些。"一开始我们的副驾驶员不多。"刘启宏说。在长龙航空的第一架飞机起飞却连副驾驶员都不属于自家的情况下，就注定了它对飞行员的渴求程度更高。

"饱汉不知饿汉饥"，当一些新生航空公司还嗷嗷待哺时，大型航空公司已储备了数量充足的副驾驶员。这种现象导致业内多次发出特别提示：副驾驶员或已轻微过剩，应在招飞规划上有所警觉。实际上，所谓"略有富余"也仅仅出现在传统国有航空公司当中。副驾驶员多了，飞行员坐冷板凳的概率就高了，直接上场的机会就少了。而只有坐上驾驶座，才能计算飞行经历时长。

空客A320与波音737的机组配置最低是6个人，一般飞行时间8小时以内配1名机长与1—2名副驾驶员，飞行8—10小时加配1名机长。如果机长1天飞了8小时，那么2名副驾驶员坐在副驾驶座上的时间分别为4小时，另外4小时，副驾驶员只能坐在观察员的位置上，并不计入飞行经历时长。

如果一家航空公司的副驾驶员没有富余，或者刚刚满足机组人员的配置，那么它就能提供更多的飞行机会。如此一来，从副驾驶座到机长座的时间就会被缩短。"2014年到2019年，我们的副驾驶员5年多一点儿就能当机长。"

2012年，机长王河从民航院校毕业时，正赶上这个行业第二次向民间资本开闸的节点。那时候，国内航空公司引进飞机的速度加快，而机长培养的周期又缩短不了，各公司都在做机组人员的战略储备。哪怕是刚从飞行学院毕业的学员，也是会被争抢的。王河毕业时的选择除了长龙航空，还有另外3家航空公司。不得不提的是，这4家航空公司虽然都是民营航空公司，但另外3家都比长龙航空发展成熟且稳定，而当时的长龙航空甚至连1架客机都没有。

王河选择长龙航空，可能正因为长龙航空还是一张白纸，无论谁过来都有更大的创造空间。进入飞行学院之前，王河在青岛一个地方文化局干了8年，比起其他学员，他在年龄方面并不具备优势。

王河还清楚地记得，刘启宏面试他的时候，最后问了他两个问题。"老板问我的优势在哪儿。我说年龄。工作经验和不小的年龄都在告诉我，要更加珍惜未来的工作机会。他又问我的劣势在哪儿。我说年龄，因为花同样的代价招募一个飞行员，人家能比我多替公司服务7到8年。"

想在这个领域更快地实现梦想，王河就需要借助一个潜力大、发展快的平台。后来的发展也证明王河当时作出了正确的选择，与王河同期进入飞行学院的同学，没有一个人比他更快当上机长，有一部分进入大型航空公司的同学到现在也没有当上机长。"客运开航的时

候，公司只有 5 个机长和 10 个副驾驶员，自然坐驾驶座的飞行时间就比成熟公司的飞行员要多。所以，我们这批飞行员的技术成长也特别快。"

抛开薪酬驱动、晋升周期，技术成长也是飞行员极为看重的。

每一名想进长龙航空的机长，都要先过模拟机的关。模拟机可以还原飞行过程中的各类突发状况，让飞行员处于接近真实的驾驶环境中。"对每一名机长除了进行背景调查、查阅技术档案与飞行资料以外，我们还会通过模拟机摸底机长的真实水平。"由于一些大型航空公司的成熟机长没通过这一关，长龙航空拒绝了他们。

并不是每一家航空公司在引进机长时都会设置模拟机这一关，毕竟上模拟机也是一件奢侈的事。刘启宏算了一笔账："1 名机长在模拟机上至少需要 2 小时才能看出真实水平，2 小时模拟机的费用就是 7000 元，还不算教研费用。"如今，长龙航空引进了 200 多名机长，光是这些机长在模拟机上测试的费用就是一笔可观的支出。

即便加入了长龙航空，仍可能因为表现不理想而被取消合作。"毕竟机长的技术就是安全的基础，他的能力和状况对于整个安全支撑非常重要，我们在这一块管控非常严格。"

四

让刘启宏兴奋的是，眼下长龙航空在飞行员培养方面已经形成"自我造血"功能。

第一架客机起飞前半年，首批自主培养的 5 名外送飞行学员就已回到长龙航空。之前一整年，这 5 名学员都在美国泛亚航校学习，通过地面培训、飞行培训等一系列考试后顺利毕业。2020 年底，长龙航空自己招的学员也开始受聘为机长。

"我们过去主要是两条腿走路。"刘启宏解释，现在为了挑选最好的飞行员苗子，大部分直接委托中国民用航空飞行学院、中国民航大学等院校培养，确保飞行员队伍技术过硬。

在发展提速最快的几年里，长龙航空引进飞行员的进度也始终比机队扩张快上一步，几乎没敢缓下来喘一口气。就飞行员这个层面而言，新冠肺炎疫情让长龙航空终于有机会缓了一口气。"最近两三年，引进一名机长的费用在下降，我们引进机长的速度也开始慢下来。"不过刘启宏也坦言，长龙航空只是从飞行员角度来说缓了一口气，从公司层面来看，只有飞机不断地飞，成本才能越来越小。"1 架飞机 1 个月租金就要 40 万美元，每天飞行时间的长短将直接决定成本的高低。"

机长严渊是 2015 年 6 月加入长龙航空的，他印象中当时长龙航空的货机有一名自主培养的机长，其余机长都是从外部引进的。彼时，长龙航空机队大概有 10 架飞机，对应的飞行员队伍将近有 100 人。那时候是长龙航空机队扩张最快的时期，它需要更快地从外部引进飞行人才以满足公司的需求。"每天都有新面孔出现，而且这些新面孔年纪都有一点儿了。"严渊过去在三大航空公司之一的机队服务，这类大型航空公司多数不会从外部引进机长，都是内部培养。在老东家

那里，即便机队中出现新面孔，也是刚从航校毕业的年轻面孔。

别看新面孔有些已经不年轻了，但这支队伍从第一天办入职手续开始，就让严渊感受了不同以往的朝气和活力。在原单位要流转很多环节、花上十天半个月才能办完的手续，这里几天就给办完了。那时长龙航空正在马不停蹄地加强建设自己的飞行团队，可以说是"用三条腿走路"：一条腿是从外部引进成熟机长，一条腿是委托几大航空院校培养自己的飞行员，一条腿是建立内部的学员培养体系。初期，长龙航空每年招收一二十名学员委托几大航空院校培养，到 2015 年左右，这些院校逐渐可以保持稳定地向长龙航空输出飞行员了。

"之前每年输送过来的飞行学员有一二十名。近三年进入公司的飞行学员成倍增加。"长龙航空人力资源部工作人员透露。每年进入长龙航空的飞行学员都在增加，而夸张的是，近三年它每年向航空院校提出的委培人员计划都在 100 人以上的规模。

到 2020 年左右，这些从航空院校输送过来的飞行员开始陆续受聘为机长。此后，长龙航空很少从外部引进机长，曾经一年引进四五十名机长的阶段一去不复返了。2015 年前后，国内航空公司热衷于面向国际社会引进飞行员。当年的杭州还没有经历 G20 杭州峰会的洗礼，比起北京、上海、深圳，外籍飞行员对杭州这座城市并没有多深的印象。

"那时候我们引进外籍飞行员，连面试都会迁就对方的时间和城市。只要对方说第二天有时间，我们的 HR 会立马赶自家的航班飞过去。"让刘启宏欣慰的是，如今长龙航空每年自己培养的机长越来越多。"业内说,近三年,我们每年自主培养的机长量已经超过一部分成熟的航空公司。"与此同时,新冠肺炎疫情也没有阻碍长龙航空引进飞机的稳妥计划,而一些航空公司却在机队规模上陷入零增长甚至负增长的境况,这都与刘启宏以长远的眼光规划战略有关。在他看来,一旦疫情有所好转,突然放开的国内、国际航线都可能出现报复性增长,所以,即使当时航空业看上去相对低迷,长龙航空在机队规模与人才储备方面仍保持着增长的节奏。

"这两年,一些航空公司的学员从航校毕业后,都没什么机会接受理论培训、改装训练等,但长龙航空一直没有放缓过培训速度。"从 2017 年开始,严渊就负责长龙航空飞行队伍的培训,他告诉我,长龙航空一直在为疫情结束后可能到来的航班爆发性增长做准备。"到了马力开足的时候,不能因为人员瓶颈影响航班起降,这是公司一直在强调的。"

严渊口中的改装训练,是指为适应新机型而实施的一种训练。"一般,学员在航空院校飞的是小飞机,如果他以后要执飞空客 A320,第一步就要进行初始改装。"严渊说,这类学习分为理论学习与模拟机训练两方面,改装成本加起来至少 15 万元。抛开真金白银的投入,每名飞行员需要 4—5 个月的周期才能完成一场改装训练,之后即使飞行员什么也不做,为了让飞行员持有这个资格,航空公司一年也要投入 5 万元以上的成本。

虽然长龙航空的机队成熟度很高,但培训工作仍然不能放松。所有处于扩张初期的航空公司都会面临一个同样的问题:飞行队伍构成

比较复杂，飞行员来自国内外不同航空公司，国籍不同，执飞不同的机型，驾驶过的机型、飞行特点和文化背景差异比较大。

增强这支新队伍的安全意识、规章意识、技术能力，是航空公司飞行运行管理团队要迎接的重大挑战，要让不同国籍、飞行背景、执飞机型的飞行员统一使用一本运行手册、一套标准作业程序（SOP），高质量的培训是一项重要手段。

但要想在初期采用这种手段并不是一件容易的事。从客运开航至2015年11月，近两年时间，长龙航空的培训体系在逐步完善中，专业技术人员资质类培训全部委托外部培训机构完成。这种外包状态不仅增加了培训成本的投入，影响人员调度排班，而且过于依赖外部培训机构，培训时间无法保证，培训内容无法完全契合公司实际运行生产现状，培训效果事倍功半。

在严渊眼里，委托外部培训机构培训技术人员是航空公司在发展初期必然会选择的一种路径，但与自主培训相比，这条路径有着明显的劣势。"比如航空公司很难监控教员的培训质量，培训理念与内容一是难以统一标准，二是很难根据自身情况作个性化定制与创新。"他透露，长龙航空初期委托的外部培训机构有两家，这两家机构都是业内主流机构，它们各自有一套沉淀了多年的培训体系。这样一套培训体系成熟、安全，但也不可避免地面临着体系固化的问题。

当机队规模不断扩张时，创建起自己的培训体系就成为一种现实需要，这是长龙航空早晚要面对和解决的问题。

只要有一点儿机会，就要攻下来

飞机有了，飞行员也有了，然而长龙航空试图在这项征服蓝天的事业里崭露锋芒，还要跨过一个又一个艰难时刻。

这里的"时刻"不是虚指的，不是虚指那些困难或光辉的瞬间，而是实打实的"时刻"，一种对其他行业而言也许压根儿算不上资源的东西。大多数企业对于时间的概念，无非是让员工朝九晚五还是"996"，但时间却是航空公司生命线上的一条一条刻度。

有时候，航空公司攻克一座热门机场2分钟的起降时间，要花上几年。即便如此，他们依然乐此不疲，因为手里的"时刻"越多，生命线就越深刻、越鲜明。

"说白了，航线与时刻就是企业的血管，航空公司能飞多远、飞多高，这是两个极为重要的因素。"刘启宏说，由于起步晚、布局迟，与其他航空公司相比，长龙航空在航线、时刻等航空资源占有方面处于劣势。因此，公司部分运力被迫外放，影响了公司主基地发展战略，给运行保障带来较大压力。

如果说，民航业第一次向民营资本开闸时，时刻资源还给民营航空公司留有余地的话，在第二次开闸之前，仅有的余粮也被消耗得差不多了。不过让刘启宏坚信不疑的是，这些都是企业"成长的烦恼"，一定会在发展中被逐步化解。

一

　　航班时刻，也就是飞机在机场的起降时间，是每天航空公司调配运力、安排人员，进行协调和管理的一条条时间轴。如果没有时刻，机队规模再大，也只能眼睁睁地看着它们趴在停机坪上。

　　对乘客而言，航班时刻只是出发和抵达的时间，却左右着航空公司的客流量与收益，支配着它的发展甚至决定着它的存亡。越是关乎存亡，处理起来越是棘手，到第二次闸门开启的时候，民航业已处于"一刻难求"的境地。

　　说事情难，常说"难于上青天"，但在航空公司眼里，上天不难，难的是没有时刻。

　　这种困境在全球民航业都存在，在国内也是。拿两次开闸的时间点来作比较：2004年，中国境内民航定期航班通航机场133座（不含香港和澳门），全行业在册运输飞机总数为754架；到了2014年，这两个数据分别上升到202座、2370架。飞机数量增长了2倍多，但日利用率没有下降，反而从9.4小时上升至9.5小时。

　　所有数据都以每年超过10%的热度上升，有一个数据却纹丝不动。每年，航路（航线）总距离的上升速度仅为3%左右，这个数据的"岿然不动"，直接决定了时刻资源的稀缺程度。

　　别以为天空无边无际就是一笔用不完的财富，实际上，留给中国民航活动的空域只有全部空域的20%—30%。也就是说，留给民航飞机行驶的"空路"非常窄。当民航的机队规模越来越大而空域面积增长缓慢时，就可能造成空中大堵塞。

中国民航业初创时期规模很小，仅有12架小型飞机和3条国际航线、9条国内航线，不少航班一周仅飞一两次。而截至2014年底，我国共有定期航班航线3142条，按重复距离计算的航线里程为703.11万千米，按不重复距离计算的航线里程为463.72万千米。

在"空路"几乎不可能扩张的情况下，民航业的唯一选择就是在内部潜力上做文章。《2014年全国民航航班运行效率报告》显示，2014年，国内一年起降的飞机达750万架，而2006年时，这个数字还不到350万。

2010年以后，北京首都国际机场取代伦敦希思罗机场，成为全球第二繁忙的机场。往前推10年，北京首都国际机场连全球机场前30名都挤不进去。那几年，北京首都国际机场高峰时期，一天要起降1816架飞机，一年平均下来，每天起降的飞机也有1594架。

到2014年，国内日均流量超过500架次的航段已经有13条，主要集中在北京和广州区域，其中最繁忙的航段，每天平均流量超过1100架次，这个航段从北京出发经过太原，目的地是西安。

但在欧美，只要每天平均流量超过400架次，一般就会立即开辟平行航段或者采取空中分流的措施。

欧美能做到这一点，重要的原因是，民航可以活动的空域面积占总面积的80%。

而在国内，要开辟一条平行航段并不是一件容易的事。例如京广航路，就是一条宽度20000米、高度0—14000米的空中通道，京广

间的所有航班以及从郑州、武汉、长沙等地至北京和广州的所有航班，都要在这一航路上飞行。狭窄的航路上，只要有一片区域出现由于雷雨天气等原因不适合飞行的情况，就可能造成航班延误，因为可以绕开飞行和回旋的余地都比较小。

这注定是一场"螺蛳壳里做道场"的游戏。

当航路无法扩张时，民航时刻的增量无非通过两种方式实现：第一，增加机场每小时的起降架次；第二，增加机场的运营时间。后一种方法很好理解，就是增加凌晨与夜间起降的航班。

"现在坐凌晨五六点的航班很常见，但长龙航空客运刚开航那会儿，杭州萧山国际机场最早的航班是7：20起飞的。"刘启宏说。到2019年，在上海浦东国际机场、广州白云国际机场、成都双流国际机场、乌鲁木齐地窝堡国际机场等10座机场，民航局在春运期间开展凌晨1时至6时的国内航班夜航试点。不过这项试点又于当年8月叫停。

前一种方法可以通过缩短空中的飞行间隔距离来实现。目前，中国大部分航路已实现雷达管制。在此之前，采用程序控制，同一高度上每架飞机之间要相隔150千米，雷达管制后，这一距离很快缩短至75千米。后来，在一部分航路上，飞行间隔进一步缩短。

飞行间隔的调整可以是水平距离的，也可以是垂直距离的。比如2007年以后，中国民航按照缩小垂直间隔（RVSM）的高空航路配备，高空航路的垂直间隔就从600米调整到了300米，这就可以让8400—12500米的垂直空域的巡航高度层从7个增加到13个。

在此之前，实施缩小垂直间隔的国家都采用英制作为高度层计量单位。英尺、米都是国际民航认可的飞行高度层标准计量单位。考虑到英制与我国法定计量标准及航空工业标准不一致，因而我国仍采用公制计量单位。用公制计量单位缩小垂直间隔，这是中国民航业对国际民航组织的一个重大贡献。

一来二去，机场每小时起降的架次越来越多，当然这也跟机场的基础条件有关。在北、上、广等地的繁忙机场，每隔一二分钟就会有一架飞机起飞或降落。每天7：00—22：00的15个小时，是航班繁忙的时段。2014年的数据显示，这一时段内，北京、上海、广州、深圳、成都和重庆的机场，平均小时起降架次都超过民航局公布的小时容量。

在北京首都国际机场，平均小时起降架次是90。

二

2003年，北京首都国际机场飞机每小时起降尚未超过52架次。

从52架次到90架次，机场越来越忙碌，却也是向航空公司释放时刻的信号。随着飞机起降的间隔越来越短，时刻就越来越稀缺了。到2012年，类似北京首都国际机场这样的繁忙机场，可以说增加一个航班都很困难。苦于没有时刻，当时的北京首都国际机场每天有近400个航班无法获批。

机场一忙碌，航路也跟着堵塞，飞机晚点越来越成为家常便饭。

彼时中央电视台的新闻都不留情面地指出，某地飞往北京的航线，常年保持着 0% 的准点率，延误时间平均每天超过 200 分钟。在英国航空信息公司 2017 年 7 月的准点率报告上，中国的航空公司和机场排名靠后。

因为飞机晚点情况严重，从 2017 年开始，别说时刻增量了，民航局反而推出了"控总量、调结构"的调控政策。这对于第二拨由民间资本参与组建的航空新势力而言，显然不是一个利好消息。

分配航空时刻时，国际航空多年以来有一条惯例：优先分配在位航企。

对于时刻分配，顺位是这样安排的：历史航班时刻有第一优先权，即之前有这个时刻，只要不违规被罚，以后也能一直有；历史航班时刻调整有第二优先权；新进入航空公司有第三优先权；在位航空公司有第四优先权。

尽管时刻分配的方式也调整了很多次，但这个顺位似乎没怎么变动过。分配方式调整的结果，无非是以前的规则定得相对灵活，后来量化指标越来越清晰。

2018 年实施的《民航航班时刻管理办法》明确规定，新进入航空公司有第三优先权，即在特定机场特定运营日持有时刻少于 3 个（含）或运营周航班时刻少于 21 个（含）的新进入航空公司，可优先分配时刻池中 20%—50% 的航班时刻。

这项指标从表面上看对新进入航空公司的支持力度不小，实际上，时刻分配在业内特指新增时刻的分配，而新增时刻一年比一年稀缺。

当然，民航局对行业前辈的优先分配也存在一些历史原因。一些航空公司较早时就进驻一座机场，获得了黄金时刻，但这些公司在前期也参与了机场建设等各方面工作。既然存在这样的过往牵扯，前辈们怎么可能将好的时刻资源轻易拱手让出？

毕竟，一个黄金时刻价值千万。2015年，西北某航空公司曾以超过9000万元的价格买下广州白云国际机场一组时刻，而使用权仅有3年。不过，大部分情况下，拿到黄金航线高峰时刻，就等于拿到了稳赚不赔的保证书。一般在民航淡季，大多国内航线票价仅能以5折、6折，甚至更低的折扣出售时，黄金航线的高峰时刻仍能稳定在8折上下。

即便是新增时刻，新进入航空公司也有强劲的竞争对手，通常分配仍会倾向于国际航线、基地公司、三大航空公司、飞往老少边穷等地的航线。

时刻这种资源，不是拿到就高枕无忧了，稍不留神就会被回收。2010年4月，一家航空公司从北京至福州的航班实际执行时间比计划批复时间晚了一个多小时，因此被取消航班使用权。这也是第一个被取消的时刻，这个时刻一被取消，很快就被其他航空公司获取。

每到一个航季的时刻协调会，民航局就会牵头，将所有航空公司组织到一起开会。开会的主要目的就是分配时刻资源，每次开这个会，各家航空公司都是尽全力争取分到一部分时刻。长龙航空作为后来者，一出生就面临着时刻资源稀缺这个棘手的问题，如果说那个阶段还不是特别严重，那么越发展，问题越严重。所以，只要有一点儿争取时

刻的机会，只要够资格，就会全力争取。

在刘启宏眼里，初生阶段的长龙航空遇到的时刻问题还不是最棘手的，因为当时正遇上杭州萧山国际机场调高高峰小时起降容量。2012年，陆续调高高峰小时起降容量的机场有10多座，其中杭州萧山国际机场于当年12月进入双跑道运行模式，高峰小时容量将在未来两年由31架次/小时逐步提高到45架次/小时。

"作为主基地航空公司，从那个阶段的时刻增量中还是分配到了一些。"刘启宏解释。也就是在那个阶段，长龙航空在杭州打下了一些底子。但也仅有那么一些底子，2015年到现在，杭州萧山国际机场很少再有新增的时刻释放了。

2015年，有媒体报道，全球61座大型机场中，起飞准点率最低的7座都来自中国，其中杭州萧山国际机场、上海虹桥国际机场、上海浦东国际机场位列"最差三甲"。报道还援引中国民航局数据称，如将上一年所有内地航班晚点时间加起来，一共可达232年。

这三大机场能在全球民航业"拖延症患者"中排上名，并非机场自身的原因。长三角地区的机场吞吐量大概占全国的20%，而杭州萧山国际机场、上海浦东国际机场、上海虹桥国际机场三座机场，再加上南京禄口国际机场，吞吐量就占长三角地区的70%左右。航班在这个区域内频繁地起起落落，必然会造成飞机晚点。

三

当主基地时刻放量的口子被捂严实之后,长龙航空需要重新寻找一个出入口,而飞往老少边穷地区提供了另一种可能。

国内东、中、西部民航业发展不平衡。在一些繁华城市,一座机场每天起起落落超过 1000 架飞机,不是一件稀罕事儿;而在一些边远地区,机场一周起降的飞机只有个位数,某些地区甚至因为没有机场,还没有一架飞机起降。2012 年前后,我国每万平方千米仅有 0.19 座机场,这个数字远低于美国,和一些发展中国家相比也存在差距。

"十二五"期间,国内提出"基本航空服务计划"。这项计划是一件舶来品。这样的计划在美国、欧盟、澳大利亚等国家和地区已经开展了几十年。这项计划的目标是通过航空服务的方式,将偏远的、地面交通不便的地区连接到国家的交通网络中。

一个地区经济起飞的速度,基本与常用交通工具的速度是一致的。从一座城市抵达另一座城市,飞机的速度是最快的,而它带动经济的作用也最是立竿见影,且影响更为深远。尤其是对很多位置偏远、地形复杂的老少边穷地区来说,修机场、开航线往往比开拓陆地交通更容易。

点连成线,线织成面,一座座机场,一条条航线,民航业对地方经济社会发展起到巨大的辐射和带动作用,临空经济更是为新时期的城市发展打开了突破口。对内陆地区来说,修建一座机场或许就能创造一项全新的区位优势。

蜀道之难，难于上青天，说的是过去的成都，如今的成都已经成为一座大型"航空城"，大量人流、物流、信息流在这里汇集，逐渐成为国内外企业聚集的高地。

不过，无论就社会效益还是就经济效益而言，这都是一个漫长且未知的过程。在这个过程中，航空公司不可缺位，但它们对结果所能施加的影响却不多。因此，航空公司选择这类航线既需要魄力，又需要责任感；既要舍得把钱砸进去，又要耐得住寂寞、守得住清贫，从零开始慢慢培育航线。

一项巧妙的政策随后出现。国内分配时刻开始向老少边穷航线倾斜，鼓励航空公司服务老少边穷地区的同时，又减少了其他航线的过度竞争。

对于新进入的航空公司而言，在成立初期确实没有多大的选择余地，不是说它们可以选择往哪座城市飞，而是哪座城市有资源，它们就往哪里飞。一开始飞老少边穷地区的航线，要说这些新航空公司没有时刻方面的考虑是不现实的。

为得到一个时刻，当时长龙航空的相关人员不辞辛劳地跑资源，听说哪座城市的机场即将放量，他们就会想尽办法获取时刻。有一次，听说一座城市的机场有机会，长龙航空派出的负责人三番四次地跟对方电话沟通，期望能见上一面。

这边的电话打过去，那边的负责人正和医生沟通家人的手术事宜，没好气地说："看你平时也挺通情达理，怎么到这种时候就那么固执。你来了，我也没时间接待你。"在他们看来，长龙人"太拼命了"。

不过，直到今天，长龙航空依旧坚守在飞往老少边穷地区的航线上，就不是一句"拿不到其他时刻"解释得通了。从第一次开闸开始，民航局是有意给予新进入航空公司发展空间的，但航空公司也有自己的考虑，并不是给了航班时刻就会照单全收，也要考虑到成本问题。

一家民营航空公司曾花了 5 年获得每一家航空公司梦寐以求的京沪航线经营权，但没过多久就停飞了。当时这家公司每天执行一个往返航班，凌晨 0 时后抵达北京，次日早 6 时返回上海，用一个词来形容这趟航班，就是"起早摸黑"。开通该航线后，这家航空公司当年损失超过 1000 万元。

当一趟航班的象征效应大于经济效应时，大多数航空公司都很难坚持下去。像长龙航空这样坚持一年飞老少边穷地区航线，可能是无奈的选择，但坚持到现在，只能用另外一种理由来解释了。

况且，后来的长龙航空不再是当年一穷二白的创业公司了。

采用新的时刻管理办法之后，根据时刻优先级评分公式，时刻执行利用率高、运行效率高、安全服务好、守规矩的航空公司，得分就高。"这时候，要想申请到更多更好的航线时刻，安全性、正常率和执行率将成为重中之重。"刘启宏解释。此前中小航空公司，特别是民营航空公司，在分配时刻方面也不占优势。新政出台以后，"按人按事"打分，大家都站在了同一条起跑线上。

一家公司的数据指标完成越好，越有可能实质性获利。现在的长龙航空在杭州萧山国际机场的出港周频虽说还排不到第一，但已经是这座机场通航点最多的航空公司。

"企业长大了，理所应当承担更多社会责任。"刘启宏说，"要致富，先修路；要快富，修大路。"在他看来，航空航线便是一条空中大路。

长龙航空不像一些航空公司主打"廉价航空"，也不像一些航空公司主打"支线航空"，这意味着它所拥有的飞机都是大型干线飞机。将这些干线飞机投入飞往老少边穷的航线，简直是一笔不可想象的买卖。因为这些航线最初的命运是相对惨淡的，航班频率低，客流量少，在这种情况下，试图在经济效益与社会效益之间迅速达到平衡，几乎是不可能的。

另外，还有一个情况是，中国的航空公司以大型干线飞机为主。美国的支线飞机占全部民用飞机的50.8%，而中国的支线飞机占全部民用飞机的百分比不到8%，远远低于世界支线飞机占全部民用飞机38.1%的平均水平，这也是大部分航空公司不愿往老少边穷地区飞的原因之一。

能够在这一阵地坚守的航空公司少之又少，长龙航空是其中之一。到了后来，对于扶贫航线执着到一定程度的刘启宏，不惜将盈利航线的时刻腾出来，也要让长龙航空的飞机穿行在扶贫航线上。

第三章 / Chapter 3

"胆大包天"的目标一个接一个

办公室不够用了

2019年1月18日晚上，刘启宏特意系了一根红白格子的领带，点缀一身深色西装，迈着不疾不徐的步子登上了第16届"风云浙商"颁奖典礼的舞台。

当灯光追着他扫向舞台中央时，刘启宏整了整西装的下摆，对着观众席深深地鞠了一躬。

如果问起"风云浙商"这项荣誉有多少含金量，浙江人都会告诉你，这个奖项在当年相当于浙江商界的"奥斯卡"。那天晚上，和刘启宏一同登上这个舞台的，很多是在浙江这片土地上扎根创业了数十年的企业家，年纪最大的那一位浙商是从1979年开始创业的。

此时，距离刘启宏的第一架客机飞向蓝天才刚刚5年，他仍自谦是民航领域的一名新兵。实际上，长龙航空第40架飞机在上一年年底顺利抵达杭州萧山国际机场，换作另一家航空公司，走到这一步需要10—15年。

这也是外界时常提起的"长龙现象"。

一

刘启宏深深地鞠一躬，与其说是感谢现场观众，不如说是感谢这片土地上的所有人。

他少年时期心底怀揣的那粒蓝天梦的种子，一撒到这片肥沃的土壤上，就迅速发芽、蹿高，开了花，结了果，树干也越发粗壮了。"长龙航空扎根浙江，是因为这里有适合民营企业成长的沃土，人们勤劳勇敢，创业者吃苦耐劳。"刘启宏在公开场合多次反复表达过一个意思：要不是选择在浙江的跑道上起飞，长龙航空怎么可能在短时间内飞得那么高、那么远？

确实，这片土地上与速度、与耐力有关的传奇出现过不少。这绝非偶然的故事。

长龙航空的航班每天都在起飞或降落的跑道，很久以前还是一片滩涂。这里的人用最原始的工具和人力，一肩一担，移山挖土，填海埋江，用辛劳和汗水挑出了这片乡土，锁住了钱江潮水。这片土地的四分之一都是这么一担一担挑出来的，被联合国粮农组织称为"人类造地史上的奇迹"。

而这里的机场 2013 年旅客吞吐量突破 2000 万人次，2016 年突破 3000 万人次，2019 年突破 4000 万人次，平均三年就完成一次"千万级"的跨越。

改革开放以来，这片土地一直是中国经济中的"模范生"，贡献了一项又一项令人叹为观止的增长数据。这里有一座农民城，是 6300 多户"有点儿钱"的乡下人集资 2 亿多元盖起来的；这里有一座机场，是很想"飞起来"的老板们掏了八成的资金建起来的；这里有全球最大的零售体，营业额仅用 17 年时间就超越了沃尔玛与家乐福。

"我们的目标是打造世界一流的航空公司，飞得更高，飞得更远。"

刘启宏最大的期待是看着浙江老百姓乘坐长龙航空的航班，飞向世界的每一个角落，将浙江精神的种子撒向更为广阔的土地。

一家羽翼尚未丰满的民营航空公司，却有着这样的凌云壮志，放在其他省份会显得格格不入，然而，在这片土地上，用小支点撬起大理想的奇迹，被重复演绎着，那些听起来不可思议的设想最后都一一走进现实。

"伟大的城市上面一定会有伟大的企业，伟大的企业背后一定会有伟大的城市，这都是相互的。"刘启宏说，他在这片热土上看到了长龙航空的未来。瞄准这一点的长龙航空，开始一架接着一架地引进飞机，平均一年引进8架飞机，也就是说一个半月就有一架新飞机降落在杭州萧山国际机场。2014年，长龙航空甚至连续几个月不间断地引进新飞机。

一年引进8架飞机，在民航业是什么发展速度？举例来说，与长龙航空同为"10后"的航空公司，有些用了三年多才达到8架的机队规模。

2014年4月12日早上9时50分，一架机身喷绘浅蓝色花纹的全新空客A320飞机平稳降落在杭州萧山国际机场的跑道上。这是长龙航空开通客运以来迎来的第3架客机。

这架飞机出生在德国汉堡，有174个座位，它打破了经济舱、头等舱这样常见的飞机客舱布局，前三排超宽间距的座椅被设置为超级经济舱。这一设计的妙处是扩大了座位间的距离，让乘坐体验更加舒适。与普通A320相比，超级经济舱座位间的距离增加了10厘米，经济舱座位间的距离增加了 3—5 厘米。

当时，在国内，这种舱内构型还是首创。

这种机舱内的微妙变化，可能大部分乘客未必感知得到，而长龙航空的服务定位与理念，都藏在这些改变的小细节里。"我们要让经济舱的乘客享受到商务舱的待遇。"刘启宏对长龙航空有两个定位：第一，不做低价竞争，长龙航空未来的票价都将跟随市场规律制定；第二，重推服务。

这一架客机降落杭州萧山国际机场之后，这座机场又在此后的 3 个月里，于同年 5 月 6 日、6 月 5 日、7 月 16 日陆续迎接了另外 3 名新成员。在每一名新成员降落之前，它都要准备好至少 2 辆消防车，在跑道两侧等候。飞机缓缓滑行过来，消防车就会喷出水柱，形成一道水门，为新飞机接风洗尘。

过水门，是国际民航中高级别的礼仪。资深飞行员退休、新飞机降落以及其他引人注目的事件，都可能用到。不过，过去在杭州萧山国际机场，水门仪式出现得并不多。

"以前杭州萧山国际机场没有总部航空公司，一般其他航空公司引进新飞机，都在总部所在地的机场搞水门仪式。"那时候与机场协调水门仪式的都是王玉国，他回忆，当时新飞机一架接着一架降落在杭州萧山国际机场，每降落一架就要过一次水门。哪怕刮风下雨，这场仪式也是少不了的。

对于机场的配合和支持，王玉国至今仍非常感动，不过，因为引进飞机的速度实在太快，当机队规模达到一定数量的时候，长龙航空

就不再麻烦机场搞水门仪式了。

二

  一架飞机引进,背后对应的是100人左右的保障队伍。

  "那时候发展太快了,大家也没想到公司能发展那么快。"当时兼管行政的王玉国眼看着办公室就不够用了。这其实已经是长龙航空新搬迁的场地了,在此之前,他们只是租了圆通快递公司的一层楼用来办公。

  这栋楼有四层,但也就是两三年的工夫,这里很快又被不断加入的新员工填满了。"那几年,公司的心思全用在了发展上,没来得及想到先建设长龙航空的总部。"王玉国说。

  航空公司想要建一个总部,地方政府肯定是欢迎的。以往,一些资本连空中运输的牌照都没拿到就开建总部大楼,最后可能飞机没飞起来,大楼倒是早早地盖好了。"你看我们,来了浙江以后就是一头扎进去搞发展,在那栋租来的老楼一待就是几年。"王玉国跟我描述当时的情况,"我都愁死了,天天来人,天天倒腾办公室,很快就没地方坐了。"

  "有的部门实在坐不下,就安排员工面对面坐一张办公桌。"王玉国回忆说。当时员工天天倒腾,管理层也没怎么消停,一天天想的就是把哪个管理层换到小办公室去,把大的办公室给腾出来。"发展速度太快了,每天都有新员工加入。"

想起当年那个突飞猛进、红红火火的场面，王玉国的兴奋溢于言表，虽然当年他自己的办公室也是来来回回倒腾了很多次，先从一间独立办公室换到另一间独立办公室，再从独立办公室搬到普通员工工位，过两天又从普通员工工位搬回一间小办公室。"后来我说我搬不动了，我就搁普通员工工位办公吧。"

到2017年，这栋办公楼的空间已经非常紧张了。要不是正好杭州萧山国际机场空港大道有一幢办公楼要易主，王玉国真的不知道之后拿什么来东腾西挪了。"那幢办公楼再不拿，我们那地方坐都坐不下了，没法弄了。"

经过10个月夜以继日的改扩建，2018年6月，长龙航空总部进行了第三次搬迁，新总部位于杭州市萧山区航景路89号。

在王玉国看来，刘启宏确实是在用情怀做这份航空事业。"没有这份情怀，是很难端起民航这碗饭的，这碗饭是真的难吃。"民航业涉及多个专业领域，是一个投资门槛高、技术门槛高，烧钱容易赚钱难的行业。然而，尽管多少先行者蹚过的泥泞道路横亘在眼前，但只要它抛出橄榄枝，就会有民间资本相继投身其中。

民间资本热情高涨，一个很重要的原因是，这个行业是地方政府的"宠儿"之一。航空公司因为人均工资相对较高，所以在当地纳税相对较高。2016年，客运开航仅3年的长龙航空，就以1.26亿元的年度纳税额位列萧山纳税百强企业第24名；2017年，更以3.36亿元的年度纳税额火箭般蹿升至榜单第2名。

这家创办仅几年的航空公司，在纳税额度上以一己之力战胜了那

些在萧山创业几十年的老牌企业。更值得一提的是，2017年萧山区纳税大户的名单上，长龙航空排名仅次于浙江萧山农村商业银行股份有限公司。

一架飞机，之于一座城市，就是一台自身动力强大且能带动周边产业的发动机。它可以突破产业的边界，对一个看上去毫不相关的领域产生影响。"每一架飞机对应一年的产值在1.5亿—2亿元，给当地带来的经济效益是这一产值的8倍，也就是12亿—16亿元。"刘启宏跟我解释民航业1∶8的产值带动概念。

当很多产业越来越不需要人时，一架飞机仍需要100人左右的保障队伍，对人的需求，也是这个产业被地方政府青睐的原因之一。它可以快速消化当地的劳动力资源。长龙航空的机队规模从2013年底的2架发展到2022年底的60多架，意味着它的团队规模从几百人迅速扩大到6000人以上。其中，以飞行、航空安全、航空运营为代表的专业人才占了很大比例。对内消化当地劳动力，对外引进高素质人才，显然是这个产业俘获地方政府"芳心"的又一个重要因素。

2022年1月14日，萧山召开全区经济高质量发展大会。会上，长龙航空再次毫无悬念地成为"2021年萧山区突出贡献企业"，这是它连续第7年获得这项荣誉。

当一座城市想向世界500强企业抛出绣球时，拥有一家航空公司还能成为手中一块重要的谈判筹码。企业之间的竞争很多时候是供应链的竞争，是网络和系统的竞争。如果一座城市的谈判代表有底气告诉企业代表，您最少只需飞行2个小时，最多4个小时，就可以到达您或许没有听说过的城市，这就有可能成为一句打动世界500强企业的简单而粗暴的告白。

这与男士追求女士时说一句"我想带你环游世界"就会加分，大概是一个道理。有了这一句告白，对世界500强企业而言，就多了一套可以降低时间成本的系统。20世纪90年代，国外就有人想象某一天工厂会沿着机场跑道修建。但工厂是否愿意沿着机场跑道修建，取决于从这条跑道上起飞的航班能否抵达它想要的目的地。不是每一个目的地都有飞机义无反顾地前往，对于飞机而言，卖票收入才是关键。

所以，并不是每一座拥有机场的城市都有足够的底气向世界500强企业告白。只有当城市拥有一家总部航空公司，在"航班飞往哪一个目的地"这个议题上拥有一定的话语权时，才算是真正有了底气。

当然，这种底气也是相互的，尤其是当城市原本就充盈着经济活力时，也会反过来助推航空公司的发展。

三

长龙航空与浙江，就是一个典型案例。

不过，当机队规模的曲线持续增长时，另外几条曲线必须一起呈几何级飙升，才能让一架又一架飞机顺利飞上蓝天。此时，人力、航线、时刻、资金等要素，每一环都不能掉链子。

这是一根系统性的链条。航空公司首先要获取飞机指标才能引进飞机，多少架飞机就对应多少比例的飞行员。无论是飞机还是飞行员，

都需要一大笔资金才能保障到位。引进飞机的同时，航空公司必须争取到航线与时刻，让飞机飞起来。只要飞机飞起来，就能让经营性资金流动，形成良性循环。

"公司的每一个环节都不能掉链子，无论哪个环节掉链子，都不可能有良好的发展。决定木桶能装多少水的，不是最高的那块板，而是最短的那块。"刘启宏深知，只有让短的那些板迅速向高的那块板看齐，才可能在短时间内让木桶内的水位上升。

很多航空公司一年才引进两架飞机，而长龙航空每年要面对远超这个数字的引进量。引进一架新飞机，并不只是简单地让飞机从德国汉堡或者别的地方飞到浙江杭州，这只是开始。相比一年引进两架飞机的航空公司，长龙航空的工作量不是翻四五倍，而可能是翻四五十倍。

这就对整个队伍与体系提出了非常高的要求——引擎转速上不去，手握方向盘的刘启宏想猛踩油门加速也是有心无力。不过，让他欣慰的是，当发展的车轮滚滚向前时，他组建的团队中几乎没有一个人掉队。既然无法阻挡这一架架飞机向往蓝天的步伐，那就只能让团队的节奏跟着"飞起来"。

那段时间，在人力较为紧张的情况下，王宏一边要完成飞行任务，一边还要做好飞行队伍的风险管控。其中一项重要工作就是将来自不同公司、飞行程序有差异的飞行员统一到长龙航空技术手册规范的标准程序上，这一切都需要投入大量的时间与精力。

"之前在其他航空公司，要是计划安排的航班降落有点儿晚，都还要抱怨两句。到了长龙航空，压根儿就没时间抱怨了。"到现在，王宏还对一趟深夜航班记忆犹新。那天凌晨2时多，包括他在内的机组人员拖着拉杆箱走下飞机，迎面遇上赶来清洁的保洁人员。双方相视一笑，似乎都在说："你们真辛苦，工作到这么晚。"

一旦适应了这种节奏，身在其中的他们已经察觉不到什么异常，反倒是周边的人无法理解。"现在回忆起来，当时大家的投入程度都已经接近疯狂了。"那时候的王宏，晚上和员工在微信上工作交流到一两点是很正常的事。有一天，王宏的航班落地又是凌晨1时多，已经习惯落地后处理公务的他在审核一份文件时有一个问题需要与同事沟通，微信上一两句说不清，就索性拨通了电话。

当时他都没意识到对方还是一个哺乳期的新手妈妈，电话是对方的家人接的，新手妈妈正在照顾小孩。王宏不好意思地连连道歉："实在对不起，太抱歉了！"第二天，他还在会上向这位同事公开道歉。

刚来长龙航空的那一段时间，举家搬迁至杭州的王宏几乎见不到自己的孩子。"我回到家，他已经睡着了；早上他还没起床，我就已经出门了。"王宏和孩子之间有一个简单的约定：寒暑假一起出去玩，但这个约定直到现在都没有兑现过。

掌握着方向盘的刘启宏此时想要停下来陪一陪家人，更是一件奢侈的事。长龙航空的机队规模越来越大，刘启宏留在杭州的时间越来越多。"我在外面漂泊，其实挺亏欠家人的。孩子在学习成长期间，父亲没有陪伴在身边，是人生最大的遗憾，也是我对家人最大的歉意。"

说这句话的时候，他目光越过墙，扫了一眼天花板，闪过一丝内疚。这些眼神转换是在一瞬间完成的，之后他话锋一转："不过，能从孩子的眼神里读出来，还是挺敬佩我这个老爸的。"无论这位掌门人面对行业疾风骤雨表现得多么坚毅，总有那么一两个面对感情的"堤口"是柔软的。

可能正因为这样，刘启宏经常在会议上问候长龙航空员工家属。在新冠肺炎疫情暴发之前，公司还不定期地邀请员工家属过来看一看。"小孩儿来到这里之后才会更深刻地体会到，爸爸妈妈所从事的事业是多么了不起。"刘启宏觉得，公司不应该仅仅是一个工作的地方，它同样需要来自家庭的温度。

不过，温度归温度，速度归速度。

当车子的时速达到 160 千米 / 小时，周边的景物一闪即退。所以当长龙航空踩下加速的油门时，困难退让的速度也跟着加快，所谓的"障碍"在快速行进中反而变得模糊。

"我参与飞机引进这块工作，从来没有考虑过运行保障人员数量会影响飞机引进。"徐文龙负责公司战略规划、飞机引进方面的工作，与他过去在民航局工作的经历有关。据说，有些航空公司引进一架飞机，全公司上下都要围绕这项工作行动，一些部门的日常事务也会因此停摆。而长龙航空引进一架飞机，仅仅需要一个人两个星期的工作，更不会影响到日常运作，这让同行很是惊讶。

别说引进一架新飞机了，哪怕增加一种新机型，在长龙航空都不算什么大事。引进一种新机型，需要增加的是一支持有相关执照的保障团队、很多不同机型的航材以及不一样的客户群体，也就是说，一架新型飞机的引进，牵动着一家航空公司由上至下各个部门。

2021年8月14日，长龙航空首架空客A321neo飞机从德国汉堡飞抵杭州萧山国际机场，正式加入长龙航空机队，成为该公司第59架飞机。这个动作，被长龙航空低调而又平稳地完成了。

在第一个十年里，长龙航空经历了无数大事件，但在很多人的印象里，又好像没有什么了不得的时刻。"在长龙，你会经历很多各种各样的事情，最终也让你感觉没有什么事是大事了。"徐文龙告诉我，"2020年我们还引进了11架飞机，包含此前年度推迟引进的，这是在疫情期间，一般航空公司是很难做到的。这就是不同。"

没有魄力，长龙飞不了那么快

当刘启宏在杭州从主办方手中接过2018年度"风云浙商"的荣誉时，长龙航空客运开航正好满5年。正如他的预期，引进的一架架新飞机在5年间又快又稳地降落到这座城市的机场。

5年，长龙航空累计开通了覆盖国内及东南亚地区的客运货运航线200多条，累计安全飞行30余万小时，运输旅客1700余万人次，运输货邮20余万吨，对机场航班增量、旅客增量的贡献率在各驻场公司中位居前列。

中国民航局有一项"五率"指标，无论是民营航空公司还是国有

航空公司都会在这项指标上竞逐。这像极了将出生没多久的幼崽扔到充斥猛虎雄狮的赛场之中。然而，面对机队规模与发展历史都比自身高10多倍的航空公司，长龙航空硬是在2017年与2018年连续位列民航业前列。

"应该说前5年是打基础，下一个5年是长龙航空腾飞的5年。"刘启宏在那场颁奖典礼上说。一家由民间资本组建的公司，能在短短5年里迅速达成这样的规模，对这个领域而言似乎充满了传奇色彩。

大多数人宁愿寻找一种特别的外在力量去解释这类传奇，也不愿意相信这是由强大的内在机制所迸发出的力量。这不奇怪，毕竟在国内不长的民航发展史上，这样的案例并不多见。

一

外界给刘启宏的"画像"更多是"低调与神秘"，但实际上这并不是刘启宏及其团队刻意炮制的一种状态。作为第二批进驻航空业的民营资本，刘启宏必须一心一意地在短时间内将长龙航空迅速拉升至相对安全稳定的"航行空域"，无暇顾及其他。

民航领域的每一次开闸，对于试图拥抱蓝天的民营资本而言都是必须争分夺秒的机会，晚一步就可能错失机会。

"机队规模大一点儿的话，可以平摊更多的成本。这并不是一个有量化支撑的数据，不过大家基本上会认为，20架以上的机队规模抗风险能力就会强一些。"刘启宏透露。机队规模再小，该有的"五脏六腑"一样都不能少。

对于航空公司来说，1架飞机得铺这个摊子，30架飞机也是铺这个摊子。"比方说我们这栋总部大楼，我们40架飞机的时候就在用这栋楼吧，现在到60架还用这栋楼。所以机队规模扩张了，是不是相当于固定成本就摊薄了？"

机队规模小，而规定的各技术岗位无法缩减，必然导致整体成本上升。同时，由于规模所限，小型航空公司在飞机引进、航油、航材、航食、起降费、系统使用费等大块成本费用上几乎没有议价空间，大项成本难以被压缩。在大型机场方面，能给到航空公司的资源也是有限的。长龙航空成立初期，有一年，当时只是副驾驶员的机长王河备降至一座大型机场，在那座机场里，王河和所有乘客整整等了两个多小时才等来了客梯车。

大部分小型航空公司的机队规模在20架飞机左右，整体机队才3架飞机的微型航空公司，势单力薄。

"刘启宏很有魄力，这种魄力体现在公司发展上就是雷厉风行、敢想敢干。"《中国民航报》浙江记者站站长徐业刚跟我说。没有刘启宏的格局，长龙航空飞不了那么快。

长龙航空发展初期，整个民航业也处于正常运行状态。但那时候的长龙航空，航线资源稀缺，营销能力也薄弱。"那个时候，亏起来是很吓人的，相当于每天都眼睁睁地看着一辆奔驰被推进海里。但长龙航空发展没多久就实现了盈利，是'10后'航空公司中表现最为优异的一家。"这名业内人士坦言，换成其他公司，以这一时速飞行

是很难保证具备像长龙航空这样的经营品质的。

刘启宏的决定显然是正确的。当长龙航空正准备蓄势发力走向第二个"五年"的时候，迎头撞上了新冠肺炎疫情。疫情的暴发让航空公司陷入僵局，全球几乎没有一家航空公司幸免，包括长龙航空在内。

一方面，刘启宏并不回避这些压力，他觉得选择做企业就肯定会面临压力；另一方面，他觉得在自己力所能及的情况下能让公司坚持发展下去，就是一种胜利与希望。

相对幸运的是，此时长龙航空的机队规模已超过 60 架，具备了一定程度的抗风险能力。"幸好这时的长龙航空已经不是婴幼儿，而是成长为青壮年了。"然而，头顶达摩克利斯之剑，马不停蹄地引进飞机的长龙航空是怎么度过这 10 年的，这是同行都难以想象的。

10 年里，只要在浙江办公，刘启宏每天要接待至少 5 拨客人，会客间隙也被公司事务快速填满。"好好吃顿饭，晚上 12 时前睡觉，对我来说都是奢侈的事。"刘启宏收住疲乏，满脸笑容，露出标志性的酒窝，坚定且温和的眼神，双眼扫过我望向远方。

其实，看似胆大包天的刘启宏也有恐惧的事情。他最怕手机铃声在凌晨二三点响起，因为这类电话往往提示航班可能出现了安全事故。"每天一睁眼，心里想的就是五六千人的团队和五六十架飞机的机队。"刘启宏说，"每一架飞机的起飞与降落都搭载着少则百来人多则几百人的生命，这些人后面又承载着成百上千个家庭。绝不能因为长龙航空安全管理上的疏忽造成安全事故。"

二

长龙航空的速度之快，几乎让它在每一座停泊过的城市都留下了传说。

刘启宏比谁都知道，越往后，这家航空公司面临的困难越多。很多人说，长龙航空的发展像是厚厚的土包上面还打了洋灰，最后这棵苗子竟然能够破土而出、茁壮成长。在某种程度上，加速或许能抵消一些阻力。

"你的发展证明了你的过去，你的过去很有说服力，加上未来还有宏伟的计划，大家就会考虑与你达成更多的合作。"应该说，刘启宏谋划的从来不是单纯的速度，速度仅仅是早期的一种战术，他在脑海里真正描摹的是一家世界级航空集团的轮廓。

在民航业，任何一家集团，没有足够的机队基础就难以实现规模效应。规模一旦形成，人流与物流就会被自然导入，从而吸引供应链上下游的合作伙伴来商谈合作，久而久之形成自己的平台与生态。航空公司面对的上游供应商都相对强大，如空客波音制造商、航材供应商等。没有形成规模，航空公司就很难从他们手中争取到主动权。

再者，如果说在其他领域谈"未来"往往让人摸不到现实的边际，那么航空公司所设想的未来一般都有了相对具体的规划。

2013年12月29日，2架飞机起飞的当天，长龙航空与空客公司签订了购买20架空客A320系列飞机的协议。当时计划交付时间是从2015年第二季度开始，2020年之前全部到位并投入商业运营。

在这个领域有一种情况比较特殊，就是购买1架飞机从签署订单到交付接收至少需要2年以上的时间跨度，所以长龙航空目前的机队规模是几年前就定下的。引进飞机，据说比抢占时刻资源更讲求能力。

从境外引进1架飞机，要由航空公司提出申请，由监管局、管理局出具评估意见，由民航局出具审批意见，再报国家发展和改革委员会下达飞机引进方案。从境外引进飞机属于国家发展和改革委员会审批项目，需要集中办理，航空公司和管理局均应于每年4月、8月前报送当年度或下一年度飞机引进项目和评估意见。

引进飞机，不是有钱就能办到的；有了钱，还要符合国家核定的引进飞机指标。一般情况下，航空公司机队增长速度不能超过行业平均水平，通常是以当前规模为基础设定飞机引进增速，其中机队规模被划定为30架以下、30—60架、61—100架、100架以上等多个档次，每一档对应的机队增速都不一样。航空公司越大，机队增长速度反而越慢。

机队规模处于同一档内的航空公司，也不是就能享有相同的增速，民航局还会根据发展质量，为各家公司制定相应的指标与措施。这也是为什么很多同期诞生的航空公司，短短几年内机队规模就迅速拉开差距。

外界一直对长龙航空能在这么短的时间内扩张机队保持着好奇心，而熟悉长龙航空的人往往一针见血地指出原因。"五率！"刘艺透露，长龙航空能这么快组建这一机队阵容，一定程度上是因为它每年"五率"都在行业前列。

民航业有一项很重要的考核指标，即"五率"。这个指标考虑的因素分别是公司原因运输航空事故征候万时率、公司原因航班不正常率、旅客投诉率、定期航班计划执行率、政府性基金缴纳率。积分过低，在航空公司是一件"伤筋动骨"的事，会影响航空公司进入核准航线市场、引进飞机等工作。

"其中，安全这个指标，是一票否决的。这个指标达不到，其他指标再高都没有意义。"刘启宏口中的"安全指标"，对应到民航业的"五率"上就是"公司原因运输航空事故征候万时率"，这是民航业中重要的事故预警指标。

运输航空事故征候，指在航空器运行阶段或在机场活动区域内发生的与航空器有关的、未构成事故但影响或可能影响安全的事件，运输航空事故征候万时率是每飞行一万小时发生事故征候的次数。

安全，是航空公司的生命线。没有安全，一切发展等于零。这是大前提和基础，有了这个前提和基础，才有机会谈运行品质的提升、企业的管理提质、航线的开辟拓展。长龙航空创办至今，刘启宏一直非常重视安全方面的投入，简直可以说不计成本。只要涉及安全，不管投入多少钱，他都义无反顾。

"安全"这只车轮是碾着金钱过去的，不是几千万元、几亿元就能挡住的，可以说它驶入的是一个无底洞。经济效益要从这个无底洞里"爬"出来，让所有人明明白白地看到，是一个非常漫长的过程。"不像投资短平快的项目，投入了一下就能见到效益。"

比起一些民营航空公司以缩减成本支出达到效益产出目的的做

法，刘启宏擅长一种更为宏伟的攻略。他既有不计成本的魄力，又有破釜沉舟的勇气，为了让飞行中的航班与地面取得秒级的实时联系，不惜每年多投入数百万元。

因为刘启宏敢于投入、舍得投入，才有了长龙航空眼下的运行品质，才让长龙航空的一架架飞机平稳起飞、安全落地。他用金钱与精力筑起了一道严丝合缝的城墙，任何不安全的因子都不易穿墙而入。

不过，"五率"当中也不是所有指标都这么难以完成。政府性基金的缴纳，这一项是花钱就能办到的。"之前我以为这一项大部分公司都能办到，后来才发现自己错了。"一名业内人士告诉我，还真有公司连这笔钱都缴不起。刘启宏连这一项也牢牢盯着，有一次公司缴纳的时间晚了一天，负责这块工作的人员就结结实实地挨了一顿批评。

一方面，能在短时间内引进这么多飞机，与长龙航空在"五率"积分上的"学霸"身份脱不开干系；另一方面，民航局会在特定时期向特定的一类航空公司奖励额外的飞机引进指标。比如，在飞机引进的额度内，向定期航班计划执行率好、客座率高、经营效益好的公司倾斜。

三

长龙航空将大部分力量聚集在"安全"这只拳头上，刘启宏笃信安全能带来规模与品质，所以他为安全投入资金时从来不犹疑。

他沉浸在安全投入所带来的回报里，对其他方面倒显得不那么慷慨，甚至显得吝啬了。"配秘书，首先得考虑人力成本。"作为一家航空公司的掌门人，刘启宏身边至今没有配一名秘书，他觉得民营企业在有些地方就得一分钱掰成两半花。

"做企业吧，我觉得就是加加减减。有些地方，该做加法的就不能做减法；有些地方，该做减法的就不能做加法。"身处这一领域，刘启宏有很多机会与世界500强企业做生意，他最深的感触是，"他们的副总裁来来往往，都是背着双肩包。我们从事航空服务业，更应该讲究效率。"

这样一来，"不配秘书"反倒成了刘启宏的一个标签。刘启宏当过兵，"井井有条"4个字就是他从军时在人生字典中写下的。每天早上起床，他的大脑就会启动梳理当日工作的程序，他会提前知会办公室应提前做哪些配合工作；下班之后或睡前，他的大脑又会自动复盘一遍当天工作的不足与疏漏。

"我比较喜欢工作与生活劳逸结合。"不过他也苦笑自己并没有时间享受生活，"一般概念中的享受是海边度假、森林吸氧，那是不可能的。只能在工作中寻找乐趣，我觉得那也是一种享受。"刘启宏喜欢美食，路边的"苍蝇馆子"、烤串店，他有空就会去。

"有时候坐车突然看见一些小店门口站着很多人，哪个小店门口站的人最多，哪个小店肯定最好吃。我会主动要求司机师傅靠边，或者让司机师傅记下这个店，或者晚上抽时间过来看一看。"他说，"我是一个比较喜欢在工作中寻找生活乐趣的人，这是一种享受。"

当公司掌门人带头节俭时，整个公司的行政作风自然会跟着朴素。

"大家都把公司的事当成自己家的事，都会想方设法地控制开支。"刘艺说，"就跟家里开支一样，你喜欢吃葡萄，但一想到手头紧就会考虑，不吃这一口有什么关系？"尤其是在长龙航空积累原始资本的阶段，团队会权衡每项支出的必要性及其与整个战略目标是否匹配，如果相悖，团队就会"忍痛割爱"。"我们就是这么勤劳持家，把有限的资金与力量向安全运行与生产保障倾斜。"

刘启宏觉得，无论是部队还是企业，有些道理是相通的。"一定要有目标，有了目标，组织内的所有人才知道该往哪里用力。"

民航业这个领域很特殊，它集结了一批高素质人才，但迈出的创新步子始终很谨慎。每一家航空公司的"神经末梢"都连着一根"安全"的线，这根线一提，飞机引进、航线申请、时刻分配等都跟着变动。

被"安全"这根线牵着走，按部就班地实现阶梯式发展，已经成了这个领域发展的惯性思维。从业者们会根据全行业运输量5—10年之后的情况预判以及每年增速进行综合研究并作出判断，从而规划自家机队扩张的节奏。

有时候，转变惯性思维听上去是一件比较容易的事，但在实际操作中试图转变一架机器的运转逻辑，是一项牵涉面很广的浩大工程。在民航业领域，对于大多数航空公司而言，守成比创新更重要。这样一来，创新就比较稀缺了，处于新生期的民营航空公司反倒成了既"胆大包天"又有执行力的鲇鱼。

《基业长青》这本书里就提到，像登月任务一样，真正"胆大包天"的目标都明确、动人，是众志成城的重心，经常创造出惊人的团队精神。这种目标有一条明确的终点线，达成目标时，组织上下都会知道；人人都喜欢有一条终点线可以冲刺。

"胆大包天"的目标可以促使大家团结——这种目标光芒四射、动人心弦，是切实有形而高度集中的东西，能够激发所有人的力量，只需略加解释或者根本不需要解释，大家立刻就能了解。

刘启宏就擅长用一个接一个的战略目标激发团队的团结意识与进取意识。相比以往的战略经验，这种激励机制听起来更冒险，但长龙航空上上下下并不认为这是一场冒险。"只要整个团队的把控力和执行力能跟上掌门人定下的战略目标，这就谈不上是冒险。"徐文龙说，"在市场持续增长的情况下，你不抢占，就会被其他公司抢占。"

在徐文龙看来，这种机制能否成功，关键要看团队抢占资源、获取资源的能力高低。而作为战略规划团队的重要一员，徐文龙认为长龙航空的团队是有这个能力的。"前10年的发展就证明了这支团队的把控力和执行力。"

民航业这个领域，因为国内与国际的环境不同、国有与民营的基因不同、发展阶段面对的形势不同，所以大多数航空公司都是各自摸着石头过河，很难找到可对标的对象，很难拿到现成的发展模板。

"长龙航空是一家民营航空公司，而且是第二次开闸才进入的民营航空公司，如果发展速度不够快，别说在全国，就是在浙江民航市场，它能抢占的市场份额也是不起眼的。"一名业内人士告诉我。站在企业负责人的角度，民营企业最终追逐的还是利润。"追求声誉是

一方面，但他首先要考虑的还是赚钱。有了规模，他才搏出名，出了名才能争取到更多资源。"

追求利润的同时，刘启宏也让团队看到了他有情怀的一面。"他的的确确是为了做大做强这一产业，他想的并不是把这个摊子支起来就好了。如果不是有一份企业家的雄心和责任心，他怎么舍得在安全上投入这么多钱。"王宏说。

在王玉国眼里，刘启宏对个人财富看得比较淡。"没有拖欠过员工一天工资，连税都没少交过一分。他希望公司发展得又快又稳，是一个对公司、对社会都极度负责的掌门人。"

"天时地利人和。"当有人问起究竟是什么成就了"长龙现象"时，刘启宏总是会用这6个字来总结。"一支优秀的管理团队，一群朝气蓬勃的年轻人，选择了一个正确的时间，在一片有创业创新意识的热土上，开创一番事业。"下一个阶段，刘启宏心头挂念的一件事就是让长龙航空顺利走向资本市场。

完成首次公开发行股票的目的有两个：一是通过资本市场降低运营成本；二是让全体员工的奋斗价值得以体现。掌门人的雄心与情怀被看见，团队才会愿意为了一个"胆大包天"的目标拼尽全力去冲刺。

跑起来，时间也会被甩掉

在世界商业历史长河中，很多伟大公司都是靠着大胆，有些甚至是冒险，用惊人的计划来推动企业进步。

对于身边围绕着很多巨人同行的长龙航空而言，用一个看上去大胆的目标从后方赶超，哪怕身形还有很大的差距，也不怕与业界巨擘一较高低。和巨人作战的惊险刺激，也会让团队在压力下释放强大的力量。

前提是，目标不只是目标，而且是一个超越性的伟大构想。

直接投身民航领域的刘启宏，在公司运作与管理架构上没有负担，他可以选择更直接、更短平快的路径去实现一个宏伟的目标。定下的目标越高，锁定的周期越短，团队面临的压力越大。

从另一个角度说，现实与目标之间的巨大空间，也会凝聚成一片磁场，吸引希望通过一个平台实现自我价值的人才。不过，要说这一点是长龙航空独有，也并不准确，这是发展又快又稳的几家民营航空公司的共性。

与国企站上同一擂台，民营企业的优势在于决策路线短、决策效率高。大型国企管理层级的广度和深度超乎一般人想象，上有国资委，下有诸多子公司，集团内部还有复杂的层级。而民营企业组织架构扁平、决策速度快，往往能形成一呼百应、贯彻到底的效果。

一

"选择一家大公司继续做着按部就班的工作，不是我想要的。"徐文龙希望的是借助自己的行业经历，在一个新的平台上发挥效能。

"加上那时候业内很多熟人都加入了长龙航空，所以也就过来了。"徐文龙告诉我，做这个选择的时候，其实也带着一股子激情与冲动，"幸运的是，到现在也没有因为这个选择后悔。"

与其他职业经理人不同的是，朱丹是从浙江本土的机关单位走出来的。遇到刘启宏之前，并非没有伯乐向她伸出橄榄枝，但作为一名在体制内成长起来的公务员，怎么可能揪住一根橄榄枝就离开体制？和徐文龙不一样的是，加入长龙航空之前，朱丹经过了一系列的权衡与考量；和徐文龙一样的是，朱丹最先权衡的是这个平台给予的施展空间。

"成熟的大企业，资源也是成熟的，个人发挥的空间反倒就小了。"朱丹说。她看重的是，自己拥有的管理经验、资源以及对这片土地的认识，能否在一个新的平台上被放大价值。除了企业本身，企业所处的产业领域是她权衡的第二项重要因素。

无论从坐飞机的人口，还是从航空公司的发展进程来看，民航业仍然是一个朝阳产业。"而且长龙航空这支高素质队伍整体比较年轻、有活力，视野又很国际化。"朱丹很坦率地告诉我，"再给我几次选择，我还是那句话：要么不走，走的话就是冲着长龙航空去的。"但她选择长龙航空，与其说是选择刘启宏，不如说是选择平台、选择行业。

很多人问过朱丹一个问题：有没有后悔？"从来没有，虽然走出体制之前纠结过，但'后悔'两个字到今天都没有出现过。"朱丹说。

与体制内不同的是，在这里，朱丹体验到了人人都可以自主创新的氛围。"有多少能力，它就能给你提供多大的空间。"她在长龙航空内部提出了一项航空研学"雏鹰计划",刘启宏最初设定的原则是长龙航空给团队提供一个大平台,团队有想法就可以拿到平台上练一练、试一试。

当然,有一个关键的前提是,对飞行安全不能有一丁点儿影响。

唯一给过我"后悔"这个答案的是党建平,但他的这种情绪很快被消除了。2014年,长龙航空有一批货机发动机要送修,在选择送修厂子的问题上,党建平与刘启宏产生了意见分歧。他整理了每年民航局对维修单位作出的审核报告,想要说服刘启宏重新作出选择,却没有成功。后来,送修回来的发动机有一大半不过关。

提到这件事,党建平并不是想"声讨"刘启宏的固执己见,而是那一次之后,刘启宏更容易接受与信任专业干部的选择并向他们放权。"你们专业人士的意见,我必须虚心听取。"事后,刘启宏跟党建平说过这么一句话,这句话让一度有点儿后悔的党建平踏实了。

就这么一群从体制内、从大公司出走的人陆续加入长龙航空,组织了一支战斗力强、效率高且韧性足够的团队。

二

徐文龙跟我说:"如果有什么事用民航业的一般发展规律解释不通,想想这家公司是长龙航空,那么就都可以解释了。"

徐文龙在民航局工作时,对这家公司最深的印象是,前脚刚来咨询某件事能不能做,后脚就有不同渠道的工作人员过来要具体的操作流程，可能整个申请流程第二天就走完了。"其实民航业很多流程也没那么复杂，只是大家都习惯了过去的流程与节奏。"这种氛围从大型航空公司传递至小型航空公司，从小型航空公司传递至整个行业。

徐文龙参与过一次与其他航空公司的项目合作洽谈，洽谈之后，长龙航空迅速启动了合作流程。当天下午，各部门就给出了一系列意见交到对方手中，并要求对方在次日给予反馈。不料对方表示，别说一天了，就是再多给几天，也不知道能不能找到具体的经办人。

这类反馈，在刘启宏那儿显然是没办法过关的，徐文龙只能硬着头皮联系协调对方公司的各个部门。他按照对方公司的流程，挨个儿打电话交涉。"盯！"徐文龙总结长龙航空高效的经验，"会一直盯到完成为止。"

偶尔这种效率也会带来一些负面影响，比如徐文龙参与的一些商业合作洽谈，对方看长龙航空这么迫切地想促成合作，就开始坐地起价。徐文龙又不得不花一些时间，让对方知道长龙航空对待每一件事都追求高效。有一家公司的相关人员还专门跑来长龙航空总部实地参观了一回，发出的感叹是："长龙航空这种效率，我们肯定是比不上的。"

对于这一点，徐文龙有很强的自信。"在办事速度方面，我相信其他公司不会比我们快。"徐文龙调侃，每次去别的公司洽谈合作，总觉得人家工作挺轻松，"坐半天也不用接一个电话。"按照其他航空公司的发展节奏，一般每年进几架飞机、增加多少市场都有了一套固定的模板，大部分人都可以依靠经验把握与应对。

"航空公司一般规律下的发展没有多大的挑战性，我们就不一样了。"徐文龙解释，每年定下的都是超常规的目标，团队要不停地找寻各种举措推进工作落地，方才可能完成挑战。

在长龙航空内部，刘启宏还有一条不成文的规矩：希望团队在充分理解政策、学透政策之后去争取资源。"老板对我们的要求是，在现有政策下，利用好现在的政策；没有政策时，要集思广益，协调争取政策。"徐文龙告诉我。

很多人认为，长龙模式别人学不会的原因之一，是这支团队自上而下的内驱力。

"我们每个岗位上的同事，不仅是急于把事情做了，而且是急着往完美的方向去做。"刘启宏说这话时，嘴角挂着自豪的微笑，泛着光的眼睛里能捕捉到得意。"他们擅长合理运用资源、降低成本，又坚持高质量发展路线。"

2020年12月22日，长龙航空中南分公司成立。

当天，长龙航空与广州市花都区人民政府签署了全面战略合作协议。根据协议，长龙航空将致力于在花都区打造长龙中南总部，辐射整个大湾区以及中南六省民航市场，并将进一步加大资源投入，重点发展航空客货运、航空商旅、航空培训、航空物流以及其他航空附属产业业务，助推花都空港经济建设和广州白云国际机场大型枢纽机场建设。

这是长龙航空成立的第三家分公司，距离第一家分公司成立，仅仅过去了一年半。它组建分公司的第一站，瞄准的是成都。2018年，

长龙航空西南分公司成立的前一年，成都双流国际机场的年旅客吞吐量已突破5000万人次，成为中国内地第四个、中西部首个迈入"全球5000万级机场俱乐部"的机场。

成立分公司，可以利用并拓展当地资源。航线、航班资源也好，大客户资源也罢，在当地有阵地，就有一定的优势。对于航空公司而言，筹建分公司战略意义大，难度也大。

与其他领域的集团公司不同，在民航业，并不是走完工商注册的流程就意味着分公司成立了。需要迈过7道槛，才能完成地理版图上的扩张。

一道槛是：客运航空公司的飞机在30架以上才有成立分公司的资格，之后每增加10架飞机就可以增加1家分公司。还有几道槛是：在年旅客吞吐量3000万人次（含）以上的机场设立分公司，市场份额应达到7%；在年旅客吞吐量3000万人次以下的机场设立分公司，过夜航空器数量应达到5架；等等。

7道槛，每一道都是硬杠杠。

长龙航空从容不迫地跨过这几道硬杠杠，先后成立了三家分公司，每一家分公司从筹备到成立，工作井然有序且高效紧凑。

航空公司成立分公司要准备大量材料，光报告就有三四份，还要将所有材料提交总部与分公司两地的民航地区管理局进行初审，再提交民航局。"每个管理局背后都有很多处室，流程要从这些处室中一个一个走过去，但我们最后花了2个月时间就完成了分公司的设立。"徐文龙说。在其他企业，这是难以想象的。

三

在外人看来，长龙航空能高效推进，既在意料之外，又在意料之中。

归结起来，这中间其实也没有什么了不起的商业机密，无非是盯牢每一个环节，让整个流程能够迅速完成。但就是这些朴实的细节与动作，形成了一股巨大的威力。"如果不出意外，再过一年，长龙航空将第四次搬家。"朱丹告诉我，这次总部将搬迁至浙江长龙航空创新智能维修保障主基地，"要不是长龙航空有这样一支能作战的团队，那个地块现在可能还是一片荒地。"

这是一个与地铁赛跑的故事。

在2018年浙江省重点建设项目增补名单中，浙江长龙航空有限公司维修保障主基地项目在列。这个项目填补了浙江没有飞机维修基地的空白，在满足长龙航空自身的飞机维修需求之外，还可以对外开放飞机维修业务，提升浙江乃至华东地区航空运输的保障能力、服务能力。

然而，在刘启宏的构想里，维修保障只是蓝图上的一角，整张蓝图呈现的是一座生活、商业、产业功能齐全的庞大的航空城。

过去，我们习惯将机场推向城市边缘，通过高速公路和偏远的小路才能抵达航站楼。当航空大都市成为一种趋势时，刘启宏也希望类似的概念能在浙江落地。不过，谁能想到，这一项目还没开始建设就撞上了棘手的难题。

2018年6月，长龙航空在萧山瓜沥的地块选址已经尘埃落定。没想到，此时该地块上突然冒出了两条规划中的地铁，一条是地铁7号线，一条是机场快线。在规划中，两条地铁都要穿过这个地块才能继续向目的地延伸。

对于长龙航空来说，这是一个非常糟糕的消息。一旦地铁从这个地块下面穿越而过，就意味着这个地块无法实现整体开发，将带来重大的经济损失。一种可以将损失降到最低的方式，就是赶在地铁盾构机推过来之前，长龙航空维修保障主基地项目抢先实施建设自己的基础工程及地下结构。这是一项听上去似乎难度不大但操作起来极度复杂的课题。

庞大的盾构机此时正一天天地逼近该地块，按照原定计划，2019年2月就要穿过该地块。

留给长龙航空的时间并不多。

它要做的是，在这段极为有限的时间里，先后说服杭州市地铁集团有限责任公司和杭州市萧山区人民政府。在此之前，它必须做足功课，用数据证明，长龙航空先行施工的方案有利于三方角色。"对于地铁集团而言，它可以节省下一笔地下空间施工的造价；对于萧山区人民政府而言，它可以免去一些土地利用率上的损失。"长龙航空基建部门负责人黄小翔解释，尤其是对于地铁集团而言，还可以借用长龙航空的施工设备，"唯一的不足可能在施工进度上，他们要等我们一段时间。"

尽管对三方共赢这一点有着足够的底气以及数据支撑，但长龙航空面对的是两个庞大而繁杂的机构，说服对方是一回事，走完流程是另一回事。

2018年9月20日，杭州市地铁集团有限责任公司印发《关于地铁7号线及机场快线穿越萧山区未开发地块事项的函》（杭地铁函〔2018〕686号），建议萧山区人民政府对长龙航空维修保障主基地地块基础工程及地下结构提前实施。

这份函，对长龙航空意味着阶段性的胜利。

"地铁集团是不会随随便便出这份函的，一定是在很多次会议讨论、很多项流程之后，才有可能出这份函。"黄小翔告诉我。曾经，为了这件事，他们一天跑各个部门盖了20个章。

40天之后，萧山区人民政府的意见也下来了。

同年10月30日，杭州市萧山区人民政府下发《关于协调推进浙江长龙航空维修保障主基地项目建设有关事宜的备忘录》，明确在地铁7号线和机场快线盾构推进至该地块之前，由瓜沥镇政府委托浙江长龙航空有限公司选择施工单位进行施工。

次月，项目正式进入施工阶段。长龙航空基建团队克服重重困难，与多家权威设计、咨询机构合作，利用了最先进的等厚度水泥土地下连续搅拌墙工法（TRD工法）。在半年时间内，浙江长龙航空创新智能维修保障主基地项目完成了地铁7号线沿线保护工程。"最后都没有影响地铁集团的施工进度，是其他因素导致它的项目进度有所延迟。我们争取并利用了一切有利条件，直到地铁7号线盾构在2019年5月份到达项目地块，最后通过监测，所有地下结构指标都在规范合格

范围内。"黄小翔说。

2019年4月13日,《杭州市萧山区人民政府办公室公文处理告知单》(编号20190262)明确:经围护设计、结构设计、安评单位多次论证及建议,机场快线围护桩基及研发楼地下结构(空间)必须在机场快线盾构推进之前全部完成,以确保地铁7号线沿线保护段及研发楼桩基的正常使用。同意机场快线围护桩基工程后地下结构(空间)连续施工。

"2019年10月18日,机场快线南侧工程桩及围护工程完成;2020年8月24日,研发楼地下结构(空间)顶板完成,不仅使整个项目土地开发的整体性和经济性得以保全,而且我们也获得了更多的地下空间。"黄小翔感慨道,"2021年2月,机场快线盾构到达地块。"

第四章 / Chapter 4
优等生的代价

服务永远在路上

除 2013 年没有参与民航业"五率"评比之外，但凡参加评比，长龙航空总能取得名列前茅的成绩。参加此项评比的单位涵盖国内所有航空公司，无论是成熟的国有航空公司还是初出茅庐的民营航空公司，应答的试题是一样的。

显然，当民航领域中民营公司与国有公司享有的资源还有一定差距时，它们竞争的赛制早已被统一起来。

这就犹如来自偏远地区的学生拿到全国统考卷，必须适应与另一批在教育资源上有优势的学生在同一个擂台上竞争的环境。在这一赛制下，顶着"民营"身份的优等生所付出的勤奋与努力是外界难以想象的。

这些优等生敬畏飞行安全与规则，保有几分骑士精神。

一

一年夏天，长龙航空的航班因为天气原因需要备降宁波或温州，但当时目的地上空雷雨交加，最后只能备降到浦东。到浦东之后，一批旅客自己打车离开了，一批旅客乘坐长龙航空安排的车子离开了，一批旅客入住到安排好的酒店。剩下两批旅客，一部分人不愿意住酒店，几番协商之后，到候机楼休息；另一部分人则坚持不下机舱，他们拖家带口，哪儿都不想去，就希望能直接飞回去。

如若没有做好旅客安抚工作，航空公司除了要赔付旅客出行、入住等，还会损耗机组的人力资源。"如果旅客一直不下飞机，机组人员无法走出机舱得到休息，公司第二天可能还要再派出一个机组。"刘艺解释。

"把地面服务的问题带到飞机上，在我们公司绝对是零容忍的。"刘启宏告诉所有长龙人，每一名旅客的乘机体验都与长龙航空的发展息息相关，公司员工一定要站在旅客的角度，优化服务流程，提供精细化的服务。

"服务永远在路上"，是刘启宏总挂在嘴边的一句话，这一理念也贯穿于长龙航空的发展。旅客与航空公司之间的冲突一直存在。旅客往往认为，飞机上的配套服务是票价所赋予的，但这并不是全部原因。

民航业中的"五率"，公司原因运输航空事故征候万时率、公司原因航班不正常率、旅客投诉率、定期航班计划执行率、政府性基金缴纳率看起来是5个并列项，实际上每一项底下的根系都相互交错，可互为因果、互相影响。

任何一项指数出现问题，影响航空公司引进飞机的指标不说，还会影响公司声誉和正常运行。

2014年，在某航空公司从曼谷飞往南京的航班上，两名旅客因提供热水及找零问题与空姐发生冲突，男旅客将垃圾倒在过道上乱踩并辱骂空姐，女旅客将一整杯热水泼在空姐身上。男旅客站在座位上多次称要炸掉飞机，女旅客拍打窗户声称要跳下飞机，他们后排的两名同伴也有语言上的不当行为。机组人员认为局面不易控制，飞机飞

了半程又返回曼谷，落地后更换机组，其他旅客也被迫下机。

当机组人员无法控制局面时，出于飞行安全考虑，往往会选择返航。当乘客声称要炸掉飞机，航空公司不得不决定返航时，需要承受巨额损失。"不论消息真伪，航班必须立刻停止运行，接受检查。"有业内人士透露，各航空公司对此类状况都有一套极为详细的处置程序，有些公司光是操作办法就写满60多页A4纸。处置程序涉及地面保障、航班调度、机组备份等各个层面。

一次返航，航空公司要承担备降重新加油的费用，备降机场的起降费用以及客梯车、摆渡车等费用。而且，一趟航班延误就导致接下来的航班任务都无法按计划完成。业内人士举例，一架满载航油的波音747班机，紧急备降时，至少要放掉近100吨燃料。此外，航空公司要支付机场相关费用，还须协调同航线的其他航班避让、绕行，仅燃料成本、场地成本、人力成本，合计很容易就超过百万元。

高达百万元的经济损失，还不是最严重的。在高空飞行时，任何一名乘客的恐慌动作都可能造成无法挽回的悲剧。

2002年5月7日晚，一架CJ6136麦道客机从北京飞往大连，一个小时后，飞机在大连机场附近的大连港海域坠毁。根据事故还原判断，当时机舱后部着火，乘客为躲避大火纷纷离开座位向机头方向逃跑，导致飞机失衡迅速下降直至坠毁。机长王河曾告诉我，如果当时没有引起乘客恐慌，迅速扑灭火焰，还有可能躲开坠机的命运。

当飞机这一庞然大物在几千米的高空作业时，就注定了熟悉它的人与乘坐它的人对它的认知之间也隔着十万八千里。乘客与飞机的联系大多是一张薄薄的登机牌，这张登机牌包含着乘客对目的地的期待、对机舱服务的期待，现实达不到预期就有可能引起不满甚至引发冲突。

2020年12月4日早上6时30分，杭州萧山国际机场90号登机口关闭，两分钟后一名女士赶到。看到登机口关闭，这名女士执意声称自己的表并没有到6时30分。当时在90号登机口准备起飞的是长龙航空GJ8013航班。

女士说自己正处于哺乳期，家里有孩子等着喂奶。站在这名女士的角度看，只是不小心迟到了两分钟，飞机还停在登机口，只要舱门打开，乘客就能顺利搭乘飞机。然而，在航空公司眼里，一个开舱门的小动作就可能耽误飞机上所有人的行程。按照飞机起降流程，只有当舱门关闭后，机长才可以向塔台申请起飞时间。重新打开舱门，意味着必须重新申请起飞时间，特别是在航班起降密度较大的机场，开一下舱门往往会延误半小时甚至更长时间。

尽管有充分的不重新打开舱门的理由，并且误机是乘客自身原因造成的，但当乘客在候机厅又哭又闹时，长龙航空的工作人员仍协助她退票并更换航班。

当时值班的王经理回忆，到后面这名女士索性躺倒在地上，因为后续航班的旅客马上要登机了，担心会影响到后续航班，工作人员实在没办法，只能选择报警。之后这名女士又表示不相信登机口是6时30分关闭的，坚持是航空公司关闭早了。于是王经理等人陪她走出安检处，去机场公安局调取监控查看。

"监控显示，登机口是6时30分关闭，她到达的时间为6时32

分多。"王经理说，其实这个时候这名女士的情绪已经逐渐稳定，查看监控之后也不再闹情绪了。不过，工作人员还是陪她前往票务台查询航班并处理后续业务。

杭州直飞秦皇岛的航班，杭州萧山国际机场只有长龙航空执飞，而且当天已没有前往该地的航班。但这名女士急着当天赶过去，最后双方协商出一个令乘客满意的方案：按规定办理退票手续，再购票搭乘河北航空有限公司一趟需要中转的飞往秦皇岛的航班。

很多在地面看似不起眼的细节，一旦被带上高空，危险系数就会成倍放大。开舱门是，换座位也是。

2018年3月，一家航空公司从腾冲飞往昆明的航班从机坪滑往跑道准备起飞时，机舱室内的两名旅客自己调换了座位。空乘人员发现后向两人解释随意调换座位会影响飞机配载平衡，影响飞机安全，并要求两人回到自己座位上。不过两人并不听劝阻，在飞机上大声喧哗，还使用手机打电话投诉。因两人的行为严重威胁到航空器的安全，该航班未能按时起飞。

航班起飞前，配载量计算分为两大步骤：第一次计划，起飞前4个小时根据机型、旅客人数、座位数作出测算；第二次调整，起飞前预留很短的时间作动态调整，通过监控客舱旅客人数和货舱的分布变化作出调整。

比如，预订旅客人数有200人，但最终只有194人上飞机，那么必须根据实际旅客人数再计算出一份舱单。又如，一名旅客因突发情况不能继续飞行，其本人和行李都要下飞机，此时也必须根据这一突发情况重新计算舱单。

就像刘启宏说的，为避免将地面服务的问题带上飞机影响飞行安全，很多时候航空公司不得不作出更多的让步。

二

"旅客投诉是航空公司经常要面对的。"刘启宏并不避讳这一点，"投诉来的时候，拥抱可以比回避输出更多正向能量。"

与很多民营航空公司一样，面对旅客投诉，长龙航空会作出积极的处理。尤其是退改签，一般来说，机票打折越多，退票费占票价的比例越高。机票高退票费的初衷是为了规避"黄牛"和所谓的"机票代理公司"（即未经授权的代理企业）利用"爬虫"技术抢占航空公司通过官网放出的低价票，并向旅客违规销售客票。然而，从旅客的角度出发，既然这项服务不再需要，就应该将票价全额退回。每家航空公司在退改签方面制定的政策可以说大同小异，只是民营航空公司更容易妥协。

西方营销专家的研究和企业的经验表明：争取一个新客户的成本是留住一个老客户的5倍，一个老客户贡献的利润是新客户的16倍。对航空公司来说，降低旅客流失率同样是极其重要的。旅客进行投诉首先传递了信任，给了航空公司一个留住他们的机会。

翻阅2021年12月与2022年1月国内航空公司投诉综合情况表可以发现，面对投诉，民营航空公司更愿意作出积极的回应和调解。而长龙航空的投诉调解积极性，在这份表单上均排在国内前三。也并不是所有冲突都是因为乘客和航空公司之间存在认知差，还有一些冲突的发生可能是因为航空公司没有从旅客角度出发作出最合适的安排。

某年，长龙航空有一趟从重庆飞杭州、经停黔江的航班，起飞后由于黔江地区天气不太好，机组就决定备降长沙机场。当时航班上的旅客大部分是飞往黔江的，小部分是飞往杭州的。

黔江位于重庆东南部，距离重庆不到300千米，距离长沙600多千米。黔江与长沙之间的航班到2019年才开通，一天只有一趟航班，而两地之间的火车至今未通。备降长沙之后，长龙航空要将飞往黔江的旅客送往目的地，只有将这部分旅客先转送湖北恩施，再从恩施送往黔江。从恩施到黔江仍有100多千米，沿途以山路居多，长途汽车要几个小时才能到达。为安抚好旅客情绪，长龙航空征求了旅客的意见，安排好当天入住的酒店，同时承担了回程的路费与致歉赔偿。

"长龙航空不会无原则地、没底线地赔偿，但该赔偿的就不会含糊。"刘启宏知道，只有准备好住宿、路费、赔偿这三笔钱，才有可能化解旅客的不满情绪，尽管这对于航空公司而言是一笔不菲的支出。

一旦有这样的事件发生，航空公司就要一边安抚一边落实，还要面对一大笔支出。"这是一个很麻烦的过程，但我们不能把它单纯地当作'麻烦'。"刘启宏坚定地说。业内人士指出，如果有1名旅客通过投诉的方式表达自己的不满，就意味着事实上有25名旅客感到不满，他们会将自己的不满告诉他人，最多可能有500人被告知这种不满,有 1300 人接收到这种不满。

简单来说,如果有 1 名旅客进行投诉,就有 1825 名旅客直接或者间接地产生了不满情绪。倘若处理不当,任何一次投诉都可能给航空公司带来负面影响,甚至带来难以挽回的损失。

"我们不应该把旅客投诉看作洪水猛兽,常有抵触、抗拒的想法。"刘启宏认为,需要承认的是,旅客投诉在某种程度上可以监督、提升航空公司的服务水平。"当然,合理与不合理的诉求要甄别,要区别对待,不然团队也会委屈,也会打击他们的积极性。"

三

很多冲突未必是航空公司自身原因造成的,比如航班延误。不过,冲突发生时,板子总会首先打到航空公司身上,因为直接面对旅客的是航空公司,它们很容易成为众矢之的。为了减少双方的冲突,航空公司努力跟上旅客需求的变化,开发出各种各样的新服务。

"很多时候反而是冲突让我们发现了服务中的痛点。"刘启宏相信,哪里有痛点,哪里就应该跟上服务。然而,任何产品都难以做到一劳永逸,也不可能保证所有旅客的需求都能得到满足。

其实很早之前,长龙航空就专门针对晚到旅客推出了"小红帽"服务。

2019 年 5 月,搭乘长龙航空航班从杭州飞往广州的旅客王先生临近航班截载时间才匆忙赶到值机柜台。他一路小跑引起了长龙航空值机员的注意。该值机员在迅速帮助王先生办理手续的同时，为其戴上了一顶小红帽，并将王先生的照片发至晚到旅客保障群，第一时间通知安检通道内和登机口前的引导人员协同联动。

戴着小红帽一路绿灯的王先生，最终赶在舱门关闭前登机。一顶小红帽，似乎将潜在的冲突因素消灭在了摇篮里。"小红帽"服务才推出没几个月，每天晚到旅客的数量就由前一年的约19人次减少到当年的约10人次，降了差不多一半。

显然，一顶小红帽的能量没有那么大，真正在与时间赛跑的是小红帽底下一套高效运作、协同作战的服务系统。

长龙航空在值机柜台前、安检通道内、登机口前分别设置引导人员，通过内外联动，确保晚到旅客及时成行。根据航班时刻特点和杭州萧山国际机场候机楼布局特点，"小红帽"晚到旅客特色服务岗位覆盖旅客必经区域，一旦发现晚到旅客，引导人员就立即通知保障人员，并帮助旅客提拿行李，带领其快速前往登机口。

临近航班关闭舱门时，登机口前的引导人员会查询晚到旅客信息。如发现旅客刚刚过检，工作人员会立即将旅客特征、航班目的地及登机口等信息告知安检通道内的引导人员，同时将旅客照片发至晚到旅客保障群，以便引导人员快速找到旅客，帮助其成行。

针对中转旅客晚到的情况，长龙航空推出了无缝换乘服务，即通过地空联动、行李快速托运等方式实现无缝对接，为晚到中转旅客提供帮助。为此，长龙航空特别建立了乘务长与地服人员的沟通机制，服务对象包括后段行程乘坐其他航空公司航班的旅客。

乘务长将相关旅客的航班和身份信息告知登机口前的引导人员，由地面服务部安排专人提供登机牌打印、进出隔离区指引服务。登机口前的引导人员在收到晚到中转旅客信息后，会迅速通知各地面节点工作人员联动保障：登机口岗位安排专人指引，行李分拣岗位快速翻找旅客托运行李，值机岗位第一时间打印登机牌、办理行李托运手续，以最快速度帮助旅客完成手续办理，以便赶上后续航班。

不过，再完美的系统也有失效的时候，比如前文提到的迟到2分钟错过登机的女士。当时值班的王经理记得很清楚，在登机口即将关闭时，他在系统里看到这名女士过了安检。"我们特意人工广播了两三遍，希望她尽快过来，但遗憾的是没有看到她出现。"

刻在骨子里的习惯

这是一门靠琐琐碎碎的服务推动的大炮。大炮的出厂年份比较新，偶尔可能哑火，但并不妨碍它以一门新大炮的身份继续施展自己的威力。

我们这本书写在长龙航空客运开航10周年这一时间节点。这是一家年轻的航空公司，然而这家航空公司很多"零部件"的出厂日期比公司诞生还要再晚几年。这些"零部件"还没有被磨损就与这家公司的创新和活力打成一片，这让外界看到了一家与过去印象不大一样的航空公司。

"我们是一家成立才 10 年的新公司，但我们的地面服务成立还不到 10 年，所以这是一支非常年轻的队伍。"孙寅透露。长龙航空地面服务的候机楼业务在 2014 年 9 月实现自营，自营包括售票、值机、登机口服务、行李查询等业务。自营近 4 年之后，各项工作平稳运行，各岗位业务逐渐向更深层次、更高质量的方向发展。经过与杭州萧山国际机场的几轮洽谈，长龙航空在 2018 年按步骤、分阶段自营在杭州萧山国际机场的 8 个板块站坪业务，最后实现地面业务的全链条布局。

　　2018 年初，长龙航空成立杭州萧山国际机场站坪业务接收工作组，统筹规划站坪业务自营工作。而之前的一整年，地面服务部几乎对每项工作都作了充分筹备，筹备工作主要围绕人员配置、业务培训、手册标准、风险评估、场地租赁及物资准备、模拟演练、综合业务等 7 个方面开展。2018 年下半年，长龙航空陆续自营客舱清洁、货邮行李驳运、特种车辆等业务，地面业务开始走上专业化发展道路。

一

　　孙寅是在 2019 年 5 月初从其他部门转入地面服务部门，当时可以说所有业务的全面自营才刚刚迈开步伐，组织架构仍在作类似将多个科室合并至一个科室的调整。

　　"其实无论一家航空公司的规模如何，地面服务部门都是从一开始就存在的。只是自营之前，这个部门大量的工作是把提供服务的乙方单位管理起来。"孙寅告诉我。这里的乙方单位一般是当地机场下设的机构。在这种模式下，航空公司的地面服务部门更偏向于一个管理型机构，一旦自营，也就转型成为一个生产型机构。

这种转型背后涉及各项业务口子的能力培养，并非容易的过程。"当时来自业务方面的压力还是比较大的，整个团队正逐步建立自己在业务能力上的自信。"孙寅说的这类压力主要是来自安全方面的压力。"团队里很多新成员，尤其是站坪业务团队，完全是一支新建立的队伍。"

对于航空公司而言，地面服务自营所要支付的成本并不低于与代理商合作的成本。然而，当机队规模达到一定程度时，自营就成了一个必然的选项。"本身这块业务并不是利润率很高的业务，同时规模越大，伴随而来的安全压力也越大。"

尤其是站坪安全，因为机坪上所有车辆都是由这个团队负责的。客梯车就是其中一种，在飞机不能停靠廊桥或停泊远机位时，客梯车是保障旅客及工作人员上下飞机的主要工具。客梯车在对接的过程中偶尔会出现一些安全事故。摆渡车是另一种车型，车型比公交车还高大，这种车型在狭小且复杂的机坪上掉头时，擦碰的风险也不容忽视。

孙寅掰着手指告诉我，这类安全风险还来自把飞机从机位牵引出去的牵引车、装卸行李的托运车等特种车辆。

2018年，是长龙航空客运开航的第五个年头，在这一年年底，它的机队规模达到39架。这个规模足以让长龙航空在地面服务方面实现自营，但一进入准备阶段，团队就体会到这项业务的复杂程度。

"比想象的更复杂,所以中间曾两次推迟自营的时间。"让孙寅印象比较深的一段时间,是整个管理团队下沉到一线,有什么问题就现场沟通、共同解决。新加入的成员要经过密集培训才能进入工作状态,所以一开始长龙航空地面服务部门对骨干团队的依赖性非常大。

"骨干团队手把手教新成员。"孙寅回忆,那时车辆保障团队一名虢姓负责人曾因连续在现场指导新员工导致身体出现问题。"他只能到医院去打点滴,打完点滴再接着回来干,就是这样的工作状态。"其实,长龙航空地面服务团队在很短的时间内招募到了700名新成员,这是一支庞大的队伍,人数并不比现在业已成熟的地面服务团队少。

不过,在孙寅看来,当时的团队在人员结构性上存在一定问题,这一问题导致整个团队的效率并不高。所以,这几年地面服务的工作基本是围绕系统化建设与整章建制开展的,过去那种"人盯人"的模式在新系统下逐渐改变。

虽然这是一项潜伏着比较多风险点的业务,但长龙航空地面服务自营几年下来运行都很平稳,这在业内是极为难得的。甚至在实现自营的第一年,长龙航空的站坪安全就拿到了杭州萧山国际机场颁发的先进团队荣誉。这是一项用数据说话的荣誉,不过,要把这项荣誉颁给一个自营仅一年的部门,还是会在评定过程中遇到争议。"正是因为才自营一年就把基础工作做得如此扎实,才会把荣誉给他们。"这是当年坚持将票投给长龙航空的评委们给出的理由。

除了创建各级手册以外,地面服务部门会围绕不同的工作场景积累各种案例，通过针对性培训、检查单完善等方式，基于场所的特点，更快速地制定应急预案，更高效地响应保障现场处置。"如果接到急难险重的工作任务，我们这个团队是比较有战斗力的。"对于这一点，孙寅很有底气。

二

你们听过无乐谱的即兴演奏吗？一般在这种情况下，表演会出现两种极端：一种是演砸了，一种是令现场观众惊艳。类似无乐谱即兴演奏这样的突发情况，长龙航空曾经多次遇到，每一次它都有一套看起来并不巧妙、高明却总能征服一切障碍的手段，从而出色地完成任务。

2019年底，距离长龙航空地面服务全面自营不过一年，就暴发了新冠肺炎疫情。为了驰援疫情严重的几个地区，长龙航空接二连三地执飞包机任务，最紧张的一次是在90分钟之内起飞5架飞机。

90分钟之内起飞5架飞机，是一项极有挑战性的任务。关于其中暗藏多大的挑战性，我问了很多人，但没有多少人能给出明确答案，直到我把这个问题抛到孙寅这里。"护送医疗队这种任务基本上时间都非常紧张，大部分时候从我们得到通知到飞机飞起来只有24小时。"孙寅回忆起最紧张的那一次，是在起飞前4个小时接到任务。

医疗队这类航班保障与日常旅客运输保障是完全不一样的，医疗队往往是临时受命，准备比较仓促，到达机场后预留给航空公司的时间非常有限。而通常情况下，哪怕是新开一条航线，行业体系内预留给航空公司的准备时间也至少有三周。常规旅客乘机时不太会携带大量行李，根据历史数据，可以初步计算航班的载量，但医疗队不一样。"我们当时只能去想象可能很困难，但具体怎么困难，只有看到了才知道啊！"孙寅第一次接到此类任务就作了很多设想，他知道不能按照常规数据来判断，不过医疗队抵达机场后的状况仍超出了他的预判。

"医疗队携带了大量的物资，但在物资抵达机场之前，是什么规格的物资，到底有多少物资，我们都不知道。"在孙寅看来，这是一项极重大的挑战，"医疗队自己其实也说不清带了多少物资，因为物资大多是由供应商直接配送至机场的，而且不同的医院有不同的供应商。"

各家供应商也并不是派自己的团队将物资配送至机场，而往往是委托第三方物流公司，由物流公司负责将物资运输至机场。没有人能提前统筹这些物资，最后，这个任务就落到长龙航空的地面服务部门肩上，然而，他们可以用来统筹的时间更为有限。"尤其是2020年初执飞的几趟护送医疗队的任务，当时医疗队还要带上呼吸机等大型医疗器械。"

医疗器械的运输受到民航政策规则的限制，如果设备内有大容量的锂电池或是单件设备重量超出承载的常规限制，就要通过其他一些补充方式去解决。针对医疗队携带的物资，一开始长龙航空设计的预案以行李模式而不是货运模式为主。也就是说，医疗物资会被搬进飞机的腹舱并离开杭州。而一些大型医疗设备都是精密仪器，包装也比普通行李更为考究，占用的腹舱空间相对更大。

在早先一次护送医疗队的任务中，孙寅就遇到了一个棘手的问题。当时医院提前报备了一台医疗设备的尺寸，然而，设备抵达机场之后，地面服务部门才发现医院报备的尺寸是医疗设备本身的尺寸，实际上它周身还加了一层木框。这一层扮演着保护角色的木框的尺寸并没有被计算在内，加上木框的尺寸，这套设备就超出了腹舱所能承载的常规尺寸。

彼时长龙航空能作出的选择就是拆掉木框，对保护装置进行调整。搁在平时，或许这并不是一道难题，不过，当时的情况是，整座机场空荡荡的，要找到合适的、性能好的保护材料就变成一件并不容易的事。

"我们为什么反复强调物资体积和飞机腹舱容量的冲突？常规模式是这些物资在货站内就已根据自身的重量与体积被匹配到一个仓位，到了机场之后是很少作调整的。"孙寅告诉我，一旦调整，就要重新测算载重平衡，进而就会影响飞行安全与起飞效率。与常规任务不同的是，这类任务的很多棘手问题都要在现场解决，有时连平常在运行中心（AOC）席位的配载员都出现在机坪现场，根据突发情况作出调整与测算载量，他们要做的是既保证物资尽可能被带上航班，又保证航空运输的安全、及时。

孙寅坦言，第一次执行这类任务的时候，预案无法涵盖所有的突发情况。他们当时可以做的是把全部骨干力量包括候机楼团队、货站团队等都集中在这项任务上。不过，这种情况很快得到了改善，一是

因为后来护送的医疗队携带的物资逐渐减少，二是长龙航空打磨出了自己的一套应急保障方案。

任务执行前期，长龙航空工作人员会与医疗队、供应商等尽可能地沟通，将物资进行优先级分类。对于优先级相对较低的，先做好可能分流至其他运输途径的准备。

这类保障任务需要多方主体的通力合作，包括航空公司、机场、空管以及第三方公司或机构，而长龙航空又是这类任务的承接方，所以各种协调工作也就落到了它的头上。不过，往好的方面想，正是这些高难度的任务将长龙航空打磨成了一家不太一样的航空公司。现在的长龙航空可以说是业内应对这类急难险重任务最有经验的公司之一，长龙航空的团队可以在尽可能短的时间内识别任务的复杂程度并作好相应的预案。"最近两个月，我们的团队就执行过三次这类任务，效率已经非常高了，各个主体之间配合也非常默契。"这是孙寅在2022年10月中旬告诉我的。

为什么这些荣誉与重任会朝着一个"新手"扑上去？为什么这个"新手"能在极短的时间内突破各种障碍？在孙寅看来，人是其中最重要的因素。长龙航空的地面服务部门有一个人才库，每一个业务模块都会定期梳理潜力比较大的员工向人才库输送。设置人才库的初衷是为储备人才提供一系列培养计划，给予他们更多的成长机会。

当然，这种机会绝不仅局限在提干这个层面，长龙航空是希望储备与培养一支能够真正解决问题的骨干团队。配套人才库鼓励一人多岗，这些人要具备服务于多个岗位的能力，从而提高人员使用效率与完成复杂业务的能力。公司内部经常会提供一些参与微项目的机会，愿意参与项目的人员有相应的加分，这些加分可能会让他们在未来某一天成为大型保障任务的主力。

"你别看我们的地服部门一开始就有700多人，其实业务开展了这么多年，机队壮大了这么多，我们的团队规模却没什么大的变化。"孙寅说，这是大家的能力成长与岗位优化带来的效果。这样一支精锐的队伍，在什么样的突发状态下被抛到一个试验场上，都不妨碍它对困难开展"听诊"并顺利克服困难。

2019年左右，长龙航空曾开通一条从杭州飞往某国的境外航线，但这条航线在某种程度上触动了国外一家航空公司的利益，这使得长龙航空在当地无法获取正常的地面服务。当时，长龙航空做了一个前所未有的大胆决定：派一支骨干力量到当地机场去。如果平时没有意识地培养语言能力、沟通能力、多岗位能力较好的人才，那时候的长龙航空面对竞争对手设下的关卡可能就会束手无策，至少不能在很短的时间内解决问题。

在专业技能人才方面，长龙航空地面服务部也有自己的一套培养方案。由于特种车驾驶员培养周期较长，长龙航空地面服务部就转变了从社会上招聘驾驶员的思路，将目光锁定在公司内部的装卸工身上。这些装卸工已经拿到基础驾照，如果他们有意愿在完成本职工作之后接受一些针对性的培训，在训练达标之后就能转岗。"比起直接从外面招聘驾驶员，这样做可以节省6个月以上的培训周期。也就是说，这6个月里，我们并不是完全在培养一个新人，这个人同时也在

产出。"从另一种角度说，孙寅认为这种方式也给装卸工提供了很大的成长空间。

当人才体系与培养体系逐渐形成之后，长龙航空又"祭出一招"：向第三方输送自己的服务能力。机坪安全保障是一块经济效益输出较少却需要投入大量精力的业务，一些机队规模相对较小的航空公司考虑到投入产出比，就不会创建自营团队。但是，想为特种车保障等零散业务找到合适的供应商，对于航空公司而言不是一件容易的事，因为这类背负了较大安全压力的业务并不能带来肉眼可见的利润。

"这都是一些脏活累活琐碎的活。"孙寅告诉我。但对于长龙航空而言，由于前期已发生一些沉没成本，如果能利用非繁忙时段承接这类业务，也能摊薄一部分成本甚至增加一些收入。"比起其他一些大型公司，我们会更积极主动地去承接这类业务。"不过，孙寅透露，承接这类业务也不完全是出于经济效益的考虑，更多的是想通过这些合作与对方打下一些信任基础，也展示一下业务上的"肱二头肌"。"说不定，未来双方会有更多的合作机会。"

三

一开始，长龙航空的服务意识是成长中的产物，这种意识让它更容易在民航"五率"积分评比中脱颖而出。成长到一定程度时，服务就成了骨子里一种下意识的行为，与其说这是完成了一次微妙的精神升华，不如说是养成了一种习惯。

因为，只有养成了习惯，才能从一个细微的动作或延伸的片段中读懂并辨认出那些没有被说出口的需求，就像看到一个人端起碗就知道他想盛饭，是那么习以为常。

许银月是长龙航空地面服务部的一名旅客服务员，除了登机检票、与旅客直面沟通之外，还负责接送机。有一年春天，她接了一趟云南地区的进港航班。从飞机上下来一名衣着朴素的六七十岁的老太太，拎着大包小包，站在机坪上不上摆渡车。许银月看到这一幕后，想引导老太太先上摆渡车，但沟通似乎并不顺利。

"她好像听不懂普通话，她说的方言我也听不懂。"这种情况下，许银月只能陪着老太太一起上车。到了候机楼，许银月和同事尝试着跟老太太沟通。后来，老太太拿出了一张小纸条，上面有一串电话号码。许银月拨通了这个号码，"接电话的是她儿子，他很惊讶，根本不知道妈妈一个人会来杭州找他。老太太跟儿子说了几句后都哭了"。聊起来，许银月才知道这位老母亲很想念在杭州打工很久没回家的儿子，便托人买了机票，带着大包小包的特产来找他。

"我们公司有很多扶贫航线，飞这类航线的航班上更容易出现首次搭乘飞机的老人、无陪儿童等特殊情况。"乘务员李茉说，"现在我们已经习惯不是拉着行李箱而是拖着大包小包以及脸盆等生活用品登机的旅客了。"

自开航以来，长龙航空先后开通了杭州、深圳、广州、成都、西安等发达城市至阿克苏、凯里、恩施、兴义、延吉、延安、遵义等边远地区的230多条航线。长龙航空已在扶贫航线上累计投入数十亿元，亏损数亿元。它在这些航线上牺牲经济效益换取社会效益的故事已经讲了很多，直到后来，长龙航空自己也才意识到，这些航线也在考验并提升着团队的服务能力。

有一类旅客特别考验服务人员的眼力见儿。"上了飞机，这些旅客可能会找不到自己的座位，坐下之后不知道安全带怎么扣，或者接受服务的时候比较拘束，这些都需要乘务员第一时间关注和引导。"余倩认为，比服务本身更重要的是，引导的时候要尽量做到不动声色，让旅客摆脱第一次乘机所面临的尴尬困扰。

2014年3月，余倩从国内一家大型航空公司离开，选择加入长龙航空。当时长龙航空只有2架客机，员工还不到100人，乘务员不到50人。而余倩之前所服务的航空公司机队规模已近百架，内部的管理与培训体系也相对完整。余倩告诉我："一开始选择加入长龙航空，是因为离家近。但加入之后，发现整个团队的精神风貌很积极、很向上，和很多航空公司都不太一样。"

不过，这毕竟是一家新成立的航空公司，机上的硬件设备都不是很完善，旅客更容易将注意力集中在客舱的服务上。"这就对乘务员的谈吐举止与亲和力提出了更高的要求。"余倩说。这些都是与大型航空公司形成区别的地方，这在一定程度上也让长龙航空的相关培训与同行有些差异。

然而，新成立的航空公司一般还没有能力快速建立起自己的培训体系，最开始只能委托其他航空公司进行人员培训。委培的方式不可避免地会出现"水土不服"症状，在对症下药方面可能不够到位。委培的方式增加了培训费用的成本投入，影响人员调度排班，而且过于依赖外部培训机构，造成培训时间无法保证、培训内容无法完全契合公司实际运行生产现状，培训效果往往事倍功半。

"这些航空公司已经有一套标准的训练体系，而且双方会有一些机型差异。"所以，在余倩看来，委培是航空公司在形成自己的培训体系之前不得已的选择，搭建自己的培训体系是迟早的事。这一天到来，是在余倩入职一年以后。2015年11月，长龙航空在杭州基地开展初始乘务员服务类课程教学工作，正式开启自主培训进程。

自主培训带来的好处是显而易见的：一方面可以缩短人员养成周期，缓解乘务人员紧缺的压力；一方面可以统一培训标准、降低培训成本、完善乘务员培训体系、打造师资队伍，从而提高公司的整体服务质量和运行品质。长龙航空邀请名师培养内部教员、开发课程，打造了一支充满朝气、敢于拼搏、富有热情的教员队伍。

余倩目前也是教员队伍中的一员，论技术级别，她已经是检查员身份。由于长龙航空初创期渴求人才、发展较快，各个环节的人才能施展的拳脚、可晋升的空间都很大。"同期毕业后在大型航空公司服务的同学顶多还是教员。相对地，在长龙航空初创期，只要自身优秀，一般从其他航空公司过来的乘务员6个月之后就能晋升到乘务长序列，6年之后大概率是一名教员了。"

尽管现在长龙航空已迈入中大型航空公司阵营，但只要它的机队规模保持一定的增长速度，就依然会给乘务员很大的成长空间。余倩告诉我，在这个行业，10架飞机与20架飞机，可能很多岗位对应的

员工数量是差不多的，但引进1架A320飞机就需要25名乘务员，引进1架A321飞机需要的乘务员更多，大概要35名。

这些比在同一条起跑线上出发的同学更快实现冲刺的教员，无论在成就感、认同感还是归属感上都更为强烈。这种强烈也会投射、影响乃至反哺整个学员团队。长龙航空位于总部四楼的培训室，整整一层楼是培训专用的，几乎每个工作日都有七八场培训在这里进行。当天，我按顺序参观了新学员的初始培训、新乘地面辅导与乘务长初训。

这也是乘务员的成长序列，三间培训室的氛围能让外人切切实实地想象到乘务员一步一步进阶的模样。"我们每一个课件的制作都是经过专业教研团队研讨的，包括评审团队的评审，并且教员试讲之后才会真正运用到实际培训当中。"余倩说。教员会去一线调取资料，一份完整的课件制作周期要将近半个月的时间。

"春雨式"服务是刘启宏一直灌输给服务团队的理念。所谓"春雨"，就是字面理解的"润物细无声"，也就是提供的服务不是打扰式的，而是用察觉不到的动作去发现、去满足乘客的需求。整个教研团队会从一线搜集各种服务场景，并针对这些场景设计出各种解决方案。

四

"父亲骨盆受伤导致行动不便，我还带着18个月的小宝与婴儿车，长龙航空提供了非常周全的服务。整个过程安全感'爆棚'，以后出行非常愿意再次选择长龙航空。"这是长龙航空收到的一封感谢信，但乘务长石皓元已经没法统计这是第几封了，因为每个月都能收到上千封感谢信。这还只是感谢信，收到的锦旗在办公室已经挂不下了。

对于长龙航空而言，这些感谢信不只是信而已，还是一个庞大的数据库。最真实且打动人心的一线事件被输入数据库，经过转化，成为公司服务总结与培训的重要案例，从而形成闭环。这种管理手段，让感谢信不再是躺在资料库里的一堆荣誉而已，而是向服务与管理输出的重要数据。正是这些数据，使得长龙的"春雨式"服务不是架在虚无缥缈的理念与口号上，而是真正走进乘客的内心。

2020年底，长龙航空一趟从杭州飞往沈阳的航班因为天气原因延误。待旅客登机、舱门关闭后，飞机得在机坪上排队继续等待起飞。当时，一名50多岁的男士多次询问乘务员起飞的时间。当乘务员告知他要等指令，目前还不能起飞时，男士有点儿不耐烦了。

他嚷着让机组打开舱门，要求下飞机换航班。乘务员解释，现在不能下飞机，即便下了飞机换航班，一样也要排队等待起飞。男士听后作罢，之后乘务员将男士邀请至超级经济舱安抚情绪并递上了一杯水。可能还在气头上，男士用手挡回去，水洒到了乘务员身上。

乘务长代璐看到湿了衣服的乘务员，询问了情况，然后走到男士身边。此时男士有些不好意思，低声说："对不起，水的事不是故意的。""我们理解您的心情，但起飞时间还没有明确信息。看您一直在打电话，挺着急的，是有什么急事要处理吗？"代璐问。

这名男士情绪缓和了些，说了自己的难处。原来他的家人马上要做一场比较重要的手术，正等着他赶回去签字。与男士沟通之后，代璐分别联系了机场与公司。长龙航空方面迅速进行了协调，看看能否获取明确的起飞时间，并在目的地开辟快速通道。到达目的地之后，长龙航空的工作人员已提前将这名男士的行李取出，尽可能缩短整个出机场的流程。事后，这名男士给长龙航空打去电话，特地表示感谢。

"真情服务需要真正解决旅客的需求，可能是物质需求，也可能是情感需求。我们的想法很简单，真情服务每一个旅客，不要让他带着遗憾离开飞机。"代璐说。

对于真情服务，长龙航空内部的理解并不复杂，石皓元作了一个朴素的概括："多做一点点。"

在长龙航空一趟从杭州飞往哈尔滨的航班上，有一名旅客走到后舱找到正在执行航班任务的李茉，想多要几个塑料勺子。一个很简单的请求引起了李茉的注意，她说："很少有乘客会跟我们提这样的要求。"这让她注意到，这名旅客的同行人似乎有些行动不便。她突然意识到，这可能是脑血栓后遗症引起的。"我外公得过脑血栓，给这样的患者用钢勺喂饭，会觉得硬。但出门在外，用塑料勺子又消耗很大。"想到这里，李茉收集了机舱里很多的塑料勺子给旅客送过去，那名旅客拿着勺子不停地道谢。

2016年，长龙航空明确提出针对特殊旅客的全流程服务。什么是特殊旅客？特殊旅客包括老人、无陪儿童、携带婴儿的乘客、出行不便的乘客等。如果这类旅客在订票时就提出这类服务问题，那么，在他们进入机场时，就会有地面工作人员提供服务，旅客登记后会被无缝交接给机舱乘务员。

如果旅客在订票时没能获知这项服务,当地面值机人员或其他工作人员主动发现有这一需求的旅客时,他们依然能享受全流程服务。对于这类旅客,乘务员每巡舱一次,就要关注一次对方的需求。相较于成熟的商务旅客,这类旅客所需要的服务更讲究细致与贴心。比如无陪儿童,在全程关照并将其送离机场后,工作人员还会打电话给接机的家长,确保安全。

一项服务理念有少数工作人员执行到位,并不是一件难事,但要让1000多名乘务员乃至与服务流程相关的商务关系维护、地面值机等岗位的人员拥有一致的服务意识并执行到位,就成了一件难度系数非常高的事。

长龙航空有一套完整的服务流程与培训系统。"一般乘务员需要完成50小时的培训才能飞行,但在长龙航空,除了50小时的培训以外,还要完成资深乘务长10小时的带飞任务。"李茉说。如果说前面的50小时是乘务员的成长计划,那么后面的10小时就是养成计划。

在实际训练中,现场也会以角色扮演的方式将学员们带入场景,比如当机舱内出现一名孕妇旅客或坐轮椅的旅客,乘务员应该提供什么样的服务、如何提供服务。"这种情景演绎的方式,在其他航空公司中并不多见。"余倩说。长龙航空整个团队会在执飞过程、培训学习与大小会议中反复强调并灌输这一点,久而久之,"春雨式"服务就成了1000多名乘务员的自觉行动,甚至可以说是习惯。

李茉也是从其他航空公司跳槽至长龙航空的。在她看来,只有公

司让员工感受到温暖，员工才有可能去温暖旅客。2021年，她做了一场心脏手术，也是经历了这一次手术才让她更真切地体会到这一点。"你知道我做心脏手术，自己花了多少钱吗？"李茉卖了一下关子，说，"不到1000块。"李茉说，做一场大手术就花了这点儿钱，很大原因是公司工会给每一名员工买了额外的商业保险。

35岁的李茉觉得，如果是在其他单位，自己可能因为手术被找理由劝退了。"毕竟疫情期间，许多企业的经营也不是很好。"但在长龙航空，她的领导之前多次叮嘱，让她一定在家休养好了再来上班。

2019年，长龙航空正式成为杭州第19届亚运会官方合作伙伴，这次合作对长龙而言既是一次挑战，又是一次服务能力大跃升的机会。

2023年，杭州第19届亚运会进入倒计时，长龙航空对于服务培训的部署也进入了最紧凑、最密集的阶段。从合作敲定开始，公司上下就制定了客舱服务全面提升的三年行动方案，整个方案分为三个阶段。长龙航空外聘南方航空服务第16届亚运会的优秀礼仪教员、服务专家等提供培训。"内训加外训，几乎每天都有，培训内容与对象涉及公司各个板块、各个部门。"石皓元说。从321机型引进开始，长龙航空还将从高端服务能力着手塑造服务品牌。

第五章 / Chapter 5

在四层小楼
拿下国际认证

惊心动魄的 4 个小时

接到电话的刘启宏,大脑有那么几十秒的时间陷入了一片空白,旁人的说话声变成了隆隆闷响。尽管对方让他放心,相关的人员与应急处置措施都已经到位,但当那架波音737-300飞机还在空中盘旋时,他的心是怎么都不能落地的。

"办一家航空公司太难了,什么事儿都能遇到。"挂断电话之前,刘启宏对着电话那头的刘艺说了这么一句话,没人知道此时的他后背出了一身冷汗。

这一天是2015年12月3日,一个多年以后依然被长龙航空的员工清楚记住的日子。再过26天,就是长龙航空第一架客运飞机冲上云霄2周年的日子。将近2年里,长龙航空安全飞行超过3万小时,如果从货运开航时间算起,这个数据已超过5.5万小时。

但在12月3日这一天,那架波音737-300飞机的轮胎爆裂,连同杭州萧山国际机场一起,长龙航空经历了惊心动魄的4个小时,直到当天上午9时54分,波音737-300飞机在杭州萧山国际机场安全降落。

一

2015年12月3日清晨5时46分,长龙航空一架机型为波音737-300的货机从杭州起飞,前往昆明。

这架货机原来是客运飞机，根据民航发展需求，由客机改装为货机。这架波音737-300飞机当时的机龄为20年，按照40年的使用期限来说，这架飞机离退役时间还有整整20年。起飞前，长龙航空公司对飞机进行了维修检查、绕机检查等，距离当天最近的一次较高等级大检是在当年11月下旬。

当天的机组人员有3人，分别是：机长慕永强，34岁，737机型的A类教员，8300小时的飞行经历；资深副驾驶员严渊，5500小时的飞行经历；副驾驶员万书宇。除了3名机组人员，机上还装载着12.6吨货物。

这是一个再普通不过的清晨，对执飞货运航班的机组人员而言，在这个时间起飞是家常便饭。因为白天的航路一般会留给客运航班，晚8时到早8时的时间段会考虑留给货运航班。

不过，在飞机轮胎离开地面的那一刹那，慕永强觉得有一点点震动，航向有轻微的偏转。这是一种细微到普通人不易察觉的异常，而在飞行了几千小时的机组人员眼里，这是一个不太好的信号。

机组将这一怀疑告知管制部门："飞机离地时，有可能轧到异物，请对飞机跑道进行清理。"此时他们并不知道飞机右侧的两个轮胎都已经脱离，只剩下两只光秃秃的轮毂了。他们判断可能是一个小故障，同时通知了长龙航空。

也就在这时，凌晨2时多回到家中刚躺下不久的刘艺接到电话，对方告诉他："我们的飞机好像出了问题，起落架发生了一些状况。"作为1980年民航脱离军队建制后的首批民航飞行员，刘艺在万米高

空经历过很多突发状况，于是，他回复对方："先让飞机飞着。"

杭州萧山国际机场也很快接到了消息，工作人员第一时间赶到跑道检查，看到跑道上的场景觉得情况不妙：跑道上有不少轮胎碎片。差不多同一时间，机场指挥中心接到浙江空管分局的报告：地面人员通过目测，发现该飞机的右主轮爆裂。

飞机起飞后四五十分钟，机组人员从很多部门传来的信息中明确了一点：飞机有可能发生轮胎爆破或者破损。机组3人开始考虑：果真发生飞机轮胎爆破或破损，该怎么做？

他们评估了当时的状况，如果飞到昆明会发生什么，飞回杭州又会发生什么。考虑到杭州是长龙航空总部所在地，后援力量相对强大，机组决定返航。作出这个决定的时间是6时30分，机组通知了空管等部门。为进一步弄清楚飞机轮胎情况，飞机在机场上空低空飞行了两次。塔台的空管人员通过望远镜发现：右侧轮胎的确有异常。

主轮仅剩轮毂，这就像汽车在高速行驶的过程中爆胎一样危险，控制不好可能偏出跑道，摩擦可能起火。这是杭州萧山国际机场通航以来发生的第一起因飞机零部件损坏而迫降的事件。机场立即启动应急救援响应，宣布机场进入紧急状态。

由于货机载有12.6吨的货物，剩余燃油也比较多，应急指挥部综合计算后，要求飞行员在空中盘旋等待，把飞机燃油耗至2吨以下再落地。这跟刘艺一开始的判断基本一致。

"迫降需要将飞机重量减至最轻，当时飞机上剩余燃油较多，而这一型号的飞机在空中没有放油的功能，所以只有通过发动机的燃烧来降低机身的重量。"刘艺告诉我，万一起火了，燃油剩得越多，飞机烧的时间越长。

二

住在机场附近的刘艺，驱车 20 分钟赶到了机场，长龙航空的相关负责人差不多同时赶到，刘艺与空中的机组人员进行了对话。

"当时机长还是有点儿紧张，虽然他们在之前的飞行经历中也遇到过许多特殊情况，但这种情况，他们也是第一次碰到。"刘艺告诉机长："右侧两个轮胎的轮毂还在，可能和左侧轮胎差了一点儿高度，降落时会把跑道压了。"

在其他大型航空公司工作时，刘艺也遇到过轮胎爆裂的突发情况，但那时候只有一个轮胎爆裂了。刘艺记得，当时是按顶级的应急处置准备的。飞机正常起飞降落，需要 3 个起落架、6 个轮胎共同工作，而这次其中 1 个起落架的 2 个轮胎爆裂，迫降难度是比较大的。

不过，刘艺跟机组人员通话时说了一句："你们正常飞就好了，出不了大事儿。"他还交代了两件事：第一是飞机落地以后，如果发动机起火，待飞机停下后灭火；第二是飞机上就只有你们三个人，你们一定要安全落地，保证生命安全。

刘艺提到的这几点，其实在长龙航空的飞行员训练手册里都提到了。手册里还提到，若发生机翼折断，机身偏转，要尽量避开航空器，避免财产损失。这一点，刘艺没说。不过，刘艺告诉我，当时他发现，

原先选定的降落跑道，如果降落时发生跑道外接地，就可能撞到其他飞机，所以立马跟机场商量变更了跑道。

接下来，波音737-300货机开始"盘旋自救"。

"遇到特情，当年教我们的师傅，手把手，口口相传一点：不能慌张，要冷静，完全可以先泡杯咖啡，喝完了，再慢慢处理，绝对不要着急。"事后，机长慕永强回忆，"当时我们就想，遇到这件事不必紧张，时间充足，有大把时间可以讨论决策。"

返航的决定也让他们吃了一颗定心丸，在他们看来，回到杭州就能得到公司和机场及时有效的地面保障，有条不紊地处理好这件事。当时，机长慕永强和副驾驶员严渊换了座位，经验更丰富的慕永强坐到了左侧。万书宇则坐在后面，作为观察员，观察飞机的异常状况。

这段时间内，地面上的救援行动也陆续展开，机场消防、急救和公安等救援力量迅速赶往集结点。机场消防出动了9辆消防车前往跑道待命，杭州市消防支队也紧急调用8辆消防泡沫车和3辆指挥车赶往现场。

空管指挥飞机在机场南面空域耗油，所有进港飞机在上空盘旋待命。顺着跑道找到的两只轮胎碎片，据说装了整整一车。

杭州萧山国际机场一条跑道让给这架货机用于迫降。附近机坪也紧急清空，其他飞机远离跑道，部分原本准备起飞的航班也被迫延迟了起飞时间。事后大家都知道了这起意外迫降事件，影响到杭州萧山国际机场多个航班的起降时间，89个航班有不同程度的延误。

在空中盘旋了2个小时以后，飞机开始进入迫降程序。落地时，机组人员先用安全的完整的轮子落地,并把住方向舵,压盘。起落架右侧轮胎爆裂,在降落时会产生一个向右的力,这个力在飞机刚触地时非常大,安全着陆对于飞行员的操作要求非常高。

飞行员要在最短的时间内控制副翼和方向舵,通过控制副翼来抵消向右偏转的力,通过控制方向舵来使飞机向左侧滑行保持平衡。"这两个操作还要把握好度,因为稍有不慎,飞机就有可能冲出跑道或者来一个180°的大旋转,那样的后果都是不可想象的。"刘艺说。

上午9时54分,波音737-300飞机终于稳稳地落在跑道上。落地后,地面消防人员立即对机身喷洒泡沫进行紧急降温,45秒左右,整个机身覆盖了满满的泡沫。

当机组人员事后用平静的口吻描述这一起突发事件时,局外人是很难体会到参与整个应急流程的当事人的心情的。

三

"起飞的时候我感觉抖了一下,你们让塔台派个人到那个跑道上去看一看。"刘启宏认为,这是机长说的最值钱的一句话。

波音737-300飞机的驾驶舱内没有轮胎方面的指示系统,它不像其他机型,轮胎的压力、温度发生变化就会在仪表盘上显示。而起飞时,即便轮胎爆裂发出异响,也会被发动机的巨大噪音盖过,机舱内的机组人员不可能听见。

如果"抖了一下"这个细节没有引起机长足够的警觉与重视,就

可能酿成更大的事故。2000年7月25日，法国航空公司一架编号F-BTSC的协和超音速客机发生空难，调查发现就是飞机起飞滑跑时爆胎，轮胎碎片击穿了飞机油箱引发的惨剧。

在波音737-300飞机成功迫降的第二天，长龙航空迅速召开了一场表彰大会。大会上，长龙航空给慕永强机组记"集体一等功"一次，并奖励了人民币100万元。"还是税后的。"刘启宏笑着说，"慕永强机组在整个事件处理过程中表现出强烈的安全使命感和责任感，严格按照手册标准和运行程序进行处置，沉着冷静应对、合理分工配合，很好地确保了人机安全。"

事故发生的这一年，是长龙航空快速发展的一年。它的机队规模达到14架，旅客运输量超过150万人次，又新开通了杭州至南宁、珠海、石家庄、邯郸、阿尔山等30余条国内城市的客货运航线和昆明至达卡的国际货运航线。

这一年，在民航华东地区管理局下发的《关于民航华东地区2015年度"平安民航"建设工作考核情况的报告》中，浙江长龙航空"平安民航"建设工作考核符合率达97%，在29家航空公司（含分子公司）中排名第二。这一年7月，长龙航空还顺利通过了民航华东地区管理局组织的航空安保审计，这是整个民航业中第一家通过新版安保审计的航空运输企业。

安全，就好像一根几乎看不见的血管，通向航空公司的内部，关联并激活着方方面面。对所有民航人而言，安全应该是最高的信仰。但倘若这种信仰一直高高在上，没有找到与整个系统紧密相连的方式，那可能比没有信仰产生的后果还要严重。

"安全是航空公司的生命线。"刘启宏对"安全"这个词最朴素的解释就是：在生产环境中，任何人做任何一个动作之前，心中都要先掂量一下，这个动作是否会影响飞行安全。"从旅客登机到离机，从飞机放行到落地，安全贯穿着每一个环节、关系着每一名员工。"

长龙航空自成立以来，坚定不移地执行16个字的安全理念：安全第一、预防为主、综合治理、持续改进。这16个字注重强化安全体系建设，从传统的"要我安全"向"我要安全"转变，让自我管理、自觉管理的安全意识和观念深入每一名员工心里。

"敬畏"这两个字也是刘启宏经常挂在嘴边的，他认为长龙航空每一个人最不能缺失的就是"安全是底线，也是红线"这种思维，要把这种思维渗透至日常工作的每一个细节。所以，在长龙航空，每一个人对安全都有自己的理解。

对飞行员而言，安全是让每一趟航班都平平安安起飞、完完全全落地，把每一名旅客都平安送往目的地；对值机人员而言，安全是后台控制，为配载提供准确的数据；对行李托运部门而言，安全是让每一名旅客都顺利托运或提取行李；对运控人员而言，安全是每一份资料、每一份数据都准确，是监控好每一趟航班，是下达好每一个指令。

这种简单、朴素的理解，一旦成为每个关口、每个人、每个动作必须遵循的指令，就会变成一股扎实而强劲的力量。

2016年，长龙航空完成国际航空运输协会运行安全审计（IOSA），成绩是0个发现项、6个观察项。IOSA是国际航空运输协会制定的

审定程序，这是一项为国际所认可和接受的航空安全标准。审计内容包括 8 个方面：组织与管理系统、飞行运行、运行控制和飞行签派、飞机工程和维修、客舱运行、地面勤务、货物运输、航空安保。

国际航空运输协会每年发布最新版本的 IOSA 标准手册，也就是业内通称的"检查单"。统计数据显示，2011—2015 年，通过 IOSA 的航空公司，事故发生率比其他航空公司低三分之一。

有一点要声明的是，国际航空运输协会要求自己的成员必须接受 IOSA，而要延续认证的有效期，就要接受两年一次的审计。这并不是一个容易对付的项目，不过，用什么来证明长龙航空每一个员工对每一趟航班、每一名乘客所付出的努力，是刘启宏所看重的。在他看来，获得 IOSA 认证就是一种有力的证明，长龙航空所遵循的理念与指令，达到了公认的较为严格的标准。

与很多通过 IOSA 的航空公司不同的是，长龙航空从实现客运开航到完成 IOSA 用了 30 个月，这是国内用最快速度去做这件事并以零发现项成绩单交卷的航空公司。这一套动作的完成，与长龙航空自成立以来有一整套完备的安全思想以及执行一套高规格的安全标准是分不开的。

当长龙航空第一次完成 IOSA 并与审计机构的外方代表合影时，它的背景还是那幢外墙刷着油漆、墙根斑驳的蓝白小楼。

如果还不能想象出那栋楼的年代感，那么可以告诉你，那栋楼的窗户是用不锈钢护栏来防盗的，为了修饰，护栏最上面那部分还被拗成了扇形。30 个月前，这家在国内名不见经传的航空公司才刚刚开航客运，这时候虽然还"蜗居"在一栋简陋朴素的四层小楼里，但它所达到的行业标准已经在向全世界看齐了。

飞难飞的机场，投更多的钱

将安全运行建立在国际高标准之上，拥有这种决心与态度，对任何一家航空公司都不是容易的事。

更何况，此时长龙航空只不过是一家羽翼尚未丰满的民营航空公司。在生物界，襁褓内的生命总是会受到更多关照与保护；而在企业界，"新生儿"要面对的艰难与挑战总会超过成熟公司。

前面说过，民航业向民间资本开了两次闸，每开一次闸就意味着天空又拥挤一些。等到2013年，给民营航空公司留下的时刻资源已经非常有限了，毕竟在一些黄金航线上每天飞两趟的收益，可能就相当于在其他航线上飞四趟了。基本上，此时留给民营航空公司的要么是非热门机场的时刻，要么是热门机场但不那么理想的时刻。

不过，这个领域最初给民营航空公司的期待，或许就是抓住运力调整机会，深耕支线航空市场。有业内专家认为，应该鼓励民间资本通过支线航空公司进入民航业，从根本上赋予支线航空公司服务地方的个性色彩。从很多方面看，民营航空的使命都跟中小机场的命运联系在一起。

2013年6月，河北张家口宁远机场、贵州毕节飞雄机场、江西宜

春明月山机场3座机场都完成了首飞。值得注意的是，这3座新支线机场的首飞都是由中小航空公司完成的，其中不乏新进入的航空公司的身影。

一

然而，支线航线"难飞"是业内共识，这种难飞体现在两个维度上。

一是经济维度。到2021年底，我国境内共有支线机场176座，占机场总量的70.4%，但支线机场完成的旅客吞吐量为7638.2万人次，在全国总量中的占比为8.4%。这个数字比2019年的数字大，但实际上，支线航线上需求相对不足、分散的状态并未得到改善。因为，2021年"全国总量"这个分母仍在下滑。

2021年，我国所有民用运输机场完成的旅客吞吐量是9.07亿人次，与新冠肺炎疫情暴发前2019年的13.52亿人次相比，仅仅是恢复到2019年的67%。具体到每座机场，旅客吞吐量的差别更是惊人。排在末位的机场，一年到头旅客吞吐量仅为164人，全年起降44架飞机。一般来说，大型机场1个小时内起降的飞机就超过这个数字。当然，这是一座连行李牌都要手写的迷你机场，没有什么可比性。但在2021年，旅客吞吐量低于10万人次的机场有37座，低于100万人次的机场有152座。

二是技术维度。有数据显示，支线机场主要集中在中西部地区，中部、西部支线机场数量分别占全部支线机场数量的25.1%、55%。这些机场的地理位置特殊，起降难度较大，同时这些机场所在地区土地辽阔，大多数中小机场离省会城市较远，它们处在民航安全监管的"神经末梢"。

有一组数据很能说明问题。新疆与内蒙古的民用机场数量分别达到22座、19座，论数量，可以在全国排到冠军和亚军的位置。然而，当这些机场被放到幅员辽阔的地方，数据就没有那么震撼了，甚至论密度只能排到全国末位。比如，新疆有22座机场，但每10万平方千米只有不到2座机场；天津只有1座民用机场，论密度却比新疆高得多。

在内蒙古，有7座机场距离民航内蒙古安全监管局所在地呼和浩特超过1000千米，而满洲里西郊机场更是距离监管局差不多有2000千米。距离超过1000千米是什么概念？从杭州到北京直线距离为1124.43千米。

软件上的短板，想通过硬件端来补足，也并不是一件简单的事。

前面说过，在全世界范围内，中国民航的安全都值得信赖，因为从业者们构建了一张近乎严丝合缝的安全体系网络。在这一网络中，中小机场是占比较大的分子。尽管它们规模小，但在空管、通讯导航、气象预报、消防救援、医疗救护等方面的设施设备、人员配备是一样都不少的。

"谁不把安全当回事，不把公众的利益当回事，谁就别想赚钱。"在这个领域，这并不是一句漂亮话，而是实打实地关系着所有机场与

航空公司的利益。

然而，与民营航空公司一样，很多中小机场出生时所携带的"基因"并不优秀。这些机场大多位置偏僻，所在地区地形复杂、天气多变。受资金缺口限制，机场一些设备配置的等级会相对低一些，有的仅在跑道单头配备导航设备，且以非精密进近设备居多。

一些中小机场"出生"较晚，很多是"10后"。2003—2012年，国内颁证运输机场平均每年新建5座；2013—2017年，平均每年新建机场上升到7座左右，有些年份的新建机场数量甚至超过10座。而这些新建机场大多位于西部地区，这也是有数据可以证明的。2012—2020年，国内新建机场58座，其中东部地区、东北地区各新建7座，中部地区新建11座，其余33座均建在西部地区。

这些机场从出生到成熟，需要一个过渡期。在过渡阶段，部分机场会被戴上"特殊机场"的帽子。这些机场区域飞行环境复杂、保障条件不足，为保证飞行安全而需要采取特别应对措施的机场，就会被列入"特殊机场"名单。

执飞特殊机场对于机长的要求更高。执飞特殊机场的机长首先是本机型的成熟机长，经由特殊机场理论学习，考试合格后，再经过航线带飞并通过检查，才可以获得执飞特殊机场的机长资质。也就是说，"特殊机场"需要"特殊机长"。

二

"特殊机场"的身份并不会伴随终身。

民航地区管理局每 3 年就会对辖区内的机场进行评估，当符合特殊机场的指标消失时，机场就会摘掉"特殊机场"的帽子。根据公开数据，2009 年，国内有特殊机场 38 座；2020 年 4 月的数据显示，国内还有 19 座特殊机场。

这与国内机场的整体运行环境得到改善是分不开的。现在看来，特殊机场的数量并不多，但在长龙航空客运刚起步的那几年，特殊机场还是比较多的。虽然特殊机场减少了，但不在名单内的山区机场，其安全运行环境仍区别于平原地区的机场。更何况，现在的 19 座特殊机场，长龙航空几乎都飞过。

"运行初期那些年，长龙航空的航线 70% 左右会涉及中小机场，这些机场绝大多数是山区机场。"长龙航空高管王宏说，"有些机场的名字别说你了，我之前都没听说过。"执飞这些山区高原中小机场，安全压力不小。王宏解释，在运行环境相对较差的中小机场起降，给飞行员的技能、公司运控能力以及航空器的可靠性方面带来了更多挑战。

飞机在起降时是最危险的，巡航阶段是飞行中最安全的时候。航空界将 3 分钟起飞爬升和 7 分钟进近着陆称为"黑色 10 分钟"，有数据显示，有六成以上的飞行事故发生在起飞和降落阶段。

看似都是飞行，实际上飞山区的中小机场与飞一线城市的大型机场,对飞行员而言,是两种完全不同的体验和工作强度。在平原地形间往返,飞行相对简单。执飞这些航线,机组可以免受地形干扰,一旦出现问题,可供选择的备降机场也更多。在地形陡峭的山区飞行,对机长的要求更高。尤其是一些地处山区的特殊机场,因为三面环山,更是对飞行机组的技能和心理胜任力提出了严峻的考验。

"区别相当大。"机长王河说。杭州萧山国际机场跑道长3800米,而有些小机场的跑道只有2300米,又是修建在山顶上的,两头都是悬崖。面对这类机场,飞行员既要克服时间与空间带来的压力,又要克服心理压力。

云南的西双版纳嘎洒国际机场,论等级,为4D级民用国际机场,海拔1815英尺,也就是553米。放眼国内机场,这样的海拔并不高,但它的起降难度在于机场周围全是高山。飞机在这座机场降落时的下滑角为3.5°,正常情况下,此时飞机的下降率为每分钟900英尺,即每分钟274.32米。如果在降落时遇到顺风,机长就不得不选择复飞。然而,在这里复飞,等机长将飞机拉升到安全高度以后,就会立刻发现再往前就是其他国家的空域了。

"这时候机长只能选择立马掉头。"王河说。这对飞行员来说是一个高难度动作。

还有些机场虽然不是中小机场,但起降难度也不小。昆明长水国际机场是4F级国际机场,国内八大区域枢纽机场之一,海拔2100米。这座机场不仅海拔高,而且三面环山,容易遭遇大风、大雾的天气状况。"好在长水国际机场的跑道有4000多米,已经充分考虑到降落时的安全长度。"

另一名机长也曾透露,在山谷中的特殊机场降落,由于周围山头林立,飞机在复飞时的左右偏差不能太大。如果起飞的时候出现单发动机故障问题,爬升能力、越障能力都会被影响,在山沟里飞行的路线和正常情况会有所区别。此外,多变的天气对飞行影响也很大,飞行员必须提前了解并熟悉将要执飞的特殊机场场内状况。

在进近的时候,能见度有一个最低限,如果达不到这个最低限,机长就有权决定备降或者返航。一般在有盲降系统的机场降落,能见度要求是 800 米,在无盲降系统的机场降落,能见度要求是 4 千米,这个标准正好是前者的 5 倍。能见度要求之高,也决定了飞往中小机场的航班备降概率更高。

到了中小机场,空中管制也从雷达管制变成程序管制。"没有雷达,对管制员和飞行员的能力要求大大提高。"王宏告诉我,程序管制中,管制员无法精确掌握航空器位置,也无法实时监控到航空器的速度、高度、航向等信息,所有航行要素均需要飞行员报告。雷达管制就不一样了,以上各要素均可以在雷达屏幕上实时观察,管制员随时可以根据需要要求飞行员调整。"在程序管制中,需要飞行员有更强的安全意识、情景意识和飞行能力。"

"飞行维护在大机场都容易,运行支持、通讯导航保障、硬件软件都很好;一到小机场,这些条件都会变差,飞行员还要应对更为复杂恶劣的地形、天气以及时刻等。"王宏认为,长龙航空并不是在同一个环境、同一条起跑线上跟大型航空公司竞争,而是在更困难的条

件下与别人赛跑，取得的成绩不比别人差，就已经很不容易了。"我们现在甚至做得更好，这里面既有公司持续滴灌的安全文化和安全投入，更有整个团队所付出的不懈努力。"

作为长龙航空的飞行员，机组人员还要面对大量的夜航，有些可能是跨零点的航班。"过零点落地，这还是在不延误的情况下，一延误就说不清什么时间落地了。"王宏回忆，在杭州流量控制最严重的那一年，他有一阵子凌晨两三点到家是常态。

"跨零点飞行对飞行安全是较大的挑战。因为人是有生物钟的，到晚上十一二点之后，要保持专注就需要付出更多的努力。"王宏说。不仅是飞行员，维修工程师和运控签派员也会面临同样的状况。

三

"在风险防控方面，长龙航空没有什么独到的经验秘诀。"刘启宏说。整个团队有的只是"不放过一针一线、一点一滴"的安全意识，每个环节都有专人监控和设备监控的手段。"等事情出了反过来去查安全，那就不叫防控。"

安全关口必须前移。当飞机头冲向蓝天时，100多条生命和几百个家庭的幸福，这一副沉甸甸的担子就落到了飞行机组的肩上。在这中间，飞行员是一个关键性的角色。

对飞行员而言，刘启宏反复提起的"敬畏"，首先是敬畏民航规章。飞行检查单上的每一条规则，都是民航发展历程中血的教训，不遵守这些规则，就可能让飞行处于危险之中。"安全"两个字，对于飞行员，不是停留在嘴上的，而是要融入血液，融入每一次业务学习，融入飞行中的每一个口令以及每一个程序动作。

"飞行时间越长，遇到的事情越多，就会越淡定冷静。"在王宏看来，安全的拿捏在毫厘之间，每一次飞行都是一次全新的挑战。王宏在空中飞了30多年，在机长位子上坐了20多年，但那些看起来日复一日的重复性的动作其实是有差异的，差异在于不知道这一次飞行会遇到什么风险，不知道拆开盲盒是惊喜还是惊吓。

机长王河执飞的航班，几乎都是从杭州起飞，最后在杭州降落。即便是这样，他也从来没有遇到过两次同样的起落，从来没有。"每天的环境包括气温、气压、风速、风向、光线与能见度都不一样。"所有他能想象到的环境因子都在变化，哪怕都是阴天，也各有各的不同。机舱外的环境不一样，机舱内的重量也有所不同。"每一趟航班，乘坐的旅客数量、身形，包括携带的行李等，决定了每一趟航班的载量都是不一样的。落地时，飞机剩余的油量也不一样。"

无论这次打开的是惊喜还是惊吓，都是帮助下一次绕开雷区的经验与教训。刘启宏告诉我，飞行员要具备在各类机场起降的能力，如果习惯了大机场雷达管制的全程监督，面对的是一套相对舒适且顺畅的运行体系，那么，应对中小机场的起降就会经验不足。

像机长王河，一年可能有500多次的降落，而降落在杭州萧山国际机场这类大机场或许不超过100次。

客运开航初期，长龙航空招募的飞行员有很多来自华东地区，因为公司离家近。这些飞行员看似换一身制服就可以过来上班，但实际上执飞的航线与过往的飞行经历差别很大，这就需要长龙航空针对特殊机场、山区机场、中小机场，对所有招募的飞行员开展能力训练。

"所有的训练都是财力上的投入，民航的安全投入，一定要有真金白银。"王河解释。飞特殊机场要求机长具备执飞资质，也就是说，第一次飞一座特殊机场，就要经过培训。一座特殊机场，就要对应一份资质。

培训最费钱的部分，就是上模拟机。模拟机飞1个小时的成本报价约为3500元。飞行员在模拟机上飞1场至少需要2个小时，1次培训的支出就是7000元。这还只是模拟机的成本，还要加上教员与食宿的成本。长龙航空几乎每一名机长手上都拿着10多份飞往全球特殊机场的资质，王河手上差不多有20份资质。

"我拿的资质还不是最多的。一份资质的培训成本是8000元，那么20份资质的成本就是16万元。"王河算了一笔账。按照长龙航空300多人的机长队伍，这笔培训支出就超过4000万元。这显然是长龙航空要多支出的成本，这笔支出还不是一次性的，因为每份资质的有效期都只有一年。

考虑到支出成本，长龙航空于2019年3月引进了第一台空客A320全动模拟机，在当时，这台空客A320全动模拟机代表了世界上最先进的飞行模拟教学训练机的制造水平。到目前为止，长龙航空已引进3台这样的模拟机。据了解，进口1台全动模拟机的价格近1亿元人民币，1台飞行模拟机能够实现大概20架飞机的训练需求。

"飞行训练一直是提升技能的重要一环,空勤人员经常为了训练到处奔波,严重影响了公司的运行生产保障,同时也带来了巨大的成本支出。"刘启宏认为,拥有自己的飞行模拟机,长龙航空就可以自主承担飞行员的高标准训练任务。

长龙航空现有的3台飞行模拟机每年可提供约17000小时的飞行训练时间,为超过1200名飞行员提供飞行训练服务,在满足长龙航空飞行员年度复训的基础上,也为新飞行员初始改装、转机型训练、运输航空副驾驶预备课程(ACPC)等需要使用模拟机的飞行训练课程提供保障。对于航空公司来说,飞行模拟机是刚性产品,它的采购占据了飞行员训练费用的大头,是一笔不菲的成本支出。引进飞行模拟机后,还需要技术团队认真琢磨与研判培训内容,这又是一笔开支。

事实上,自从将飞行培训的主导权掌握在自己手中的那一天起,长龙航空在这方面就从没有停止过探索与创新。只是,如罗马城一样,培训体系也不是一两天就能建成的。

"刚开始的时候,每个教员都是自成体系,课件也没有统一起来。"严渊说。2020年,长龙航空成立运行标准管理部。这个部门负责全面研读规章,完善长龙航空训练手册体系、资格检查体系、教员培训与培养体系等,全方位提高长龙航空的自主训练能力。现在,长龙航空拥有了统一的课件库,无论是哪一名教员执教,他输出的教学理念与设定的标准都是一致的。

严渊告诉我,他们的教学标准遵循的是"就高不就低"原则。航空公司培养飞行员的标准在民航手册的基础上制定,后送至局方进行报批，只有这一套审批流程完成后，制定的标准才是有效的。严渊是长龙航空飞行培训标准的编写成员之一，他透露，他们制定标准的时候一定不会突破民航手册规定的底线，只可能在一些环节将标准往上拔高。

在培训质量提升方面，统一、完善的培训课件只是其中一部分，更为关键的是科学的教学理念、模式与高强的教学能力。在长龙航空，贴近实战，贴近公司运行特点，注重抓基层、打基础、苦练基本功"三基"能力的提升，是一个关键的教学理念。在理论培训中，长龙航空更多采用互动式教学方式。从实施自主培训的第一天起，教学模式就是从公司过往发生的不安全事件出发，讲解公司的运行特点、安全风险点及相应的风险管控措施，以鲜活的例子增强受训员工的安全意识。

基于这一理念，长龙航空还将飞行队伍的组织架构从业内普遍采用的混合式管理调整为纵向化管理。"一般航空公司的机队包括教员、机长、副驾驶、学员等，是这么混搭着来的。而在长龙航空，组队方式就成了教员分部、机长分部、副驾驶分部等。"严渊说。实施这一组织架构创新主要是出于培训的需要。在后一种组队方式下，培训的内容可以更集中、更有针对性。

不过，严渊也透露，在运行一段时间之后，他们发现这种组队方式有它的优势，也有它的短板。在混合式管理下，飞行队伍在实际运行中彼此更熟悉、更默契，平时生活上会有更多的交流与碰撞。这一点是纵向式管理所缺失的。发现这一短板之后，长龙航空迅速作出了回应与调整，在这一组织架构下成立了多个教研示范小组。核心教员、优秀机长陆续走进教研示范小组，开展执飞任务时也更多地将小组内成员安排到一起。

在这种组合式探索之下，飞行员升级至副驾驶员、副驾驶员升级至机长的通过率有了提升。与此同时，教研示范小组的成员是定期流动的，一名副驾驶员升级成机长，就会退出所在教研示范小组，让其他飞行员有机会补充进来。

四

近些年来，中国的民航安全管理越来越意识到人的因素的重要性。民航局近年发布的法规文件不再像以前一样只强调飞行员的技术操控能力，而是逐渐强调要建立飞行员的核心胜任力、心理胜任力和作风胜任力。

在业内人士看来，技术之外，机组团队的状态如飞机状况、天气状态一样重要。每一个飞行员都有不同的技能、不同的偏好，当他们结合在一个机组时，迅速、有效地建立一支能应对各类事态的团队，是获得飞行安全保障的关键。

试图在原有的培训体系内劝导机长们改变行为、增进机组沟通，是一件几乎不可能成功的事。传统的飞行员训练将训练课程分解为不同科目，它的局限性在于必须单独对每个科目进行教学和评估，当遇到复杂条件或情况迅速变化时，可能无法单独对每个科目进行教学和

评估。这种培训体系，可能导致培训对象仅表现出执行单独科目的技能而无法应对真实复杂的运行环境。

所以，要培养一支与过去不同的飞行队伍，毫无疑问就对教员与培训体系提出了更高的要求。除了丰富的飞行经验与过硬的专业知识，一名出色的、面向未来的教员还应该具备相应的机组资源管理和人为因素知识、丰富灵活的教学技巧、对基于能力训练的充分认识以及严谨专业的教学态度。

前两年，空客公司面向国内航空公司飞行教员推出了空客飞行员教员课程（APIC）。按照空客的说法，这一课程在训练教员教学能力的同时，更注重教员素质的培养。虽然眼下从业者对这种教育理念有点儿熟悉了，但一开始愿意去尝试的航空公司并不多，长龙航空是最早接受这一培训理念的航空公司之一。直到现在，长龙航空仍每年为自己的飞行教员安排1—2期APIC。

2022年3月，空客公司在华公司华欧航空培训有限公司正式获得中国民航局培训试点机构资质。仅仅2个月后，长龙航空就成为全球首家签订空客循证训练（EBT）服务协议的航空公司，与空客携手探索飞行训练的新趋势。用于航空领域的EBT并不是一个新概念，其实早在2007年就被推出。它由国际航空运输协会根据其培训和资格倡议开发，于2013年得到国际民用航空组织的认可。它试图建立一套新方法，以发展和进行定期培训、评估。

"之前的飞行训练会在模拟机上、航线上进行，模拟机上进行的训练科目都是基于对飞机影响比较大的情况，比如发动机失效、火警等。"在长龙航空承担模拟机训练工作的汪涛看来，不同于原先较为固化的训练模式，EBT 的训练主题是数据驱动式的，基于航空公司飞行产生的数据，按照数据曲线，针对短板设定科目。EBT 也以高质量的训练数据输出为目标，输出的训练数据会成为下一周期 EBT 的数据来源之一，转化成为训练需求，最终形成闭环。

处于发动机失效的场景下，飞行员的表现应该打几分？这种训练模式结合飞行员的知识应用、程序执行、人工航径管理、自动航径管理、领导力与团队合作等 9 大核心胜任力来作判断，它不会简单地给出一个答案"好"或者"不好"，而会告诉飞行员其自身的哪些核心胜任力有待提升。在这套体系下，可以实现以训练科目为载体、以能力提升为目标的训练逻辑。

汪涛借用西红柿炒鸡蛋来打了一个通俗的比方：过去，一名厨师觉得自己的西红柿炒鸡蛋做得不够好，他就翻来覆去地重复训练做这道菜，但 EBT 模式下会告诉厨师究竟哪个环节出了偏差，可能是他切菜的方式出了问题，可能是火候掌握得不对，也可能是没用上合适的那口锅。当厨师知道问题出在哪个环节的时候，他就可以针对这个环节进行有效的练习从而获得提升，这种提升并不是针对某一道菜，而是指向整体厨艺。"这种模式，不管从效率还是从科学性来讲，都会更加合理。"

EBT 还遵循"实际体验—观察反思—总结规律—实践应用"的程序，在教学过程中，教员要在训练大纲或教员手册的基础上根据学员的学习特点及时调整教学手段。这也意味着教员的教学能力和观察力都非常重要。如果跳过 APIC 直接进入 EBT 模式，会遇到不少阻力。APIC 类似于种子教育，要实施 EBT，对教员自身的训练可能比对飞行员实施的训练更为艰巨。因为这些课程不像以往那样只是注重教会飞行员飞行技术动作，而是要求教员多维度地对飞行员的能力进行观察、评定、培养、提升、考察。

在刘启宏看来，成为空客新服务的首发客户，也代表着长龙航空是国内首家"步入飞行培训新时代"的航空公司。类似的创新与探索还有很多，它们大多能在这家航空公司内找到落脚的地方，生根发芽，开枝散叶。哪怕创新与探索没有成功，这家航空公司也能包容这样的创新与探索失误，因为创新与探索总能让员工们见识到民航这座延绵不绝的巍巍大山的另一面。

无论那一面是险峻的悬崖还是开阔的平原，这抢先的一步就可能让长龙航空更早一步预知风险或者发现机会。不过，任何创新与探索都对应着代价，居首位的自然是资金代价。2022 年，长龙航空第一期 EBT 有 12 人，支出费用在 40 万元美金左右。

作为要将每一分钱都花在刀刃上的新进入航空公司，从引进第一台飞行模拟机开始，长龙航空就在筹划一种新的商业模式。它的模拟机训练不仅满足公司内部的飞行员训练，而且将逐步对外开放，为浙江省内、中国境内乃至国外飞行员提供训练服务，长龙航空还计划打造集康养护疗、旅游观光、实践体验等功能于一体的花园式培训基地。

五

当然，飞机在空中飞行并不是飞行员的独舞，他不是一个人在战斗。长龙航空的每一次安全起降背后，都有强大的地面技术支撑。

地面技术支撑由飞行技术人员、签派员、机务维修人员三类运行监控体系构成。2020 年，长龙航空还投入使用自主研发设计的 4D/15 航班运行监控系统。通过这套系统，长龙航空在 15 分钟或更短的时间间隔内，针对每架飞行中的航空器，在地面记录并更新航空器 4D 位置信息，即经度、纬度、高度、时刻信息。

按照民航局的要求，航空公司追踪一次飞行轨迹的能力不能大于 15 分钟，而长龙航空硬是把这个间隔控制在分钟级。"配合机载设备的一些优化，一些关键数据，我们甚至可以实现秒级监控。"长龙航空负责运行的王健告诉我。

在长龙航空总部一楼的运行控制中心，一条连续追踪航空器的轨迹出现在 AOC 指挥信息屏上。"你可以想象一下，如果只是满足最低要求 15 分钟的话，这条轨迹一定不是连续的。"在监控界面上，还有很多红、绿、黄色的数据，这些是系统叠加的天气图。叠加之后，可以看到航空器预计飞行的航路与天气之间的关系，从而研判飞机是否需要绕飞、等待等，让运行人员的监控更有针对性。

气象数据部分，长龙航空还引入了气象新闻公司的系统。这是一个国际性的气象预报组织。这一组织最早是以海洋气象预报起家的。"无论是中央气象台还是民航气象台，更多都是基于陆地层面的大气

研究与预报，海洋层面的气象数据是相对薄弱的。"王健告诉我，长龙航空引入气象新闻公司的系统正是为了弥补海洋数据这一块，从而提升天气走势预判的及时性与准确性。

对于空中发生的特殊情况，气象新闻公司的系统可以对飞机复飞、偏航与落地油量等发出警报，由坐在系统背后的签派员、气象预报专家、飞行专家以及维修技术团队作出及时响应。

"当飞机发生偏航警告时，大概率会影响落地油量。"王健解释，实际飞行的航线与计划航线偏离可能是遇到了雷雨区，绕开雷雨区有可能比原先的航路近，也有可能比原先的航路远，这就会让飞机的预计着陆重量不同于计划着陆重量。这时候，地面会通过数据链与卫星电话同机组取得联系并共同决策。如果是落地油量过高，就需要地面向空中管制申请盘旋耗油；如果是落地油量紧张，就需要向空中管制申请优先降落，甚至就近机场降落。

引进这套系统以前，遇到这些情况，只能完全依托于机组在空中的自主决策，没有协同配合。"这样一来，你的安全移动就交给了一个环节，所有的安全压力都向飞行机组集中，而不是依靠整个系统与体系。"王健说。

为了让航班在低能见度下也能安全起降，几年前，长龙航空就在空客机队实施了平视显示器（HUD）加改装项目。HUD设备的显示屏安装在机长座位前，大小看起来和汽车的电子显示屏差不多，飞行所需要的速度、高度、航向、海拔以及地形、地貌等所有重要信息都会通过这个屏幕显示在飞行员眼前。

当飞机处于低能见条件下飞行时，HUD 不仅能增加飞机在低能见条件下的安全特性，改善飞行品质，也能提高航班正常性。以往当天气低于运行标准时，航班只能延误、备降或取消。HUD 的推广使用有效降低了运行标准，使航班在低能见度情况下也能安全起降，最大限度地节省运营成本，方便旅客安全出行。同时，HUD 还可为飞行员提供更多、更及时的信息和指引，减少起飞、进近、着陆期间的飞行技术差错，从而有效降低误判或操作失误风险。

这又是一笔可观的安全投入。一架出厂时便配置好 HUD 的空客飞机，成本上追加几十万美元，而出厂飞行后加装设备的改装费用更高。"这是硬件成本，加装 HUD 之后，长龙航空还要对部分飞行员进行每人 4 小时的模拟机训练。"刘启宏紧接着又加上了一笔支出。他说，尽管长龙航空这几年发展很快，但人力资源在新冠肺炎疫情发生前始终谈不上宽裕，特别是核心飞行员。即便如此，在遵守民航局关于飞行员疲劳、休息期等方面的规定之外，长龙航空仍尽可能地在机组编排上给飞行员预留较大的安全余地。

这也在一定程度上牺牲了长龙航空机队的日利用率。大家都明白一个浅显的道理：对于航空公司而言，飞机飞得越多，赚得也就越多。

谁也说不清，长龙航空为了保障飞行安全究竟每年实施了多少投入，因为这涉及各个部门显性和隐性的支出。但大家都明白，要是各部门的支出统筹起来，将是一个惊人的数字。

惊人的数字锻造出了一支令人惊叹的队伍。2015 年，台风"灿鸿"过境，一篇题为《99％的航班都取消了，但这 5 家公司在超强台风中继续飞》的推送刷屏微信朋友圈。当年7月11日，大部分航空公司都取消了从上海、杭州、宁波起飞降落的航班，但是有5家航空公司依然选择继续执飞。其中有战斗民族的俄罗斯航空公司，也有初生牛犊不怕虎的长龙航空。在民航界，俄罗斯航空公司的坊间传闻很多，在各类段子中，大雪、雾霾、台风等天气根本阻挡不了这家航空公司的飞行。

当年7月11日，即便别的航班全部取消，只有俄罗斯航空公司的航班正常起飞降落，也不是稀奇事。更令外界好奇的是长龙航空，当天从杭州起飞的8趟航班中，有6趟属于长龙航空。这家总部位于浙江，客运开航不过一年多的航空公司，哪里来的底气和勇气？这是当年很多人抛出的疑问。

其实，当天长龙航空起飞的6趟航班，全部由经验丰富且专业过硬的资深机长、飞行教员执飞。除了对机组人员的精心编排，背后还隐藏了大量前期保障准备工作。长龙航空从天气研判、安全评估、运行保障、应急预案等方面做了大量准备，做到每趟航班飞行都可控、安全。

就拿制定预案来说。从7月10日到11日，长龙航空前后召开了近10次会议，制定了不下50个预案。从航班起飞的前一天晚上开始，每隔一两个小时，长龙航空就会根据台风走向、天气变化及实际保障能力研究制定预案，预案涵盖了方方面面。当天，从气象条件来看，一切数据都在民航法规的安全运行标准之内。再综合其他信息分析，工作人员们认为，A320在此天气条件下可以在杭州萧山国际机场起降。

当然，考虑到运行的绝对安全，工作人员们从最差的情况出发制定运行预案，每半个小时对天气情况进行监控和分析。比如，当风力大于运行要求时，预先为航班选定稳定可靠的备降机场——合肥新桥国际机场和武汉天河国际机场，并为飞机预留足够的备份油量。

在每趟航班放行前，放行签派员都要和机组一起制定备份方案。当天气变化不符合落地要求时，就启用备份方案，确保航班运行安全。事后，民航局指派监管局对此次长龙航空在台风期间的运行情况进行监督检查的时候，肯定了长龙航空是完全按照民航局的规章和工作手册进行组织运行的。也正是那一天6趟万无一失的航班，让长龙航空第一次以过硬的运行能力闯入了公众视野。

未病先治

一架架飞机顺利地起飞、安全地降落，一笔笔庞大的支出像流水一般快速消失。如果再加上一笔维修成本，数字就更大了。

飞往中小机场，长龙航空在这方面付出的代价高于同行，地面保障、航材储备以及飞机试行维修成本都要增加。这就像是私家车开往沙漠、山区一样，燃油品质、路面颠簸都会对车况产生影响，必然导致维修保养成本上升。

虽然比不了一架架飞机的持有成本，但维修保养成本也是航空公司的大头支出之一。一架飞机上有几百万个零部件，部分大型飞机的零部件数量更是上千万个，据说一架波音飞机所用到的电缆总长度超过 200 千米，差不多是从杭州萧山国际机场到上海浦东国际机场的距离。要"伺候"好这么一架庞大的机器，显然不是一件简单的事，不仅耗时，而且耗钱。

一

从维修成本出发，飞机的一生可以被划分为蜜月期、成熟期和老龄期。"每一个阶段，在飞机身上花的钱都不太一样，因为每个阶段的修理深度不太一样。"长龙航空维修工程师刘建军告诉我。

当飞机处于蜜月期时，维护成本低于成熟期的维护成本，因为飞机上所有的零部件在这个阶段还很新，而且享受免费维修的售后保障服务。运营 5—12 年后，飞机进入成熟期，此时的维修成本也是相对稳定的。不过，这一阶段存在飞机大修、发动机大修和起落架大修等几个重要节点，此时维修成本也会出现峰值。运营 13—14 年后，飞机进入老龄期，机体和部件修理逐渐增多，不仅直接增加了航材、工时等修理成本，而且因飞机整体性能衰退导致油耗升高进而增加飞机运行成本。

不过，按照刘建军的说法，飞机并不是年纪越小，状态越好，也不是年纪越大，状态越差。"飞机状态更接近于浴盆曲线，它出厂时的故障率并不低，运转一两年之后才会趋于稳定。这时候是一架飞机最平稳的状态。等运营四五年之后，它的不稳定因素又上升了。"按照服役时间推算，2021年，长龙航空一架飞机年度维修成本在500万元左右，60架飞机差不多是3亿元。

这是一个保守的数字，因为长龙航空机队中的飞机大多处于从蜜月期向成熟期过渡的阶段，还没有大规模进入发动机大修的时期。"我们的飞机只有一部分进入了飞机大修、发动机大修的阶段，剩下的都还没有到这个阶段。"也就是说，长龙航空维修成本增长在未来几年才会发生，当所有这些成本相继出现以后，每年的维修成本就会超过前面所说的数字。

飞机的一生要经历大大小小无数次维修与体检，最频繁的是航线维修检查。一趟航班在机场起飞或降落之前，会有机务维修人员提前检查清理机坪，防止外来物（FOD）损伤飞机。当飞机安静地在机坪上等待下一趟飞行任务之时，工作人员会检查飞机外观和技术状态，调节有关参数，排除故障，添加各类介质（如润滑油、氮气、氩气等），确保下一趟飞行任务的顺利与安全。

针对每一个项目，机务维修人员都要认真按照航线维修工作单卡，沿着飞机机身外部的绕机路线仔细检查。他们或俯身仔细查看，或起身目视检查，要完成大大小小几十项飞机检查项目，不能有半点儿马虎。

这只是航线检查的工作。除了每日航线检查，每一架飞机还要经历周检与字母检。所谓"字母检"，就是飞机的定期维修，按飞行小时可分为A、B、C、D四档。一般在飞机经历750个飞行时长后，

机务人员会对飞机做一次 A 检，这不是单纯的外观检查，而是相当于汽车的定期保养。

"到 C、D 级别检查，等于把飞机拆开，对内部进行细致检查、维修、更换，之后再给它装回去。"刘建军解释。一般 C 检间隔是 24 个月，D 检间隔是 6 年。飞机 D 检通常也称为"大修"，在一个大修周期内，一架飞机要接受 3 轮 C 检和 25 轮 A 检。而完成一轮 C 检需要 5—7 个工作日，大修则需要花 25 天左右。

这些细致、烦琐的检查，一方面会产生庞大的成本支出，一方面也在避免更大的经济损失。航空公司自身原因导致的航班取消或延误，绝大多数是飞机故障没有得到及时修复造成的。

"行业里有一个数据，航空公司造成一次延误，成本在 3 万到 4 万块钱。"刘建军说。避免一次延误，就等于为公司节省 3 万—4 万元。以一天飞行 8 小时来估算，一架飞机一天能产生 20 万—30 万元的收入，所以，停产一天，这架飞机的收入也就损失了。

二

目前长龙航空的放行可靠度在业内排在前列。空客每年会统计国内客户的机队状况，在长龙航空提供的一张年度（2020 年 2 月至 2021 年 1 月）指标图上，大大小小的航空公司以圆点的形式出现，航空公司越大，圆点就越大。

2020 年，长龙航空以放行可靠度排在第一位，数字为 99.97%。

也就是说，长龙航空一架飞机飞行1000次，只出一次故障，概率为1‰。"这个概率非常低。行业的普遍水平大概就是99.75%，就是飞机1000次会有3—5次故障概率。"不过，刘建军坦言，这跟飞机型号也有关系。"就跟买车一样，不同车子的性能也会有差异，但是，在同一个型号的飞机里，我们的整体表现算好的。"

放行可靠度是评估飞行延误和缺陷的一项重要指标。航空公司在放行可靠度方面取得较高成绩，可以证明自身对飞机维护和安全管理的能力。从当时的图上看，长龙航空还是在飞机日利用率不算低的情况下达到这么高的放行可靠度的。

"能保持这么高的可靠度，一方面可能是因为我们的飞机机龄相对比较年轻，所以飞机状况也相对好一点儿。另一方面，更重要的是我们有一套自己的飞机健康管理系统。"刘建军口中的飞机健康管理系统，可远程监控飞机的状况，对飞机进行全生命周期健康管理，每一项数据都能做到实时获取。

一架飞机上装有速度传感器、振动感应器、压力传感器、湿度传感器、位置传感器、温度传感器等25000多个传感器，用来感知飞机的发动机工作状态、飞行姿态、飞机各系统和部件的工作状态，这些传感器会产生海量的数据。在空中，飞行员通过观测飞机上琳琅满目的传感器监测仪表，才能知道当时飞机的飞行状态，并根据传感器传来的数据操纵飞机，实时调整飞机的飞行模式。

这些数据也可以通过无线电或卫星信号实时向地面传输。飞机的型号越新，传递到地面的信息量越大。有资料显示，执飞一趟航班

可以向地面传输的参数数量，一架空客 A320 飞机约为 1.5 万个，一架空客 A380 飞机约为 2.5 万个，一架空客 A350 飞机高达 40 万个。当然，如果不进行有针对性的分析，这么庞大的数据量也不过是一头"沉睡的雄狮"，无法带来进一步的收益。

因为这一点，这家"10 后"航空公司找到了自己的优势。"太老的飞机就实现不了，其实这跟汽车的电子化程度是一样的，以前的汽车本身输出不了那么多参数。"刘建军说。现在新的机型能够连接到长龙航空飞机健康管理系统并实现管理与分析的参数超过 4000 个，而相对老的机型能产生的参数可能不到 1000 个。这些参数是为了保证飞行安全必须记录在黑匣子内的数据。"除了那些数据，现在的飞机还可以衍生出更多数据，来表征一架飞机的飞行状态。"

不过，这些数据不是航空公司想用就能用的，拿到多少数据就等于占领多少地盘。国内普遍采用的飞机数据解码软件 AirFASE、AGS 和 GRAF 等被国外泰莱达等公司垄断，它们对产生和记录数据的逻辑、解码以及建模分析作全流程技术封锁，我国缺乏自主可控技术。而长龙航空基于无线快速存取记录（WQAR）的飞机译码数据库，可编译 A320neo 飞机数据参数条目达 2871 条，可编译 A320ceo 飞机数据参数条目达 2492 条。

可编译参数条目的多少，直接决定一家航空公司数字化维修的深入程度。显然，每一家航空公司获取数据的能力并不相同，甚至有很大的差距。

这些从空中传输过来的实时数据，可以与正常值进行对比，如果与正常值偏离，仪表上会通过变换颜色或发出声音的方式告警。点开告警页面，维修工程师可以凭借专业判断，及时与机组取得联系，必要时可以将数据直接回传至厂家，获得厂家的技术支持。"飞机有没有故障，落地会不会超重，这些状况通过实时数据就能判断并作出干预。"

这种在飞行中跟踪飞机状态的技术，使得传统的、基于计划的维修方法逐渐被取代。它能准确预测零部件的使用寿命，并赶在故障出现前把它从"岗位"上换下来。传统的维修方法相对保守，倾向于根据零部件可能发生故障的平均使用时间来制定维修计划；而持续的数据监控能够实现预测性维修，及时发现潜在的零部件性能衰退，从而避免飞机经常停场，进而大幅节省飞机零部件的超经济修理成本。

这相当于中医理论中的"未病先治"。

"我们能监控到零部件的问题，这个零部件还没出问题，我们可能就已经把它换掉了，这样就不会影响飞机正常运行。"刘建军解释。比如，系统检测到飞机上一个空调阀门的数据，需要 5—6 秒才能关上，而正常 2 秒就能关上，那就说明这个阀门的状态已经不太好了，维修人员可以在常规的夜间停航期间及时更换。如果是传统的维修方法，可能要等到阀门彻底罢工或定期检查时才能发现，那时候就可能造成飞机停场。

2018 年 5 月 16 日，长龙航空通过飞机通信寻址与报告系统发现一趟航班数据异常。飞机降落后，机务人员立即进行相应排查。在确定为发动机的一台发电机因滑油压力低导致故障后，他们对发电机进

行及时的隔离处理，既保证了飞机安全飞行，又大幅节省了发电机的高额修理成本。实际上，这种由系统捕捉并及时排除的隐患事件，在长龙航空是极为常见的。

在这一系统下，监测人员可以告诉维修人员，预计某个零部件会在多少小时之后出现故障，建议现在就更换它。

三

其实，准确地说，预测性维修不仅是一种技术能力，而且是一种思维方式。关于预测，飞行过程中的性能数据并不是唯一的评估依据，维修数据同样重要。

2020年10月15日15时18分，从丽江飞至上海的GJ6016航班降落在上海浦东国际机场。这个对外界来说不起眼的一刻，对长龙航空而言却是又一个重要节点。这趟航班落地之后，长龙航空全机队发动机（CFM56-3B、CFM56-5B、LEAP-1A）安全运营突破100万飞行小时。历时八年零两个月，长龙航空实现了首个"发动机百万小时零空停"的安全目标。

所谓"空停"，就是发动机空中停车，有点儿类似汽车熄火，不过，空停产生的后果比汽车熄火严重得多。当然，就现代飞机而言，只要有一台发动机正常工作，空停通常就不会造成灾难性的后果。

一台成熟的客机发动机，空停的概率低于百万飞行小时三次。虽然这是一个个位数，但真正实现发动机零空停并不是一件容易的事。

"行业平均水平是每百万飞行小时一到两次空停，发动机百万小时零空停还是比较少见的。特别是我们机队运行十年、发动机累计超过150万飞行小时，没有出现过空中停车，这个安全纪录是非常优秀的。"刘建军说，"我之前工作过的几家航空公司没有实现这个目标。"

这也跟长龙航空团队"未病先治"的思维方式有关。

2016年全球CFM56-5B型发动机因径向驱动轴（RDS）失效造成多起空停事件，长龙航空B-1675飞机的一台发动机即为该批次发动机之一。当年8月17日，长龙航空维修工程部发动机小组按照制造商要求，对B-1675飞机发动机采取了临时性的检查措施，发动机性能指标正常。但工程师对这一特殊监管下的发动机还是放心不下，经过认真研究、分析，额外增加了两项预防性检查工作。

经过额外增加的孔探检查，工程师发现飞机左发动机RDS壳体存在漏油现象，工程师立即将情况反馈给制造商，得到的答复是需要立即更换发动机。次日，发动机便得到更换，成功消除了一项空停隐患。

这一维护经验后来还被通用电气公司推广到了全球，这不是通用电气公司唯一一次将长龙航空的维护经验推广到全球。

预测性维修的发展将引发现有航空维修理念和维修体系的重大变革。无论是计划性维修还是非计划性维修，维修模式都将发生改变，维修效率也将实现较大提升，航空器持续运行的品质和安全性也将显著提高。预测性维修先是由国外提出，21世纪初，空客就推出了飞机维修分析软件（AIRMAN）系统。

到今天为止，国内许多航空公司仍是以购买这套系统的方式介入预测性维修。"购买这类系统，一架飞机一年大概需要支付 3000 美元，60 架飞机一年的成本就是 18 万美元，折合人民币 100 多万元。这么多年运行下来，自主化的飞机健康管理节省了直接采购成本，在机队安全高效运行的维修保障方面节省下来的间接成本就更多了。"在刘建军看来，无论是为了持续性创新还是出于成本的考虑，自主研发都是一个更为合理的选择。

"我们的团队很年轻。在这个行业里面，年轻或许并不是一个优势，但我们把它看成一个优势。"在刘启宏看来，这个行业对于年轻员工更像是一张白纸，在白纸上作画，想象空间与开拓空间更大。"年纪大的确实会更有经验，不过年纪大有时会有惯性思维。"

年轻与白纸，这样的标签同样被贴在长龙航空这家公司身上。"航空公司的经营好坏特别依赖于资源，这对'10 后'航空企业来说很是困扰和头疼。我们唯一的出路是高品质发展，实施数字化是公司实现高品质管理的前提。"刘启宏说。身处杭州这片数字化热土的长龙航空，试图走一条可以自主创新的数字化道路。

不过，思维方式的转变，不是说转变就转变的，如同互联网思维，不是说有就有的，几乎所有思维转变都伴随着体制、机制的转变。长龙航空也没有跳出这一逻辑。

很早之前，长龙航空就从维修体系中独立出一个创新分部，现在更名为顾杨波创新工作室。"航空公司的维修体系都是标准化的，操作流程都一样，所以这个领域的工作人员的思维逻辑是差不多的。"

党建平告诉我，创新需要发散思维以及安全范围内的大胆尝试，"如果依旧把这些人留在过去的体系内，就很难有所突破。"

顾杨波创新工作室的创立初衷，就是以体系外的眼光重新审视维修管理，看看整个生产过程是不是有可以改进的地方。"他们发挥了巨大的作用，飞机的健康管理系统、远程跟踪管理系统等都是他们牵头研发的。"党建平说。经过自主创新的尝试，长龙航空整个团队的研发能力提高了，与飞机制造商之间在数字化上的交流加深了，也拥有了更大的自控权。

不可回避的是，飞机安全管理数字化的过程中，制造商相对处于有利地位。因为其拥有整个机队和不同型号的发动机在很长一段时间内的数据。但航空公司也有自己的优势，这种优势在于其能够获得飞行中的监测数据以及维修运行记录。在这种前提下，双方的合作与共享就变得很重要。

2016年之前，长龙航空按照业内常规将所有大数据完全托付于飞机厂商。"提供这项服务，飞机厂商收费是一架飞机3万元。60架飞机的话，一年支出就要180万元。"顾杨波解释，"国外厂商的系统升级一次可能就得再掏一笔钱。"就数据量而言，机队规模越大，飞行时间越长，系统运行越久，积累的数据就越多。数据越庞大，可以跟踪与预测的事项就越多，整个系统也越有价值。不过，当系统掌握在国外厂商手里时，自然意味着航空公司要为此支出更多的费用。

更为关键的是，长期依赖国外厂商的数据服务，意味着毫无保留地交出大量飞行数据，同时也意味着将主动权拱手让人。如果有一天对方不再提供此项服务，那就相当于将航空公司原本支撑飞机飞行与维修的数字横梁突然抽去，必将对整个内部结构造成不可估量的影响。到那个时候，数据库越庞大，再建的时间成本与资金成本就越高。

四

在顾杨波眼里，将庞大的数据留在自己的系统上究竟能产生多大的空间，是无法想象的。那些看起来千变万化、无所不包又互相独立的数据，其实包含着激发创新的潜在力量。这种力量来自在天空翱翔的每一架飞机，又将回馈航空公司本身。

如果将系统数据掌握在自己手里，就能根据自身情况对数字化维修作出更合理的判断。顾杨波告诉我："有些航空公司基地靠海，地板的腐蚀程度就会不一样；有些航空公司经常飞短距离航线，起降次数就比同行更频繁，导致飞机的一些部件磨损程度不一样。"如果能获得部件的参数编译能力，并持续将数据与出厂数据、机队数据、飞行数据以及历年数据作对比，就能归纳出维修规律。

这些对比既包括横向数据与纵向数据的对比，也包括静态数据与动态数据的对比。基于多维度的比较，航空公司就可以对部件的健康状态作出评估，进而优化维修计划。

长龙航空的飞机常年飞往中部、西部与东北地区的机场，北方大面积种植杨树、柳树，一到春夏之交就杨絮、柳絮飞扬。沙尘、雾霾、大风、雷雨等多变的恶劣天气与杨絮、柳絮结合，经常造成飞机空调系统制冷效果差、组件出口温度高、散热器堵塞和空气循环机（ACM）叶片断裂等故障。空调系统故障是目前导致航班延误的首要因素之一。

"过去评估空调制冷效果，往往是靠机组人员反馈的信息。"顾杨波说。很多航空公司直到现在还是一两年集中清洗一次散热器，将堵塞程度不一样的机器同时拆下来清洗。"有一些堵塞程度轻的也会被强行拆下来集中清洗。一般会在每年3月到5月这2个月之内完成，这就需要航空公司配备充足的散热器库存。"一旦可以对空调系统性能实施监测，就能利用采集到的各类温度、位置、阀门开度以及压力传感器、过热保护装置等数据，实现对飞机空调的及时检修。

这样可以避免一部分堵塞程度轻微的散热器被过度清洗，也可以将一部分堵塞程度严重的散热器及时清洗。"及时检修也让我们散热器备件的周转压力大大减轻，每年光是这项成本就可以节约80%。"

长龙航空首个自主研发、申请并获得国家发明专利授权的专利，是由顾杨波创新工作室主导的。专利名称为"一种飞机整体驱动发电机性能监控方法及装置"，为民航业提供了一种利用飞机静态和动态特征数据、实时传感器数据、历史时序数据等多类异构数据，结合参数离散特征值，判断飞机关键部位性能趋势的方法，填补了飞机整体驱动发电机（IDG）预测性性能监控技术的空白。

IDG是航空发动机上的一个重要组件，是飞行中交流电源的正常电源。作为航空电力系统的主要电源，由于IDG部件运行工作环境往往是较为恶劣的高温、高速摩擦环境，导致其故障率长期居高不下。IDG 部件的工作可靠性直接影响到飞机供电性能的实现以及飞行安全，但其数字化监控一直是行业难题。"因为高速旋转，所以一滴水就可能让它的润滑性能消失。"顾杨波团队曾发现一架飞机的 IDG 润滑性能失效，他们到处找根源，后来发现是空气中的水通过加油工具混到油液里所致。

"油液达不到标准的情况下可以飞行，但在飞行过程中会磨损齿轮，从而造成不可逆的损失。一架飞机上有两台 IDG，修理一次的成本要三四十万元，更换一台的费用则高达两三百万元。"顾杨波解释，一旦更换 IDG，就要支付高昂的成本，"而且一个部件坏了之后，很可能影响其他部件。"顾杨波创新工作室研发的这个监控系统，可以通过 IDG 滑油温度监控、IDG 最小频率监控等发现漏油与故障趋势等问题。在系统内，可以看到一条蓝色曲线随着润滑油的增减在上下浮动。

"参数到达一个指标之后，就是在告诉我们要加润滑油了。你看，这些都是例行更换，如果参数超过一定的极限值，这条曲线上就会出现红点。"顾杨波指着系统上那条曲线告诉我，这项专利解决了实际生产中 IDG 等飞机重要部件性能趋势监控的难题，用这个方法，能降低、减少 IDG 故障率和超经济维修次数，延长其使用寿命，提高飞机安全可靠性和维修质量，还会大大降低更换 IDG 带来的较高支出。

2021 年，长龙航空 IDG 部件修理单小时成本由 2020 年的 20.53 元每飞行小时，降低至 13.28 元每飞行小时。对标另一家以低成本运营著称的民营航空公司的 19.49 元每飞行小时，长龙航空每飞行小时 IDG 部件修理成本节约了 6.21 元。一架飞机上的两台 IDG 每个飞行小时可以节约 12.42 元，那么，每年整个机队按照 14 万飞行小时计算，长龙航空一年可以比同行节约 173 万元。

长龙航空的健康管理系统还可以对民航手册中的硬着陆、超重着陆、起落架超限、襟缝翼放下超速等 7 类超限事件进行监控。"换用乘客都听得懂的话来说，落地的时候飞机垂直加速度过大，转弯太快，这些都属于超限事件。"顾杨波说。航空公司过去对超限事件的监控大多也来自机组的报告。"然而，一些超限事件，机组人员未必感受得到。"

超限事件监控系统具备即时获取飞机故障信息的功能，提高了故障处理的响应速度，让地面人员能够快速反应与决策，给故障排除工作留下更充裕的准备和处置时间，减少延误。"我们现在从故障识别到处理决策只需要 10 秒。"顾杨波说。

也有一些数据可以验证顾杨波的说法。2021 年全年，长龙航空按照一通到底机械原因延误班次 66.5 班，机械原因延误千次率 0.85‰，4 小时以上延误班次 8 班，4 小时以上延误率 0.103‰。作为对比，2020 年全年，长龙航空机械原因延误班次 88.8 班，机械原因延误千次率 1.277‰，4 小时以上延误班次 30 班，4 小时以上延误千次率 0.431‰。在长龙航空，越来越多的非例行故障排除逐渐变成例行换件，降低了飞机停场的概率并减少了忙中出错产生的人为差错。

五

当系统内的数据不断增长时，整个系统就会释放更多的潜力与机会，整个长龙航空也将从适航性维修转向经济型适航性维修。

从眼下的进度看，这一天可能比预想的更快地到来。到 2022 年 4 月，长龙航空的飞机健康管理系统已涵盖美国航空运输协会第 100 规范（ATA100）中的 17 个章节，拥有 200 多个性能监控模型，可实现发动机、空调、引气、起落架、液压、飞控、氧气等系统的性能监控，氧气压力监控等模型的剩余寿命预测，以及故障数据可靠性分析。据了解，A320neo 装机清册中可实现飞机健康监控大约 2000 个部件，剔除重复件号部件，飞机健康监控的范围共计 900 个子部件及系统。

而这个项目一开始被列为杭州市萧山区重大科技项目时，长龙航空做出的承诺是实现 10 个飞机重要部件的监控，现在的进度已远远超出当年的计划与设想。"而且我们现在仅仅是在一小部分数据上作模型开发，就这些数据，已经够我们现阶段使用了。"顾杨波告诉我，长龙航空待研发监控算法的部件或系统有 288 个，眼下实现这一类部件监控还存在待攻克的难题。

伴随着数字化维修的逐渐深入，长龙航空要面对更多的难题。"比如，目前飞机发动机低压关断活门的维修方案 3 年就要做一次。每次执行的方式就都是派一个人拿着秒表去飞机现场测试计时。"顾杨波告诉我。实际上，在飞机运行过程中每一次阀门开关都会通过传感器产生数据计时，但因为维修方案上是这么要求的，所以航空公必须遵照方案执行。

"这是一套世界民航通用规则，如果这个方案已经过时，就得让整个世界民航坐到一张桌子上谈。"顾杨波认为，航空公司要想实现完全自主可控的维修方案，就得跨过这一道横亘在眼前的巨大障碍。

不过，仅仅是围绕飞机维修方案中经济类维修的数字化尝试与探究，就已经改变了维修人员的工作模式。以前这类维修方案也需要工程人员到达现场，查看飞机维修工卡，而现在利用飞机部件数据和整个机队部件的横向数据，以及这架飞机从出生到现在的纵向数据，就能作出判断与决策。"如果飞机在外站，一般有三种处理方案：一种是不能放行，立即维修；一种是有保留放行；一种是可以放行。"顾杨波说，在现实情况下，一般只有1%的问题要用到第一种处理方案。

在这种新模式下，长龙航空可以最大限度地减少目的地机场的机务人员。目前，光凭这一点，公司每年可缩减2000万元的人力支出。

关于数字化维修，在刘启宏看来，长龙航空永远在路上。在数字化过程中，神经网络可分为前馈神经网络、反馈网络、自组织神经网络三种层面，长龙航空现阶段还只能达到前两种层面。"如果能达到第三层，系统就能模拟人脑行为，根据经验自动适应无法预测的环境变化。这种能力现在已被列入我们的创新规划并正在尝试。"刘启宏说，长龙航空的数字化也绝不是在维修领域内浅尝辄止，它会向运行管理、旅游出行乃至航空生态圈等领域延伸、拓展与深化。

第六章 / Chapter 6
一场变革中的破与立

守住民航创新的底线

2015年底,第11架A320飞机加入长龙航空的客运机队。论机队总规模,它是第14名成员。跟其他A320飞机机队成员有点儿差别的是,这是长龙航空接收的首架在天津完成总装的A320飞机。

此时的长龙航空,站在大型航空公司面前依旧不起眼。这一年,它的旅客运输量超过150万人次,安全飞行超过3万小时,而几家大型航空公司的飞行小时数已达百万小时,旅客运输量更是突破1亿人次。长龙航空的数字抵不上它们的一个零头。

而大山对面却是另一番风景。"10后"航空公司中,有一半公司的机队规模还处于个位数,还有一半公司离第一架飞机首航还有一段时间,相比它们,长龙航空又是一骑绝尘的姿态。

一

如果说在这之前的两年里,刘启宏考虑更多的是时刻、航线、机队规模、飞行员等资源要素,毕竟对于一家新生航空公司而言,活下来才是当时最重要的课题,那么,到2015年,刘启宏的思考逐渐跳出生存逻辑,走向了更深层次的逻辑。他给长龙航空定下了"立足浙江、面向全国、飞向世界"的目标。

通往这个目标,长龙航空有很长一段路要走。如何又快又稳地实现目标,就成了摆在长龙航空面前的一道现实难题。上一拨进入的航空公司采用了低价战略，如果沿用这一战略，长龙航空既没有先发优势，又不占据规模优势，扩张速度再快，大概率也只能成为一名追随者而非引领者。

刘启宏瞄准了第三条路径，现在看来，没有比这条路径更合适的选项了。这条路径就是走数字化战略道路。"我们一定要做这个。"谁也不知道刘启宏在什么时候坚定了这个念头。但时间转回到2015年，刘启宏已经在反复琢磨这个问题了。

2013年，当长龙航空团队的所有注意力都倾注在"怎么让第一架客机顺利起飞"上时，外界正在发生微妙的变化。"大数据"概念成为外界探讨的热点问题，2013年甚至被称为"大数据元年"。这一年5月，麦肯锡全球研究院发布研究报告《颠覆性技术：技术改进生活、商业和全球经济》，该报告提出了12种新兴技术，并且把"大数据"技术定位为基石。

"大数据"被热情地赞颂为"第三次浪潮的华彩乐章"，著名未来学家阿尔文·托夫勒在《第三次浪潮》一书中就这么总结。这本书的出版时间是20世纪80年代。托夫勒当时就认为，一些新科学和迅速提高的控制能力会促成新的工业，如计算机与数据处理、太空、精细化工、半导体、先进的通信设备以及其他诸多工业。

不过，"大数据"真正成为互联网领域的流行词，是在21世纪的第二个十年。因为一个大规模生产、分享和应用数据的时代在21世纪以后才开启。1992年，全人类数据生成能力是每天100GB，到2018年，这个能力提升到每秒50000GB。注意，前面的100GB是一天生成的数据，而后面的50000GB是在一秒内生成的。美国互联网数据中心曾指出，互联网上的数据每年将增长50%，每两年便将翻一番，而目前世界上90%以上的数据是最近几年才产生的。

所谓"数据"，又并非单纯指人们在互联网上发布的信息，全世界的工业设备、汽车、电表上有着无数数码传感器，随时测量和传递着有关位置、运动、震动、温度、湿度乃至空气中化学物质变化的数据，也产生了海量的数据信息。

到2015年，"大数据"概念就被上升到国家层面。2015年9月，国务院印发《关于促进大数据发展的行动纲要》。次年3月，国家"十三五"规划纲要提出：把大数据作为基础性战略资源，全面实施促进大数据发展行动，加快推动数据资源共享开放和开发应用，助力产业转型升级和社会治理创新，力争从"数据大国"成为"数据强国"。

而此时的长龙航空在"大数据"的应用上还没有显山露水。顺藤摸瓜，唯一能摸到它当时找到这一条路径的线索是，当年它采购使用通用电气航空集团的飞行能效服务来支持其空客A320机队。通用电气航空集团提供飞行数据分析和燃油管理方案，优化航空公司的运营效率，以实现大幅降低燃油成本的目标。

"我们期待与通用电气航空集团的合作，通过大数据分析法的应用，帮助我们提高机队效率的同时，可以显著地降低燃油消耗以及碳排放对环境的影响。"刘启宏当时表态。在后来的采访中，一些长龙航空工作人员向我透露，别看长龙航空关于数字化航空的战略规划

2019年才有了1.0版本，但这个想法2015年左右就已经在刘启宏的头脑中出现。

与此同时，刘启宏对"大数据"的思考也早早超出了"机队效率"这一层面，他的思考即便放在国内整个民航领域都是超前的。刘启宏在想什么？

2015年，清华大学经济管理学院办了一期航空管理课程，邀请了一些在航空领域比较权威的国际知名专家。刘启宏与王健都是这门课程的学员，只是后者当时还没有从体制内离开加入长龙航空。那次学习期间，这家没被体量较大的同行放在眼里的航空公司，给王健留下了特别深刻的印象。

"因为他们家的老板非常喜欢提问题，逮住每一个机会提问题。"王健记得，那门课程的学员基本来自体制内与大型国有航空公司，只有刘启宏来自民营航空公司。刘启宏的多次提问都与"大运行"这个概念有关。"这是他当时最想破解的问题。"

直到今天，这个概念都没有一个准确的定义，大家都还处于探索阶段，甚至可以说没有几家航空公司在真正地探索。而在2015年那会儿，这个概念仅仅停留在不太清晰的文字层面。"要说到具体的内涵和外延，那基本没有，当时在整个业内就是这么一个状态。"王健解释，"通俗的理解就是把所有资源进行集中化的统筹，这是最朴素的一种理解。"

2015年，将这个概念放到互联网环境里都是相对超前的，更何况是放在对新技术的吸收与应用要晚于大环境的民航业内。民航业是

一个特殊又复杂的领域。一方面，它天然地具有数字化的特征——一台现代航空发动机每 10 毫秒就能生成几百个传感信息，每次飞行能产生大约 1TB 数据，海量数据为民航业数字化转型提供了必要条件。另一方面，安全的底线让它的从业者们并不能像其他行业的从业者一样放开手脚、争先恐后地进行数字化转型。

很多消费领域比如外卖、快递，大可以用大数据不断探索运作模式的边界，但在民航业，"安全"就是戴在头上的"紧箍咒"：每向前探索一步都要反复确认，这么干是否会踩到那条关系着无数人生命的红线。

二

不以牺牲安全或削弱安全作为代价，这是民航任何技术创新应用都要守住的底线。

在一些业内人士看来，民航创新有很多机会可以突围。"做新的尝试与突破，对习惯了规避风险的航空公司来说，反倒显得陌生了。"刘启宏说。事实上，2019 年世界创新指数显示，航空业的创新指数低于各行业平均值。

这一年还有一个数据，即全球手机用户已超越世界总人口数，尽管手机用户的扩张速度在过去几年里急剧下降，却仍然快于人口增长速度。根据联合国国际电信联盟（ITU）、世界银行和联合国提供的数据，在过去 10 年中的某个时刻，活跃移动电话用户的数量超过地球上实际的人口数量。

而在此之前,谷歌研究者开发的名为阿尔法围棋(AlphaGo)的人工智能机器人已经横扫人类围棋手。

其他领域热烈的创新氛围,并没有给航空业带来很大冲击,尽管从理论上说,这一领域的数字化会是一座"富矿"。前面说了,飞机是一个不断产生海量数据的高技术"大块头",在长达数十年的漫长生命周期里,它创造了从研发到运营到维护等环节众多、价值巨大的产业链。如果这一庞大的产业链加入数字化大军,可以为全球创造更多的想象空间。

航空业在创新层面所表现出的迟钝,除了安全底线不容突破,也跟航空公司的体量有关。旅客叫得上名的每一家航空公司背后,都有成千上万名员工与大而全的组织机构。其组织庞大、传统,在响应新模式新变革时,在技术实现、系统支持、流程梳理与再造等方面都面临着巨大挑战。

说白了,就是"船大调头难"。

航空业数字化,不只是对飞机身上的传感器生成的数据进行分析、应用,而且是涉及整个组织架构的调整。

数字化组织是相对传统组织而言的,而所谓"传统组织"本质上是工业社会的产物。工业社会讲求大规模、标准化生产,人们成立组织,制定一系列制度、绩效、规范的条条框框,通过金字塔式的科层级结构来管理员工,员工也必须服从组织。就像一名民航业内人士所说:"我们的决策体系很像军队,航班信息一层一层上报,做出的应

对一层一层下传，有可能带来的信息滞后，会影响旅客的满意度。"

传统组织的优点在于易于管理和监控，但是缺点也十分明显，决策效率低，臃肿而僵硬，权力集中在上层，下层的决策空间小，创新潜力无法释放。当各行各业被数字化重塑时，业务变化万千，不确定性增强，这种传统组织的问题会变得突出。

2015年，刘启宏提出的"大运行"概念，其实已经影影绰绰地指向彻底的数字化转型。这个概念有多超前？当时连阿里的"大中台、小前台"概念都还没有，"大中台、小前台"概念在这一年年底才被阿里提出来，而大多航空公司的数字化仍停留在渠道阶段。他们更愿意选择直播带货、"无限飞"这些相对局部的创新，对于掀起一场更大规模、更彻底的数字化变革，实施能够直抵深层次改革的创新，却缺乏动力。

当阻力强于动力的时候，创新就不容易迈开步子。

其实，就整个航空业而言，动力并不是不存在。按国际民航界的定义，每天超过150架次的航线就是高密度航线。到2016年底，我国已经有十几条航线排在全世界高密度航线行列，超高密度航线有两条。前文说过，留给民航的空域资源固定且有限，当空中航行的飞机越来越多时，整个行业必然要想尽各种办法加大容量。只有这样，才能提高航班正常率，减少航班延误。

比如，民航局将管制运行间隔由75000米缩小至20000米乃至6000米，将飞行高度层垂直间隔从600米缩小到300米。2007年11月22日北京时间0时起，中国民航在8400米以上、12500米以下的空域实施缩小飞行高度层垂直间隔，飞机的巡航高度层由过去的 7 个增加到 13 个，这是国内"空中高速路"第三次成功扩容。

每一次间隔的缩小，背后是无数次的科技创新；每一次的创新，都会让一定空域内的飞行容量更大、飞行效率更高、航路更顺畅。

2016 年，北京首都国际机场的旅客吞吐量突破 9000 万人次；2018 年，它的旅客吞吐量突破 1 亿人次。这是什么概念？到 2019 年为止，全球也只有两座机场能达到这样的吞吐量，一座是美国亚特兰大哈兹菲尔德—杰克逊国际机场，另一座就是中国北京首都国际机场。

管理这样一座特大机场，相当于管理一座中等规模的城市。"要求可能更高。"一名业内人士曾指出，特大机场是"资产密集+技术密集+劳动密集+混业多业态整合"的复杂系统，发展到这种规模与体量，没有科技支撑是无法想象的。对于航空公司也是一样的道理，当机队规模达到几百架，一年运输的人次高达几千万甚至过亿时，对数字化运作的需求相对来说是更大的。

但数字化转型注定是一场事关长远、考验耐力的马拉松，它出效果的周期比较长，蹚过的改革水域比较深，触碰的利益链也比较多，这些或多或少都阻碍了航空公司向数字化转型的步伐。阻力往往先来自内部，越是颠覆模式的创新，越有可能引发内部的阻挠。

组织内强大的部门边界意识让许多创新者望而却步，导致大家将创新限制在自己的一亩三分地里进行，只有极少部分可以进入深水区。

三

长龙航空不一样。

2015年，这家航空公司的机队规模只有14架飞机，一切都才刚刚开始。按照1架飞机对应100名员工，它的员工规模也不过1000多人。它的组织架构是新的，决策流程是新的，考核机制也是新的，内部的部门墙与边界意识都还没有固化。对数字化转型而言，这不得不说是一个不容错过的时机。

数字化转型是对原有业务和组织运作模式的全面升级，内部跨越部门职责边界的事情会频繁地发生。组织要有更大的可穿透性，边界应该是有机的、活性的，从而敏捷应对变革的要求。每一项变革永远不可能只输出价值而不用支付代价，没有这么一厢情愿的完美局面。数字化转型也是，对传统组织架构发起的调整，付出的必要代价是暂时打破原有组织的稳定性、确定性，而这会让组织内的成员在短期内无法适应。

不得不说的一点是，如果这原本就是一个较新的组织架构，那它所付出的代价也会小得多。就像一棵树，一旦种下，它的树根就会一寸一寸地向外向下延伸，不断派生新的根系，扩张自己的地盘。种植的年份越长，越盘根错节、难以撼动；种植的年份越短，越容易适应新环境。

"我们没有退路，必须继续勇往直前，必须大力推进中国民航大运行模式变革、高效协同、精准管控。"刘启宏对于走数字化这条道路非常坚定，或许他意识到，错过这个时机，长龙航空再试图做这件事的难度系数就会大大提高。

当时长龙航空的机队规模已有一定基础，但又没有扩张到一家中型航空公司的规模。在刘启宏看来，这简直就是天赐良机，这种时候投入创新与实施变革，带来的成果将更加明显。"很多大型航空公司也在推进数字化工程，但推进显然会慢一些，这些集团下面有子公司，子公司下面有分公司，分公司下面有营业部。"一名业内人士告诉我，"先不说推进的过程顺不顺利，哪怕顺利，从上而下地渗透也会拉长整个时间轴。"何况一些集团公司旗下公司的运作机制与模式未必是一致的，能在这家子公司推行的应用，不一定能在另外一家子公司推行。

刘启宏选择这个时机，一方面是考虑到长龙航空自身所处的发展阶段，另一方面是考虑了浙江这片土壤对数字化的向往与所形成的氛围。

2015年9月，浙江省就建成启用省级政府数据统一开放平台，浙江是除直辖市外第一个上线省级政府数据开放平台的省份。次年初，《浙江省促进大数据发展实施计划》出台，浙江启动实施"数据强省"战略，这样以省政府名义出台的计划又是全国首次。2017年以后，之江实验室、阿里巴巴达摩院、浙江省工业大数据创新中心等一批科研机构相继成立，推动大数据核心技术攻关、产品创新。这一年年底，浙江又提出将数字经济作为"一号工程"来抓，大数据产业迎来前所未有的发展机遇。

在这样一片数字化热土上,实践数字化转型确实会相对容易得多,数据的共享、思维的碰撞、路径的选择都会在这里得到探索与尝试。"面对国内国际的经济形势,在新一轮科技革命和产业变革机遇当中,浙江民营企业一直向创新发展驱动力。"刘启宏说。

长龙航空的总部所在地杭州,更是在21世纪初就提出"实施一号工程,建设天堂硅谷"的战略部署。所谓"一号工程",核心内容是发展信息经济、推动智慧应用。从目前国内外学术和产业界普遍认同的数字经济的定义看,这也与信息经济的本质、核心一脉相承。刘启宏一直认为,杭州大量的数字化企业带来的成熟技术和氛围,为长龙航空推进数字化进程提供了极佳的发展机遇。

让数字化转型落到实处,要避免陷入"表面数字化"误区。不少企业砸了很多钱打造智能工厂、搭建数字化平台、成立数字化团队,这一套装备配置下来很可能只是具备了数字化转型的"形"。而真正的"神",是一种系统性的思维能力。对于企业而言,大量碎片化的数据中可能潜伏着各种不同的解决方案,找出这些方案,要以整合的眼光看待、审视与处理事情。

系统思维方式强调次级系统的反馈关系,以及这些个体形成的大整体。就像美国作家巴里·洛佩斯说的,非环境学家喜欢把事情分成各个部分,逐一解决,相反,环境学家对事情的看法完全不同,他们的直觉就是平衡整体,而不是解决单一部分。

所以,要想拥有数字化的"神",不是搭建一个团队、购买几套设备就能成功的。这是一个庞大的系统工程,需要组织架构与思维方式的打破和建立，不可避免地会冲击原有的系统与利益链。

"这件事情放在其他航空公司去尝试，过程可能是非常非常难的，或者说我也不会去尝试。"王健说，他有冲动主动请缨加入长龙航空团队去做这件事，是因为他看到刘启宏作为长龙航空的掌舵人，拥有这种迫切的愿望。"他应当是总策划师，是他提出的大运行理念。"王健认为，要不是刘启宏提出来，是没人会主动尝试的。

长龙航空内部对"大运行"的定义，不仅是一种运行模式，而且是一种协同精细化管理的理念。也就是说，通过一系列组织架构调整，形成一个良好的运行模式，并在运行过程中不断优化、完善。

按照王健的说法，从某种角度来讲，航空公司更像是一个"大班组"，包括飞行、空乘、保卫、机务、运控、地服等多个跨专业、跨领域的岗位，每个部门都有各自的业务，实现高效协作不是一件容易的事。在传统的体系下，运行控制中心人员工作时，在其使用的系统中不能获得全面的航班数据，比如旅客人数、货物重量、收益、飞机维修计划、飞机适航状态、机组可用状态等。他们需要耗费大量的时间向多个部门了解所需信息，在了解信息的过程中需要重复地向各个部门说明意图。

目前国内航空公司的运行控制中心虽然在形式上集中了各部门的人员，但许多人员并没有被赋予在其专业体系内作出决策的权力和资源，仅仅起到信息传递的作用。

与以往的"大运行"有所不同，长龙航空的"大运行"更强调员工做出的每个动作、每个指令都要具备"大运行"的意识，以便在公

司运行过程当中找到安全、服务、正常、效益的最佳平衡点。

解释长龙航空的"大运行",可能只需要几百字,做起来却是任重道远。

所有人都能预见实施这项变革有可能遭遇的阻力,刘启宏当然不会是例外。所以,在他的计划里,长龙航空推行数字化从顶层设计开始,往整个航空公司的方方面面渗透。"整个计划我来抓,但是部门要推动,还要落实到每个人。我们层层推进、建立机制、搭起框架。"

穿越云层的颠簸期

数字化,绝不仅仅是线下向线上转移的过程,有时甚至仿佛彻底蜕皮一般,将一些东西从整个体系中连根拔去。直到今天,数字化仍是一片浩大无垠的海域,充满机会、冲突与潜在的巨变。

深知这一点的刘启宏,采取的并不是大刀阔斧而是循序渐进的改革。2015年与2016年,是他不断发问、寻找入口、试探边界的两年。那时,在清华经济管理学院开办的研修班上,当刘启宏反复提问"大运行"的时候,很多人甚至是第一次听说这个概念。对这个概念,有人觉得可以实现,有人觉得不太可能。

在研修班上,刘启宏的身份就很不一样。他是一家民营航空公司的掌门人,而其他同学大多是从国有航空公司与民航局一线成长起来的工作人员。在王健的模糊记忆里,刘启宏大概是唯一没有落下过课程的学生。那时候的他，是课上最积极提问的学生，下了课也总是找这些一线成长起来的同学探讨。

他逮着这些同学，跟他们探讨一线工作中的难点与痛点。王健是从空中管制这一领域成长起来的，刘启宏就经常找他探讨。"天天指挥飞机有什么困难？"王健从来没有在航空公司工作的经历，在此之前，他对航空公司运行控制的难点既不关心也不太了解，但在与刘启宏的交流中，他对探索"大运行"产生了不小的兴致。后来他才知道，刘启宏当时加入这个研修班，是希望遇到志同道合的人。

一

长龙航空开始对外释放信号，称要致力于打造国内第一家数字航空公司，是几年以后的事情了。连王健加入长龙航空也是2017年4月的事了。当时长龙航空仍处于传统运行控制的状态。"当时的运行控制部仅仅是运行的一个部门，与飞行部、客舱部、保卫部一样，承担的是单纯的运行控制业务。"王健回忆，彼时该部门的工作人员配置也跟所有航空公司没什么两样。

加入长龙航空之前，王健花了很长时间重新了解航空公司业务的难点、痛点。"我是主动请缨的，要是没有足够的准备，我也没有信心从体制内出走。"尽管现在复盘整个过程，与王健原先设想的差不多，但这仍是一个艰难而复杂的过程。"当涉及真正具体的运行层面时，可能涉及方方面面的问题。"

怎么实现真正的一体化运行？这是摆在眼前最现实的问题。要触动这一机制，首先绕不开的是组织架构的调整，伴随着组织架构调整而来的是运行架构的调整，包括规范标准、考核绩效等的调整。

"这个阶段类似于飞机穿越云层的那段时间。"王健告诉我。当飞机穿越云层时，必定会遇到颠簸，不过，一旦穿越，就能再次进入平稳飞行。云层中充满密度不均的水蒸气，空气密度不断变化，所以飞机穿过云层时才容易发生颠簸。对于长龙航空而言，那些源自理念与文化因子的碰撞，就是云层里的水蒸气，看不见、摸不着，却真实地影响着大运行能否顺利进行。

航空公司的专业性非常强，各个部门的职责非常明晰，加上头上戴着"飞行安全"的紧箍咒，久而久之形成了一种明确的运行模式：各司其职。它的学名叫"职能型结构"，是国内航空公司普遍采用的一种管理结构。

在航空公司发展初期，因为部门之间的横向协调需求较少，所以这种结构对组织目标的实现是十分有效的。然而，一旦内部规模扩大、外部竞争日趋激烈，这种结构决策迟缓的一面就越来越明显，航空公司就会成为一头戴着镣铐跳舞的大象。

在这种结构下，每个岗位、每个部门都只对上一级负责，而不向关联的部门、客户负责。工作人员往往会不遗余力地深耕自身的核心业务，在与其他部门协调沟通时往往倾向于强调自身的重要性，最后作出对自己所在部门最有利而非对公司目标最有利的决策。

"这就很难实现大运行需要的协同决策。"王健举了一个发生在新冠肺炎疫情期间的例子。一趟从四川天府飞往湖南长沙的航班，要求天府出港的旅客必须持有48小时以内的核酸阴性检测报告，以及当地的绿色健康码。这条信息必须及时通知到各个要登机的旅客。"听起来这是一件很简单的事，但要落实下去很复杂。"通知到每一名旅客这一动作，涉及长龙航空内部的客服部门、值机部门以及OTA平台等。

怎么通知到位？通知之后，登机现场出现未持有48小时以内核酸阴性检测报告的旅客，该如何处理？这都需要部门之间的横向协同配合。

"大运行的一个理念是，人人为运行，人人为效率，人人想方设法实现增值。"王健认为，实施这一理念的前提，就是抛开职责和部门的边界。比如，当运行控制团队获知杭州萧山国际机场当天因特殊原因取消了一些航班时，可以立即将这些信息推送给销售部门，看对方是否可对长龙航空当天的票价作出动态调整。

不过，在航空公司内部，安全永远是第一位的。部门间往往出于自身在安全方面的谨慎考虑而影响协同的步伐。"所以，在民航人看来，完成本职工作是最大的协同。实际上，每个人只有在手册职责规定的相对模糊的边界主动彼此协同，才能最大限度地提高运行效率品质。"

在航空公司内部有很多手册与流程，这些都无法清晰地规定协同每一个动作。"比如，对于一名保洁员，如何规定地上的水渍要清洁到什么程度？他只能保证地上尽可能没有水。"刘启宏也不得不承认，

由于安全责任的界定，航空公司要达成完全完美的协同，道阻且长。

二

赶在组织架构调整之前，刘启宏要做的一件事，就是让每一名长龙人都对大运行有深刻的理解。"先在文化、理念层面达成一致。"他想让所有长龙人意识到，我们是一个真正的团队，所有人不能只将完成本职工作作为最终目标。

事实上，解决了文化碰撞的麻烦，通往大运行的所有关卡都会更加顺利地打开。所谓"文化碰撞"，听起来虚无缥缈，但落在实际操作过程中就很实际。"以前这是一个相对独立的部门，现在却要接受整个大运行的管理。"刘启宏解释，这个管理当然包括关键绩效指标（KPI）的设定与完成，以及相关的奖惩机制的制定与执行。

过程中产生的不适应与矛盾，需要很长一段时间磨合与消化。因没有完成指标而被罚的人，一开始自然是不服气、不甘心的。凭什么要接受一个空降部门设定的指标？即使被迫接受了指标，在没完成指标的情况下，他依然会认为这是强加给部门的、逾越职责范围的指标，部门并不具备相应的资源与优势去完成指标。

"'没达到这个指标，是因为我没有这个资源啊。'公司的现状就是这样，这可能跟我们的团队、跟我个人都没关系。就是大家总是能够找一些理由搪塞这些。"王健说。向大运行模式过渡的第一年甚至第二年，长龙航空都在解决文化碰撞的问题。

航空公司抢占数字高地，是为了实时监测公司发展的每个环节，让每一个环节都围绕安全生产、品质服务提供保障。长龙航空试图通过团队在履职尽责基础之上的协同，在资源利用、效率提升与服务品质、安全品质等方方面面产生更大的效益。如果等到所有流程与奶酪都固化了，就会陷入困境，无法形成系统性的整合与利用。

可以说，当时是长龙航空抢占数字高地的最佳历史窗口期，这个说法即便放到今天来看，也是经得住推敲的。哪怕面前站着一头极为凶猛的"拦路虎"，估计刘启宏仍会作出这一战略选择。2017—2018年，这一年时间里，长龙航空做得最频繁的一件事是走出去调研，与从业人士、业内专家不断探讨数字化需要解决的运行模式、管理流程等问题。

让参与设计大运行模式的团队走出去调研的国内国际航空公司，数量不下20家。除了走出去，长龙航空还邀请其他航空公司到自己的总部进行交流。一是探讨运行模式的可行性，二是听取各方意见。调研、探讨、消化与初步设计都要赶在新总部大楼启用之前完成，王健的团队研究了国外一些航空公司的发展经历，他推测这个模式从设计到实施大概需要一年时间。

而当时长龙航空新总部大楼将在2018年6月启用。新大楼内有一个升级版的运行中心。抓住这次机会，长龙航空对航空运行指挥中心（AOC）的运行架构、组织架构、流程制度进行了一系列调整与再造。"我们经过了一个非常痛苦的设计过程。小范围的探讨会不去追溯，为了每一次由全公司主要领导参加的汇报意见会，我们至少修

改了15稿汇报的PPT。有些PPT是局部修改，有些是颠覆性的修改。"王健说。

长龙航空的大运行模式显然不是一蹴而就的，直到今天，其架构与制度仍然在调整，这是一个持续完善的过程。其间需要长龙航空重点回答的两个问题是：第一，运行中心的部门设置要不要走实体化路线？第二，部门之间的墙要不要进一步拆掉？

这两个问题，每一个都极为烫手，每走一步都会牵扯到责任与权利。

数字航空的核心底层有三块。第一是感知层，飞机上有各种传感器可以收集各种行为和数据；第二是思考层，航空公司要有一个聪明的大脑去分析数据背后的走向；第三是执行层，需要一个强有力的执行体系，让决策快速实施。很多公司对数字化的理解与行动只停留在前两层，没有将任督二脉打通至第三层。为什么没能打通？一部分是因为认知，一部分是因为难度太大。因为第三层才是利益奶酪形成固化的地方。

直到2022年底，运行中心在长龙航空仍是一个虚拟的概念，并没有以实体形式存在。为什么说它是虚拟的呢？因为它不是以部门的形式存在的，而是在每一趟航班执行任务时，运行中心抽调各部门专业人员形成一个团队，为飞行任务提供保障。"只要大家在AOC一起值班，这些人就是运行中心的成员。"不过，在摸索大运行模式的过程中，运行中心旗下一些部门逐渐设立。

整个团队差不多花费了一年时间设计大运行框架。"不断地讨论，不断地汇报，不断地调整。"第一个在此框架下诞生的组织架构，新增了两大过去没有的部门——运行管理办公室与应急管理办公室。这两个部门的成员一部分来自内部的选拔抽调，一部分是外部聘请可以支撑整个运行的专业化人员。

其中，运行管理办公室主要针对的是 AOC 运行机制的建设，包括手册管理、KPI 管理、运行非正常事件调查，以及奖励基金管理。这里要解释一下奖励基金的存在。奖励基金是伴随着大运行模式诞生的，主要是为了用奖惩手段更好地激发团队推进新模式的积极性。

"奖励池中的资金来源于惩罚的钱，没有给公司增加额外的预算。"王健解释，新模式推进初期，由于惩罚的频率高于奖励，因此奖金池中每年都会有结余。"这里还有一个小插曲，起初每到年底，财务看到奖金池中的结余就给收走了，奖金池就被人为清零了。"关于这一条，运行中心花了不少时间向公司争取到了动态管理的政策。

直到目前，奖金池仍保持着收入大于支出。这倒不是因为惩罚频率仍维持在高位，而是在原来的基础上，奖金池还增设了面向春运、暑运等高峰时期或台风等特殊时期的专项奖励。

三

2018 年 6 月 10 日，长龙航空运行中心正式搬入位于杭州市萧山区航景路 89 号的新总部大楼，这也是公司最后一支搬入该大楼的团队。比起原先运行中心中规中矩的分区，新 AOC 大厅三个圆弧形的

分区岛配上边缘镶嵌的弧形 LED 屏，光是颜值就高了不少。

新 AOC 是长龙航空各种信息技术集成的核心。设计新 AOC 大厅时，长龙航空就使用了行业领先的通信手段，实现在一条 IP 网络中承载多路模拟、低速信号的传输，彻底告别了传统模拟链路速度慢、信号差的日子。

当天，王健都没有留意新的 AOC 是如何顺利运作的，只记得是一个平稳的过渡。"因为前期有演练、过渡以及影子运行三个阶段。"王健口中的影子阶段，是指一个阶段在新 AOC 运作，旧 AOC 值守，一个阶段在旧 AOC 运作，新 AOC 值守。交叉完成运作与值守的职能，前后经过了一个月的时间。"所以，过渡那一天不会有太多新鲜感。"王健说，当天的主要精力是确保过渡搬迁的顺畅和安全，让整个系统迁移过程不出现任何问题。

为确保顺利搬迁，AOC 组织各席位预先对新 AOC 大厅网络、系统、设备进行持续测试，提前发现问题并及时解决。同时，他们制定了周密的搬迁计划、搬迁进度检查单和应急方案，每天都要召开工作进度会议。在正式搬迁 10 天前，AOC 还组织了一场新 AOC 全流程保障测试，模拟公司航班的正常保障，以检验新 AOC 在保障流程中席位职能的可靠度、系统运行的流畅度、工作程序的合理性。

大运行架构的初心，是让听得见炮火的一线人员指挥战斗，让员工从听领导的向听数据的转变。这种架构类似于一辆动能强劲的高铁列车，而这种动能来源于每一名员工，属于自驱型组织。从长龙航空新 AOC 大厅的岛型设计中，我们也可以看出一些端倪。岛型形态最独特的一点是，无论从哪一个角度看过去，所有位置都没有主次之分。

自驱型组织有自我演进的能力，在一定时间内，它的组织都会进行自我调整与优化，最大限度地适应新的运行模式。"一开始我们设置了运行管理办公室与应急管理办公室，分别负责统筹运行、应急管理。之后又考虑将服务职能也放进来。"王健解释，一方面服务是运行的重要部分，另一方面大运行模式也会直接影响旅客服务。

旅客服务过程中的一些问题要反馈到整个大运行模式中加以改进提升，这是长龙航空将服务纳入运行管理职能体系的原因。

基于这个前提，长龙航空的 AOC 运行架构又调整为运行管理办公室、应急管理办公室、机组资源管理部，并对运行控制部和服务质量管理部进行了内设机构调整与职能优化，为大运行后续运作提供抓手和支撑。其中，机组资源管理部集飞行、客舱、保卫等部门的机组资源管理职能于一身，统筹飞行计划安排，处置不正常航班。效益服务控制中心则涵盖质量、效益两大核心职能，由事后管控向事前管控与实时管控转变，将服务管控的关口前移，实现服务事件实时控制、及时处理，避免事件升级。

同时，长龙航空还进一步加强了成本收益管控，强化生产运行中对效益最大化的决策功能，完善管理收益，力图为旅客提供真情服务，提升旅客的获得感。

"运行了一段时间，发现光靠运行管理办公室很难做到全局性的统筹，所以我们又形成了一个更高的机构。"这个机构被命名为运行管理委员会，有了这一机构，所有关于运行的问题都在委员会内部

作决策。"运行层面有运行管理办公室，决策层面有运行管理委员会。这是一个进步。"

到了 2021 年，长龙航空再次计划调整组织架构，实施"去办公室化"。在王健看来，办公室是一个相对职能性较多的部门，所以公司撤销了运行管理办公室。机构的撤销并不代表着职能一起消失，AOC 又并入了运行标准质量管理部，承接办公室撤销所遗留的职能。这个部门的职能是结合 ISO9001 国际质量管理标准，统筹整个公司的质量管理，进行质量管理体系建设和优化。

"我们是一步步优化。"刘启宏觉得，这个过程是一种螺旋式上升，现在的长龙航空已经把运行的品质效率、服务安全上升到一个更高的层面。"我觉得评价一家公司的管理水平，除了看流程是否规范以外，最终要看它的质量管理体系是否健全，看它究竟是依靠一个体系在管理公司，还是依靠几个人或几个机构在管理公司。"

下一步，长龙航空还筹划"去部门化"。"大家在 AOC 大厅就是一个团队，目标是一致的，淡化部门分工是为了提升专业化分工。这就相当于进一步拆墙。"刘启宏说。"拆墙"两个字说起来容易，做起来却很难，将这两个字提上日程，长龙航空也花了几年时间。"只有大家的认知与理念逐渐趋同的时候，才有可能拆墙，不然阻力会很大。"

比如一趟航班起飞前需要两个责任人签字，一个是机长，一个是签派员。而实际上完成"签字"这个动作，还牵扯更多的人员与部门。如果在信息收集环节，气象部门不能及时提供实况和预测信息，放行前评估的工作就无法完成。在传统的组织架构中,在飞行环节出现的问题一般不会波及地面其他部门,也不会影响到其他部门的绩效考核,但在大运行模式下,所有的思维与视角都要从过去的纵向逻辑转换为横向逻辑,这也意味着表面上是飞行部门的问题,也可能追责至地面部门。

当运行的逻辑完全进入大运行模式,但有一条腿还没有从传统模式中彻底跨出来时,就很难做到完全合拍。等到进一步拆墙时,长龙航空还想做一件事:所有参与 AOC 运行的工作人员,不管在组织架构上隶属于哪个部门,其中 65% 的绩效将归于大运行统筹管理。

"这也不是我们拍脑门儿决定的事,民航局有咨询通告要求,就是参与 AOC 所有运行人员的绩效,其中的 65% 要拿到 AOC 统筹管理。"王健告诉我,在 AOC 团队中,所有成员都应该对流程的结果负责,所有人不仅是 AOC 流程的执行者,也是设计者与推动者。每个人思考的不是自己为哪个环节负责,而是整个流程可能带来什么样的安全与经济效益。"在这种逻辑下,如果员工每天在 AOC 值班,绩效管理却要拿回部门而不是从整个 AOC 运行层面去评价,本身就不太合理。"

未来的民航人不再只是"工具人"

当整体底色都趋向大运行时,长龙航空发现自己开始处于一个极

有韧性的系统之中。这一系统可以激发内部每一颗粒子,让它们运行起来获取更强的能量,从而输出更多的安全效益、经济效益。

这一系统也让大家的思维方式完成了从纵向到横向的转变。

王健举了一个很朴素的例子。一趟航班飞往外地且需要在当地过夜,按照执勤期的限制与要求,过站时间要给机组人员预订酒店以便他们休息。但遇到航班延误或者机组人员主观意愿问题,预订的酒店或许就用不上了。在过去,这种情况最后是酒店没人住,酒店费用还得照付。在传统体系内,这个结果从纵向流程上看没什么纰漏,每个人都完成了自己的流水线职责,却实实在在地造成了预订酒店的闲置与浪费。

"在这一系列动作中,你说有人错了吗?都没错。不过,从公司的角度来看,我们其实可以做得更好。"王健说。针对这一问题,长龙航空形成了一连串小机制。比如不住酒店,可以提前告知其他部门取消预订,取消之后,这笔费用可以兑换成机组人员的积分。对于餐食也是一样,有些机组人员已在地面用餐,不需要机舱提供餐食,也可以提前告知并将餐食费用兑换成积分。"这样一来,浪费减少了,机组人员的个人收益也增加了。"

一

别看这些事情琐碎、日常且没有技术含量,但在没有统筹的前提下给出解决方案,并不是一件简单的事。比如预订与取消酒店这个动作，就涉及客舱部、保卫部、飞行部、机组资源管理部等。与酒店签订协议的部门是综合服务部门，现场保障的部门则可能是分公司，最后结账的又是财务部门。所以，一间预订酒店的闲置是横向产生的结果，这就导致这个问题是无法在纵向逻辑下被解决的。

长龙航空将这类问题纳入"运行非正常事件"库，这些事件超出了手册规章的要求，却在日复一日中对运行品质产生至关重要的影响。显然，参与变革的工作人员并没有把创新之路仅仅停留在积分兑换这一步，他们同步建立了追溯与整改措施。如果同样的问题在一个月内发生两次或半年内发生三次，就会被列为"频发"事件，一旦被定性为"频发"事件，就会追溯相关管理者的责任。

"追溯的目的，不是追责。我们是想通过库里的数据，分析这一类现象究竟是因为管理不到位、手册不到位还是岗位培训不到位导致的，或者是资质能力问题导致的。必要的时候，还会召集多个部门一起研究并形成一个整改方案。"

一开始，长龙航空的大运行只是一种运行理念，还不具备数据和技术的支撑，但这并不妨碍那些小机制的运行。现在长龙航空每天上午开一场生产交接会议，下午开一场生产会议，24 小时之内的信息都会在这两场会议上汇集与交互。"我们不会放过任何一个细节。"王健又跟我强调一遍：大运行理念就是大家协同、支持、配合的全流程管理，这种方式可以让管理不留下一个死角。

"可以细到什么程度？比如这个月 31 日油价要涨了，我们可以把 30 日晚上的过夜飞机都加好油。"王健认为，没有大运行这种底层架

构,各类机制做不到那么细致,也不可能实现持续性管理。

在大运行之下,所有部门应该形成一种开放性的沟通形式,而非以往的封闭式管理。公司需要一个能够将所有信息汇总在一起的信息平台系统,而且所有相关的人都能便利地接触到这些信息。这个系统能够帮助检测相关的环节,提醒可能出现的问题,以便及时制定应急预案;一旦问题出现,通过快速有效的信息传递,无论是地面人员还是空中人员,都可以灵活应对。

"创新,应该从自己的实际问题和现状出发解决问题,这才叫创新。"刘启宏说,航空公司走向数字化之前,应该厘清自己的真实需求。比如从用户的角度讲,航班取消后的旅客保护问题,是航空公司业务层面上的问题,而不是IT的问题。当出现大量航班取消时,航空公司遇到的问题是选择"地服第一"还是"盈利第一"。只有把这个问题讲清楚,IT才能按照公司的思路形成一个系统。

当然,在航空公司里,论地位,飞行安全始终是排在服务与利润之前的,只有"安全"才有资格排在第一位。在长龙航空,数字化的终点不是经济效益,而是安全效益。

按照民航对于飞行安全的要求,航空公司所有部门都会识别并管理各自的危险源,在传统运行中,这种管理也是在封闭状态下实施的。"上游的工作是否有可能向我输入风险,我的工作是否有可能向下游输入风险,这种横向思维还没有形成。"王健解释,这种风险往往会出现在某个规则改变的拐点阶段。

比如,飞行部负责资质管理系统维护,假设有一段时间民航局对飞行员资质管理进行了调整，尽管还是 A、B、C 三类，但三类资质所对应的执飞标准发生了变化，而负责审核所飞航线的飞行员是否具备航线资质的是签派员，如果飞行部门只在自己的系统里更新了飞行员资质而没有将可能产生的风险点向运控中心输入，就可能导致安全问题。

在王健看来，这是一个显性的风险因子，在现实操作中不太可能发生。如果遇到隐性的风险因子，就很容易中枪。

大运行模式运行一年后，长龙航空将变革的目光锁定在更为核心的飞行安全上。公司要求各部门在做好自身安全识别与管控的同时，进一步梳理上游有可能向本部门输入的风险，以及本部门有可能向下游输出的风险。"不管是输入还是输出，各部门还要做好风险等级管理，然后同上游或下游共同制定防火方案，形成一个整体的风险管控体系。"王健解释。这套系统一开始也没有上数字化平台，还是基于线下的沟通，不过，等前期风险源输入、输出与识别措施都梳理结束之后，会依靠数字化技术去履行。

二

大运行既然是一个"新物种"，通往它的道路必然是曲折的、泥泞的、充满未知的。探索本来就是摸着石头过河的过程。

在这个过程中，刘启宏扮演着总策划师的角色，要站得更高、看得更远。但即便高瞻远瞩，也很难拥有完美的上帝视角。"这是一个

反复碰撞的试验，有时候大家的一个新思路就可能颠覆之前的设计，这是其中的难点。"参与设计过程的团队经常面临原有实现路径被否定、被颠覆的情况，但让刘启宏欣喜的是，团队不会只是硬性地抵触或机械地接受新思路，而是会在原先的基础上尽可能地消化、吸收并融合新思路。

王健是对这个过程感触较深的人。回过头去看，他发现几次推翻与重来都是值得的。"一开始会觉得原来的设计思路是最优选择，执行到最后才觉得每次重大的调整都是朝着更好的方向发展的。"比如之前的"去办公室化"，精简了不少机构，可以释放更多的人才补充专业岗位、技术岗位。"关于岗位如何调整、干部怎么竞聘、竞聘不上的怎么走上技术岗位，光是沟通就花了两周时间。"

在每个关键节点上，刘启宏也会提出战略性的要求。在提出大运行理念之后，他提出了"五化"理念，即信息数字化、生产自动化、过程可视化、结果可量化、决策智能化。

这一理念提出以后，长龙航空以保障航班安全高效运行为核心，打通航班运行相关的数据流、业务流和信息流，从航班计划、签派放行、地面服务、运行处置、维修控制、机组资源、资质训练等方面进行全业务场景设计，覆盖运行准备、运行控制和评估反馈等阶段的应用需求。他们落地了6个典型情景应用，包括大运行门户、航班调整决策智慧化、飞行技术评价数字化、飞行辅助场景可视化、地面运行调度智能化和飞机健康预测自动化。

2018年被刘启宏定位为"过渡年"，是长龙航空从传统模式正式大踏步迈向大运行模式的一年。2019年,长龙航空开始思考如何通过系统替换人脑解决问题,减少工作量,提升工作效率。

"房间取消、餐食取消、加油这些问题,如果靠人工每天去做要经过很多部门,工作量还是挺大的,但到了智慧平台上就是简单的一键动作。"王健说。这些琐碎的问题要一个一个发现、一个一个解决,会消耗很多人力与时间。如果在小程序上实现一站式集成,通过日积月累的大数据可以发现更多问题,甚至可以提供解决方案。

2018年,长龙航空各个团队做的一件事是:把各自团队的业务逻辑理清楚。"你沏一杯茶,先干什么,后干什么?先刷杯子,接着放茶叶,最后倒水。业务逻辑弄清楚之后,再与信息部门共同解决所面对的问题。"刘启宏说,"不能是业务部门只管提要求,IT只负责做出来。"

IT和业务彼此割裂的状态,不是他想要的。"无论大运行还是数字化,都是为了解决实际问题,不然就成了伪创新。"刘启宏又跟我强调了一遍。在他看来,IT侧与业务侧不是非此即彼的关系,也没有主次之分。"准确来说,只是有先有后的区别。"

顾建华是长龙航空数字化工程推进中的一线人员,在他眼里,业务侧与技术侧无论哪一个层面在数字化过程中所扮演的角色被放大,都是一种亚健康的状态。业务侧更多是追求功能,而技术侧应该追求技术架构的最优化与技术路线的可行性。"我觉得两者是相辅相成的,但是中间又是存在冲突的。"顾建华说,在数字化初期,业务侧负责人往往只单纯地看重某一个功能。"比如管签派排班的人,通常只关注签派员的排班,但实际上机组、飞机、航线的排班都是类似场景,或许可以找到一个统筹的解决方案去满足这个大场景的需求,而不是单纯满足签派员排班这一个小场景的需求。"

不过,在实际操作过程中,签派部门或许仅仅看到自己提交了数字化需求,如果这个需求没有得到及时的响应,可能会与技术侧产生冲突。"如果业务侧在这个过程中表现得特别强势,那技术侧就可能沦为工具的角色。"在没有统筹的情况下推进数字化,顾建华能预判到的最终结果是:航空公司出台了一个又一个系统,这些系统彼此孤立又零散。

相反,如果脱离业务侧的实际需求,技术侧扮演了主导角色,就走向了另外一个极端:数字化最终就做成了信息化。"真正的数字化,肯定是在业务流程的改造之下诞生的。"顾建华举了一个例子,如果不想方设法改变做饭的流程,只在改变工具上做文章,最终也只能把一口粗糙的铁锅变成一口精致的铁锅,不可能创造出电饭锅。

2019年之后,长龙航空通过业务层的梳理与技术层的支持,开始向智慧化运行的战略前进。当年7月底,长龙航空战略规划部发布了《长龙航空数字化战略顶层规划》。规划显示,当时长龙航空在运行的系统有105个,其中自建系统72个(含未验收15个)、购置系统33个,此外,还有立项系统69个、规划建设的系统6个,整体投资规模巨大。

彼时的长龙航空就已经在数字化运行、数字化管理、数字化创新方面定下了"三步走"的战略节奏,第一步打基础,第二步建平台,第三步造生态。

三

一些过去没有的角色也开始出现在长龙航空的组织架构里。

从 2011 年开始，产品经理这个角色在互联网领域就进入了黄金时期，而这个角色的鼻祖可以追溯至 20 世纪 20 年代。但民航领域对这个角色并不熟悉，甚至没有接触过，这在长龙航空也不例外。一名合格的产品经理需要掌握两方面技能，：一方面是基础的产品技能，包括需求分析、用户调研等；另一方面是业务技能，也就是对所处行业的业务要有一定的认知。

偏偏民航是一个高门槛的垂直行业，一来培养这方面专业人才的路子还没有开辟，二来它与其他消费领域的数字化兼容性并不高，所以产品经理这个角色在这个行业数字化的初期是缺席的。"一开始业务侧是直接向技术侧提交数字化需求的，中间没有缓冲与黏合的地带。"顾建华认为，没有中间地带反而容易加大业务与技术间信息沟通的失真和错位。此时，长龙航空逐渐意识到培育一个产品经理团队的重要性。

2019 年出台的《长龙航空数字化战略顶层规划》也指出了这方面的问题，认为当时的长龙航空系统开发以单个业务部门需求为主，各系统之间互联互通尚存在较大问题，导致系统利用程度低、业务流程不畅、工作效率与质量不高等问题突出。

起初，顾建华被指派到技术侧充当一名产品经理的角色，消除与业务侧的磨合困难、对接困难以及双方理解不一致的问题。"当时除了我，信息部没有第二个人是业务部门出身的。"慢慢地，通过外聘、轮岗，以及之后专门针对一项具体业务深耕的模式，一个自主培养的产品经理团队逐渐形成。不过，这毕竟是一个专业化程度较高的领域，无论是飞行员、机务还是放行签派人员的培养周期都在 5 年以上，所以，在实际操作过程中，仍有大量像顾建华这样既懂业务又懂一点儿技术的工作人员充当着技术侧与业务侧的"翻译"人员。

长龙航空还专门设立了业务架构师的角色。这个角色由业内顶级专家兼任，站在全局、统筹的高度驾驭整个数字化工程。因为刘启宏曾多次强调，数字化与信息化远远不是一个概念，只有流程改造才能真正实现数字化。"比如图书馆，最开始是靠人工记台账，后来靠信息化可以做到关键词查询，而智慧化是能思考、能决策，代替部分人脑的逻辑。"刘启宏这样认为。

在拥有数字化系统支持之前，一个业务流程或许要投入 50 个人、10 个小时、100 个节点才能完成，通过流程改造，整体人员与时间的投入都会变少。民航领域的数字化成果很难在其他领域推广与复制，也很难从应用的大规模推广中获得收益。所以，只有真正缩减人力、时间与成本的投入，实现流程节点的压缩，民航领域的数字化才有意义，不然就只是把线下的一套流程搬到线上，只有投入，没有产出。

在航班飞行中有一组数字：每减轻 1 公斤重量，每年每架飞机就可以省大约 23 吨燃油。航空燃油的价格浮动比较大，2022 年初 1 吨燃油大概是 4700 元，当年 5 月就涨到 1 吨接近 8000 元。即便按照最低的价格算，23 吨燃油也等同于 10 多万元，这是减轻 1 公斤重量省下的。

飞机上除了加油是按吨计算的，加水也是一吨一吨加的。2020 年 2 月 19 日，长龙航空开始统计各航段水量加清及排污情况，用 9 个月时间实现了加清排污系统的智慧化。这个工作由各部门协同完成，客舱部执行监控，地面服务部具体执行加清水排污水，信息技术部负责开发系统。

客舱部在一个月内多次协调地面服务部进行加清水量调整改革，召开加清排污项目推进协调会。客舱部针对这些问题进行管控及探讨，最终决定根据平均航班用水量 23.35% 的标准，调整所有过夜站点始发航班加水量，要求新冠肺炎疫情期间所有航班单段加水量不得超过 25%。之后，客舱部与地面服务部、信息技术部一起召开项目模型构建对接会议，明确加清水、排污水数据显示需求，协调关于返航、备降等意外情况下的数据处理问题，完善乘务员录入及后台维护的要求，明确数据分析展示板块所需内容。

半年之后，乘务准备网加清排污系统录入界面上线；当年 9 月，加清排污数据分析项目上线。当年 9 月 20 日的数据告诉我们，长龙航空 2020 年的平均落地清水量已从上一年度抽查的 61% 降至 16.57%，2020 年度的污水未排空率从年初的 47.37% 降至 6.5%。

历经前几年的运行模式变革、组织架构调整、业务逻辑梳理与信息技术开发，到 2021 年，长龙航空在数字航空建设方面已取得不少成果。

　　刘启宏告诉我，通过这几年的努力，长龙航空已经把每个模块在思考的问题，也就是它的业务逻辑基本梳理清楚了，同时开始将数字化贯彻到逻辑中去，让数据发挥作用。长龙航空已开发的航班决策辅助调整系统是其中之一。

　　2019年8月10日凌晨，当年第9号台风"利奇马"在温岭市城南镇登陆，登陆时中心附近最大风力有16级，这是1949年以来登陆浙江第三强的台风和2019年登陆中国的最强台风。这一天，杭州萧山国际机场进出港航班陆续取消，平日繁忙的机场出发大厅空空荡荡。

　　当时的情形让王健记忆犹新，大量航班不能在杭州起降，长龙航空几十架飞机滞留在外地回不来。"有的在宁波，有的在温州，有的在成都，总之就是回不了杭州。那么没回来的航班后续怎么调整呢？"王健说，这不是一道简单的排列组合题。

　　他举了一个例子：台风"利奇马"在浙江登陆，原定从成都飞往杭州经停邯郸的航班就面临两种调整方案的选择，一是在邯郸过夜，二是不飞往邯郸，直接在成都停场，因为成都天府国际机场也是长龙航空的基地之一。"这仅仅是一条航线，但它面临着两种决策的选择。如果涉及上百条航线，那么调整方案可以排列出无数种。"

　　另外，航班的调整也会影响维修、机组等多个部门的工作。"原本这架飞机在杭州落地后，第二天要执飞杭州—哈尔滨的航班，现在飞机回不来，又该安排哪一架飞机去执飞？"王健说，这还会影响航班的执行率与收益，航班落地邯郸是可以获得补贴的，但停场成都就没有这一项收益。"牵扯到各个方面、各个维度。以前我们靠什么作出决策呢？就靠签派员。"

站在多个维度上充分权衡后，签派员会针对航班具体情况给出几个调整方案。"停场天府国际机场不回来，维修会存在问题吗？飞机在天府国际机场过夜，机组人员怎么安排？是否落地邯郸，落地与不落地两种方案，收益有何区别？根据这些，我们会坐到一起开会决策。"

现在，这一套在过去很复杂的流程可以在航班决策辅助调整系统上用2分钟计算出几种调整方案。这些方案包括了基于正常性优先的方案、基于成本优先的方案以及基于VIP旅客优先的方案，长龙航空可以根据当时的不同情况作出选择。

在"利奇马"台风登陆之前，长龙航空从天气研判、安全评估、运行保障、应急预案等方面做了大量精心准备。8月10日17时54分，从凯里起飞的长龙航空GJ868Z航班降落于杭州萧山国际机场，这是受"利奇马"影响停止航班起降8个小时后，杭州萧山国际机场迎来的第一个进港航班。当天19时17分，长龙航空GJ8667杭州前往银川、乌鲁木齐航班顺利起飞，这是"利奇马"台风后杭州萧山国际机场起飞的首个航班。

差点儿"胎死腹中"的数字化

关于数字化变革,有一句话流传很广:"成功的数字化变革就像毛毛虫蜕变成美丽的蝴蝶,而一旦数字化变革失败,你所拥有的仅仅是一条爬得快的毛毛虫。"这是美国麻省理工学院教授乔治·韦斯特曼说的。

哪些原因会让变革失败?首先可能是底层组织架构与底层思维模式没有重建,没能跟上技术发展的步伐,如果一个组织的成员不愿意试错、不敢于冒险,就会阻碍数字化新业务的推进与拓展。难得的是,在2019年拟定的战略顶层规划中,长龙航空就意识到这一问题。规划一针见血地指出,当时公司上下对实施数字化战略存在认知片面、意识不强、实施不足等问题,没有形成数字化建设的整体良好氛围。

光是指出问题是不够的,规划同时也提出了一个建设的方向。规划中明确了一点,长龙航空要全面推行创造数字化战略实施的良好环境,形成"人人讲数字、人人知数字、人人创数字"的良好氛围。

一

这个"氛围组"的带头人就是刘启宏。在长龙航空向省、市、区各级汇报的文件中,它的数字化工作是一定会被提到的。当各路人马到长龙航空参观、考察、交流时,总部一楼的AOC大厅是特定参观点,因为在那里可以直观地看到数字化成果。为推进数字化顶层战略,打造全球领先的数字航空战略构想，长龙航空专门成立了数字化建设领导小组。

小组组长自然也是刘启宏，但小组成员并不是固定的，会根据数字化工程的推进阶段不定期调整人员构成与角色分配。小组成员会定期或不定期召开会议，定期会议每季度召开一次，不定期会议则根据单个项目的进展需要组织召开。所有项目通过项目负责制开展，给负责人足够的权限，让结果说话，同时根据结果制定奖惩措施。

2019年，刘启宏还邀请通用电气公司克劳顿管理学院为长龙航空量身定制"打造长龙数字化航空"学习之旅，计划用八九个月时间，分三个阶段，学习应用战略部署，打造领导力模型以及领导力培训课程。可能很多人并不了解此次学习的含金量，通用电气公司克劳顿管理学院被《财富》杂志誉为"美国企业界的哈佛"，它创立于1956年，是通用电气公司高级管理人员培训中心，有人把它称为通用电气公司高级领导干部成长的摇篮。在韦尔奇掌控公司的30年里，正是这所企业大学帮助他将通用电气公司的市值翻了30多倍，也让通用电气公司从一家传统的制造型企业转型为以服务业和电子商务为导向的行业巨头。

通用电气公司克劳顿管理学院中国区负责人、首席学习官林俊梅当时表态，这次学习就做两件事，一件是数字化建设，一件是创新领导力的培养。刘启宏则希望，参加此次学习的人员积极转变管理理念，怀着"空杯"心态，百分百地投入各项学习活动，汲取通用电气公司成功的数字化建设和企业管理经验。刘启宏还"撺掇"高管与高管之

间互相讲课,"撺掇"长龙人走出去多学,多看别人是怎么布局与建设数字化的。

在跟踪长龙航空的过程中,我心中有一个疑问,请教了很多长龙人,却还是无法得到答案。为什么在其他航空公司或制造业企业不容易推进的数字化,在长龙航空这里却似乎很少遇到阻碍,就像是眼看着一台挖掘机向一幢好好的建筑推进,竟然没有一个人想要拦住它。"一些在其他公司里不容易办到的事情,在长龙航空特别容易办到,比如数据共享。"顾建华根据自己的经验坚信,如果一个数字化工程需要长龙航空多个部门配合共享数据,是不会存在任何壁垒的。

自上而下的顶层设计、拆除围墙的大运行变革,以及一群从其他大型航空公司或体制内出走的,想挖掘自身潜力、实现更高价值的人,这些都是这道多选题的正确答案选项。哪怕仅仅少选了一项,都无法成为正确答案。或许还有一股更神秘的、不易察觉的力量在主导这一切,只是还没有人知道。

"阻力多多少少还是有的,只是没有其他公司那么明显和棘手。"顾建华说,其实,通常讲的数字化思维是管理思维的转型,而管理思维的转型往往是被动的。他给我举了一个例子:过去上级领导给下属打分往往是凭着主观眼光的,一旦数字化,就要靠一堆数据来打分了,这意味着握有打分权的人手里的权力变小了,这也是数字化推进经常遇阻的无法回避的关键原因之一。

长龙航空开发的"飞行员数字画像系统开发与应用"在 2020 年入选国家科技部"科技助力经济 2020"重点专项项目,这是长龙航空在国家级重点研发计划项目中的一次历史性突破。2022年，这个系统获得中国航空运输协会的评价：国内领先，具备行业应用价值，建议在行业内推广应用。

然而，这个项目差一点儿"胎死腹中"。

飞行员画像是一个数据分析型产品，主要数据来源为快速存取记录器（QAR）数据。大多数人应该对飞行数据记录器（即黑匣子）很熟悉，但说起QAR，可能只有业内人士才知道了。QAR也是一种重要的记录飞机飞行参数的机载电子设备。相比黑匣子，QAR不需要拆装，并且大多数数据都能通过地面移动通信网络发送到航空公司数据处理中心，其飞行数据可以更方便地读取。因此，QAR是分析飞行品质、运行品质和飞机健康管理等方面的重要数据源。

2019年之前，长龙航空对QAR数据的应用基本停留在超限事件层面，由航安部履行职责。当时顾建华在航安部专门负责数据分析工作，那段时间，他的电话基本处于24小时开机状态。"几乎是全年无休，即便休息一下，我出门也得扛着电脑，因为随时要响应飞行部等提出的来自QAR数据方面的诉求。"然而，顾建华的这种工作状态，对于提高QAR数据的利用效率并没有什么效果。

彼时对QAR数据的应用仅仅停留在解决"湿鞋"的问题上，刘启宏对航安部提出了一个要求：挖掘QAR数据的潜在价值。"不仅要解决'湿鞋'的问题，也要解决'常在河边走'的问题。"2019年底，飞行员数字画像系统正式立项，在立项前的半年，长龙航空作出了一次不起眼但很关键的机构调整。公司将QAR数据管理职能从航

安剥离，挪至信息技术部，实现了公司所有数据统一管理。

这个系统开发完成后，主要目标用户是飞行员和管理干部，但在立项之前，这些目标用户对它并不看好。它可以利用 QAR、资质等客观数据，对一个飞行员或机队的全生命周期表现进行画像，用数字化的方式描述飞行员个体和群体的特征。

"有了这个系统，相当于飞行员的底裤都被扒了，它怎么可能会受欢迎？"遇到阻力之后，曾有人这样提醒顾建华，开发团队也在之后的开发过程中作了一些权限方面的调整。调整后，每一名飞行员都只能查看自己的飞行状态，只有少数管理干部才有权限看到整个飞行队伍的数据。公司层面也作出明确规定，该系统不作为对飞行员的处罚依据。"这个系统不用于考核，就已经说明组织层面给了强大的支持。"对此，顾建华给出的原因是："QAR 数据在行业里普遍被应用于考核和处罚。"

如今，飞行队伍对这一系统也不再排斥，反而从这一系统中体验到数字化带来的好处。几乎每一次飞行后，飞行员都能从系统中获知其技术表现，这可以帮助他最大化限度地还原当次飞行的客观情况。如今，这个系统所产生的数据被应用到飞行安全、飞行技术、飞行训练、飞行派遣、飞行签派等诸多业务领域。比如，在飞行训练领域，这个系统改变了过去飞行训练吃"大锅饭"的局面，所谓吃"大锅饭"，就是无视飞行员的技术状态，统一安排培训科目。

过去，航空公司也无法对飞行员的技术能力作出精准的判断，这一痛点在飞行员数字画像系统出现之后也得到解决。"系统会告诉飞行员，哪一方面是他的弱项，哪一方面是他的强项，让差异化、针对性的训练成为可能。"在刘启宏看来，这一系统可以衍生的场景与应用还有很多，长龙航空要做的是继续挖掘并开发。

二

"人人讲数字化"的氛围在长龙航空算是烘托到位了，如果说一开始大家是因为感受到老板对数字化的强烈意愿才向这个目标靠拢，那么现在已经形成一股自觉的力量。"别说，现在从下到上没人会排斥数字化，有时候部门找不到自己的数字化节点都会不好意思，一开会人家都在讲数字化。"在顾建华眼里，这种转变主要是因为大家都感受到了数字化带来的好处。

飞行员数字画像系统出现之后，过去要用两个人的编制干上两个星期的工作，现在只要操作鼠标点上几下就能出结果了。相比人为判定的结果，由数据产生的结果更加客观、公正与理性。飞行员在飞机上的任何一个动作都会被记录下来，然后系统通过相应的数学模型给飞行员打分，这也影响并改变了整个飞行队伍的晋升管理体系。

"很多时候，企业的方方面面通过传统管理能够提高到 90 分，但要从 90 分提高到 95 分就非常难了。"刘启宏信誓旦旦地告诉我，"数字化可以轻松地做到这一点。"氛围已经创造出来了，刘启宏在数字化软件、硬件、人才方面也很舍得投入，但要从与其他产业领域的较量中胜出，赢得足够支撑数字化改革的人才，成为长龙航空面对的挑战之一。

很多管理专家强调过，企业数字化转型缺的不是资本、技术这些硬件，缺的是组织文化、数字人才等软件。人才，成为决定数字化变革成败的关键因素。

刘启宏早于2019年就发出过预言式的提醒：在长龙航空实施数字化的过程中，面临的第一个问题是人才缺失。为了实现数字化，长龙航空招聘了一批具有相当经验的信息数字专家分管信息数字工作，在企业内部建立了多个团队，并赋予其独立研发、独立工作的权利。即便如此，长龙航空仍然有很大的数字技术人才缺口。

"我们现在开发一个系统都要摇号。"刘启宏说到这一点的时候，又是欣慰，又是无奈。长龙航空的信息化团队来自各行各业，数字化团队人员却99%来自航空业。"这个没办法跨界，否则无法保障安全。数字化方面的人才还是比较稀缺的，我们需要从顶层设计、架构方面定准。"

数据显示，2020年我国数字化人才缺口接近1100万人。领英中国智库的一项研究显示，与美国、英国、印度相比，中国的数字人才储备尚有很大差距。特别是在人工智能领域，美国从业者有85万人以上，印度有15万人，英国有14万人，而中国只有5万多人。

当整个社会的数字化人才都处于紧缺状态，要想找到懂民航的数字化人才，显然是一个更为棘手的问题。而另一边，伴随全行业的数字化推进，需要更为广泛的数字化人才引入，人才需求缺口依然在持续扩大。波士顿咨询公司有关报告指出，2035年中国整体数字经济规模将接近16万亿美元，总就业容量将达到4.15亿人。事实上，整个民航也在向数字化转型，所有的情况都表明，人才缺口在未来很长一段时间都不会收窄。

不过，在一定程度上说，杭州的数字经济氛围给刘启宏带来了较大的底气与信心。

2021年的数据显示，10年来，杭州市常住人口增量达323.56万人。杭州在人才净流入率、海外人才净流入率、互联网人才净流入率等多项指标上连续多年保持中国第一，已连续10年入选中国"外籍人才眼中最具吸引力的十大城市"。而北、上、广、深的数字经济人才流出之后，第一个目的地也是杭州。

与此同时，智慧民航建设成为"十四五"民航发展主线，涉及民航业全领域、全主体、全要素、全周期。智慧民航建设，自然离不开人才的支撑，加强领军人才培养、专业人才队伍建设以及学科建设已经引起重视。在杭州，北京航空航天大学中法航空学院已筹建完成，其中民航学院聚焦的方向就涉及智慧航行与先进航电等领域。

或许，之后关于人才战略，长龙航空要考虑的是，储备数字化人才是靠内部培养还是靠外部引进，或者制定内部培养和外部引进双轮驱动的战略。无论哪一种战略，都考验着长龙航空管理层的智慧。内部培养的优点是，人才与公司价值观一致，对业务熟练；缺点是可能固守原有观念，少了一些创新激情与创新思维。外部引进则刚好相反。

当然，让刘启宏烦恼的也不只是人才问题。他认为航空业一直以来都存在数字化相对滞后的问题，这个问题实际上来自安全、技术、规章等方面的壁垒。在传统模式下，1名签派员完成1趟航班的放行需要10分钟，如果完成20架飞机调整，则要4小时左右，与此同时，按照规章要求，签派员持续工作不能超过10小时。而在签派自动放行系统下，可以实现1分钟放行10个航班。

"理论上能实现这个目标，但放在当前的现实环境下不可能实现，因为最后的决策环节还是需要线下完成。"顾建华解释，这是出于飞行安全与规章要求的考虑。

还有一个摆在长龙航空面前的现实是：打造智慧航空生态圈，仅凭一家之力是远远不够的。民航局早就看到了这一点。2020年，民航局鼓励会员单位与有条件的企业、高校、科研机构、具有科研能力的其他事业单位及组织机构，围绕建设创新型民航行业，探索多种长效稳定的产、学、研、用协作机制，组建具有民航特色的创新联盟。

民航局希望以试点的方式展开，得知这一信息的长龙航空迅速行动起来。它牵手中国民航大学、中国民用航空飞行学院、中国商飞上海飞机客户服务有限公司、浙江省北大信息技术高等研究院等13家科研院所及企业，组建了民航智慧航空大脑产业技术创新战略联盟。之后，随着项目的推进，浙江大学计算机创新技术研究院、华为技术有限公司、西安电子科技大学杭州研究院也加入了联盟。

这一联盟定下的目标主要有两个方面：一是集中力量突破关键核心技术，特别是集中攻关被国外企业"卡脖子"的技术，打造智慧航空大脑，推进成果产业化；二是通过聚焦安全管理、运行管理、资质培训、维修保障、信息化建设等领域，深度融合5G、人工智能、物联网、云计算、移动互联网、大数据等新一代信息技术，实时采集各类运行数据，图形化跟踪航班运行，持续提升智慧化运行能力，确保运行安全、平稳、高效。

"联盟的使命，就是成员共同做一件事。这是民航数字化创新发展的历史机遇，长龙航空是一定要抓住的。"刘启宏说。

除联盟成员之外，在长龙航空数字化转型的道路上，通用电气公司航空集团也扮演了一个比较关键的角色。2015年，长龙航空与通用电气公司航空集团开展数字化合作，后者通过飞行效率服务为长龙航空提供飞行数据分析和燃料管理。三年之后，长龙航空再度与通用电气公司航空集团签署协议，扩展双方在数字化领域的合作。根据该协议，通用电气公司航空集团将提供航空大数据分析系统和相关的专业服务，以提高飞行安全性、优化运营效率并降低长龙航空的机队运营成本。

刘启宏认为，目前航空业渐渐开放，开始出现技术共享的现象。在这样的大环境下，他又顺势提出了"转基因航司"的概念。

"转基因航司在各方面都具有优势。通过技术共享和嫁接，为我们带来更符合用户需求的产品，也让我们更适应未来激烈的竞争。"他希望的是，团队能把其他行业的技术特色嫁接、融合到长龙航空的工作中，赋予更加多元的技术基因，使长龙航空的数字化转型超越航空的范畴，让企业属性更加丰富，企业建设的路径更加多样。

三

2021年，长龙航空的航班决策、辅助智慧调整、性能情报平台、自动放行，包括手机端的智慧运行平台，陆续上线。这些不是一朝一夕能完成的，数字化转型还有很长的路要走。9月，2021年世界互联网大会在乌镇举办，长龙航空带着"民航智慧航空大脑"亮相，刘启宏将它比作民航业的"产业大脑"。

智慧运行，并不是刘启宏想要抵达的终点，他提出了"两条腿走路"的理念：一条腿走"智慧运行"，一条腿走"智慧出行"。"构建大运行模式的目的是什么呢？是智慧运行。智慧运行的目的是什么呢？是为旅客智慧出行服务。"刘启宏认为，说白了，大运行是根，起到吸收和固定的作用；智慧运行是茎，将大运行的成果向上输送，开出的果实是智慧出行。

反过来说，没有大运行，不可能有智慧运行；没有智慧运行，不可能有智慧出行。

"智慧运行与智慧出行是相互支撑的，未来5到10年，我们将围绕这两个战略来发展。智慧出行，我个人认为，也是对传统航空公司非常重要的一个战略转机。"按照刘启宏的理解，在未来，传统航空公司不能只是充当纯粹的"工具人"角色，把旅客从A地送往B地，而是要通过创造与满足旅客的个性化需求实现智慧出行。

早在长龙航空2019年的数字化战略规划中，刘启宏就对整个数字生态有了闭环的思考。他认为，运用数字化技术对业务流程、管控模式进行数字化改造，可以构建长龙集团智能高效的全业务、一站式运行生态。围绕集团化战略，运用数字化手段，实现航空运输主业与飞机维修、地面服务、飞行训练、航空油料、航空制造等航空上下游产业的高速互联与高度集成，实现长龙集团智能化管控，助力产业集聚发展。同时，要打通航空运输、文教旅游、金融服务、信息科技等不同产业间的信息不对称、系统不互通等问题，与高铁、大巴、的士等交通方式深度融合，构建长龙集团天地一体、智能便捷的"大交通、全产业"服务体系。

"数字长龙分为智慧运行、智慧出行与数据中台三个板块，其中，智慧出行就是面向C端。在我们的设想里，从用户有需求买机票的那一刻开始，到他平安抵达目的地，都可以在数字路径下完成智慧服务。"刘启宏解释，整个出行中产生的飞机运行与用户信息数据，最后沉淀到数据中台，实现数据的统一与共享，通过循环往复，形成全过程的智慧状态。"大概是这么一个总体思路。"

与大运行一样，在长龙航空内部，智慧出行也不是一个实体的组织架构，而是以项目小组的形式出现。由长龙航空总裁担任项目小组组长，由对应客服、商务、品牌、地面服务四个部门的副总裁担任小组长。显然，这是一个高规格的项目小组，这个配置也经过了深思熟虑。

智慧出行的产品思路往往由品牌与商务两个口子提出，而这两个口子的出发点是不同的。"他们有可能提出的是同一个产品，但品牌部设计这个产品是出于品牌渗透的目的，商务部设计这个产品是出于增加营收板块的需要。"负责公司服务建设的郑东告诉我,两种出发点对应的实现路径也会有所区别。而选择什么样的路径去实现这个任务,就落到了郑东身上。

郑东以新开发的行李服务为例,大致模拟了智慧产品从概念提出到设计落地的过程。当时公司提出了行李"门对门"服务的概念,比如,旅客从杭州出发前往三亚,长龙航空可以在出发前将旅客的行李提前取走,并在抵达当日将行李安排至旅客入住的酒店。"有部门提出这一概念之后,首席信息官要思考的问题是,旅客在哪里下单,下单后的信息又如何分派到各个节点上。"而郑东这个环节要考虑的是:旅客搭乘的航班能否装下这件行李,当天的航班是否会延误,以及航班抵达目的地之后,有多少时间可以预留给这项任务。

可以看出,幕后这一连串动作,智慧出行的多个节点要与智慧运行进行联动,包括旅客搭乘的航班号、航班的起降或延误情况、航班在始发机场与目的地机场的停机位等。"所以说,脱离智慧运行谈智慧出行是一个不太可能完成的任务。"在郑东看来,如果没有智慧运行,或许也可以通过传统的信息化手段获取这些信息,但是,这类实现方式远远谈不上智慧。

"没有智慧运行的前提,长龙航空很难实现数据的批量采集与自动匹配。"郑东甚至说,哪怕航空公司实施了运行数字化,但只要系统没有完全掌握在自己手里,就很难完成面向 C 端的智慧出行服务。他给出的理由很容易想明白,如果运行数据没有沉淀在自己的平台上,要想进行二次利用,就要付出额外的代价。

在数字化过程中，郑东所分管的地面服务部门听上去是一个不起眼的角色，但实际上是智慧化链条中无法缺席的实践者。这个实践者一头连接着 B 端，一头连接着 C 端，是智慧出行与智慧运行之间的一条纽带。"智慧出行有很多时间节点，比如开舱门、关舱门、打扫清洁、装卸行李等，这些时间节点都是地面服务操作的。为了智慧出行，地面服务要从智慧运行的系统中获取数据，同时，我们也为智慧运行生产数据。"按照郑东的说法，与地面服务相关的值机与登机等时间节点，又是智慧运行的数据来源。

在智慧出行的实现路径下，只要用户输入自己的需求，系统就能在快速检索出用户基础数据的同时，将任务分解至各个工作节点。与节点相关的人要在什么时间执行哪些任务，也一目了然。

无成人陪伴儿童服务是民航的一项服务，针对年龄满 5 周岁但不满 12 周岁，没有成人带领、单独乘机的儿童。凡在这个年龄段内单独进行航空旅行的儿童，必须向航空公司申请无成人陪伴儿童服务。但是，过去要申请这项服务，一定要由父母到售票处亲自买票且查验一系列证件才能完成，而现在只要在线上完成提交就可以。

一个看上去不起眼的改变，却能实实在在给旅客带去便捷，在郑东看来，长龙航空现阶段在智慧出行上所追求的不是奇效，而是最平实的服务。"我们会评估产品功能与实现成本，如果一些服务需求是相对小众且操作较为复杂的，就会暂时被放下。"郑东说，实现那些基本服务的过程，就是长龙航空梳理各个节点与实现路径的过程。

话锋一转，郑东又告诉我："服务是需要不断更新与迭代的，这个过程是永无止境的。跨过这一阶段,长龙航空会上线更多的产品。"尽管现在仍处于从线下产品向线上转移的阶段,但随着转移进度的进展,地面服务的服务内容会逐渐增加。逐渐增加的服务内容是否会让这个部门的人员越来越左支右绌,这对于当下的长龙航空而言并不是一个难题。

"比起服务内容的增长速度,我们的效率上升得更快。"郑东说,过去他要安排一堆人去分配、接收、监督,现在这些都能在线上得到解决。系统可以按照一定规则,将任务自动分配给每个工作节点上的人,负责监督的人也可以及时从系统上获取机舱内的保洁进度、配餐进度等。在郑东眼里,他们的工作量的确伴随着服务产品的增加而增加,不过,系统也在大幅度地减轻他们的负重。

如果没有智慧出行,长龙航空试图增加服务产品,就必然面临人力成本的全面上升。"这是毫无疑问的。"让郑东觉得有成就感的是,他们可以为旅客提供更多智慧型产品,而安排现有的工作人员去完成这些任务仍游刃有余。

在系统建设方面,与很多大型航空公司自上而下的顶层设计形成差异的是,长龙航空的地面服务总是在一项业务的线下流程成熟之后提出信息化需求。"比起大系统,我们现在更多是做小场景。这种小场景往往是当前最需要的产品。"负责地面服务业务的孙寅给我举了一个例子:新冠肺炎疫情期间,各个城市对外来旅客的防疫政策有很多不同。一般靠线下人力去识别与排查旅客行程轨迹是没有准确性可言的,也不太现实,长龙航空就设计开发了相关的小程序。

"包括车辆的出车检查、设备故障报修以及很多检查单，基于各种场景，长龙航空开发了很多数字化功能，一点一点地解决问题。"当然，是硬币就会有正面与反面，这类由一线基于现实需要开发的大大小小的场景，会在整合成大系统时造成麻烦。"我们的地面服务部门成立满打满算也就四五年时间，很难复制大公司的路径。"孙寅说，这也是长龙航空所面临的现实问题。在很早之前，刘启宏也针对这一现实问题抛出过一个朴素却实用的理论：缺啥补啥。

当然，数字化既不是无所不能，也不是掌握了大数据的密码就能顺利通过所有的关卡。比如前面说的"小红帽"服务。

戴上小红帽，一个简单的动作，让长龙航空探索出一套相对高效的服务机制，并且这套机制被一直延续下来。一旦这种探索与创新的欲望被激发，是不可能再停下来的，久而久之就会对一家公司的文化与气质产生影响。当一种创新欲望在发展中得到满足，类似的欲望就会再次发号施令，驱使团队继续寻找下一个创新的出口。

如今，郑东说起"小红帽"这项服务，已经觉得没有当初那么有魅力了。"其实就是我们的工作人员拉着晚到的旅客百米冲刺，一种典型的人力手段。"自从长龙航空一头扎进数字化的蓝海，那些类似摩斯密码的大数据像是为所有长龙人打开了新世界的大门，过去用传统手段解决不了的问题，他们都想用数字化来试一试。

"或许可以压缩我们的截载时间，从现在的 45 分钟变成未来的 35 分钟，也就是说在固定时间内让更多的人通行，这样旅客就可以晚点儿到。"当然，当数字化需要外围的支持时，打破围墙便成了一件棘手的事。"压缩截载时间，只有航空公司努力是很难做到的，还需要机场的全力支持与配合。"

不过，只要有一丝缝隙，长龙航空的数字化就会"乘虚而入"，刘启宏放眼望去的数字化绝不是一个点，也不是一个面，而是一整个生态圈。在智慧出行的环境下，加入航班延误这一信息数据，系统立马能将延误原因以及登机口周边的餐饮生态推送至旅客；飞机一落地，旅客就能接收到行李转盘的位置，以及在几号门出口可以享受到长龙航空专属的出行服务。这些出行服务，持有长龙航空的登机牌就能享受。"这将是一个完整的生态链，可以全方位提升旅客的获得感。"

刘启宏期望打造一个智慧航空生态圈，成为现代综合服务商。而在他的内心，一个更宏大的目标早已在酝酿，他思考的不再是长龙航空一家公司的命运。通过航空大脑等技术的升级与变革，他试图逐步建立起智慧民航发展命运共同体，为迈向数字文明新时代贡献民航力量。

省钱的数字"秘籍"

很长一段时间，长龙航空都将大部分力量聚集在数字化这只拳头上。刘启宏很舍得往数字化这座富矿里砸钱，不过，这显然不是一项公益事业，单纯投入而不计较得失，是无法支撑长龙航空在这条道路上走远的。

这一点，刘启宏从一开始就很明白。长龙航空内部有一个立项机制，每一个数字化系统在立项之前都会经历会议评审，评审小组内有两个角色很关键，一个是负责投融资的，一个是负责财务的。这两个角色将对整个项目的投入与产出给出自己的意见，如果投入产出比不理想，项目就会被否决。

不过，很多人告诉我，很少有项目会在评审环节被砍，因为在那之前，项目小组自己已经做过初步测算了。"没有一定的把握，他们是不会提出申请的，要不然项目被砍也觉得没有面子。"顾建华说。随着数字化的深入，投入产出比这根弦影响了越来越多的长龙人。然而，民航领域的数字化，所谓的"产出"并不是通过向市场输出系统或服务实现的，而是向管理、效率或安全要效益。

一

民航是一个低毛利的领域，成本占比比较高，而且很多是刚性的成本。刘启宏清楚地知道，在传统模式下试图探索出一条降本增效的道路，其可能性跟毛利率一样低。"用传统的眼光看，没有灵丹妙药。"像机场起降成本、航油成本、租赁飞机成本、人工成本，这些几乎都是透明的、公开的，没有留给航空公司什么回旋与腾挪的余地。"这几块基本上就占去了航空公司80%的成本，剩下的还有一些运营成本、财务成本等。"

分管长龙航空财务的王进则相对乐观一些。从成本管控的角度出

发，她认为一旦体量做大，财务腾挪的余地也会变大。"这个时候，哪怕这里抠一点儿，那里抠一点儿，总是能抠下一点儿利润的。"过去，他们在成本削减方面也做了很多工作，但延续老路进一步削减成本存在不小的难度，数字化让王进分管的财务部门看到了新的可能。

在数字化战略顶层规划落地不久，财务部门也慢慢地发生了角色变化，财务人员们开始提倡业财融合。什么是业财融合呢？字面理解，就是业务与财务结合。这样的结合，可以使财务人员不拘泥于职务本身，形成整体概念，更好地优化企业资源配置。"传统的财务只是管，比如说核算、登个账、做个报表、交个税就完事儿了。然而，现在这些工作只占到融合后所有工作内容的 1/4 了。"王进明显地感到，自己管理的财务部门，手正在越伸越长。

"原来大家报销发票，一般情况下只要自己的直接领导与分管领导签了字，财务都是给予报销的。"王进继续说，"财务只是来核实你这张发票的真伪，对吧？现在财务部门不仅要核实业务的真实性，还要从财务角度参与评审项目的可行性与必要性。"

经过前期的数字化变革，长龙航空发现，通过使用数字化系统，竟然可以在燃油消耗上"大做文章"。有数据显示，飞机每飞 1 小时的成本，光是燃油就要占去 50% 甚至更多。所以，哪怕细微的油耗减少也会对运营商的总体燃油预算产生巨大影响，机队规模越大，通过减少燃油控制成本的效果更加明显。不过，在传统模式下，节省燃油的空间并不明显，主要是因为航空公司想找到下手的环节并不容易。

数字化实打实地降低了耗油量，油耗得越少，碳排放量也越小。

这就是一场蓝天保卫战的开始。论降碳难度，民航业是名副其实的"困难户"，虽然与电力行业相比，它算不上碳排放超级大户。国际能源署报告显示，从2013年到2019年，全球民航运输业碳排放量已超过国际民航组织预测数值的70%。气候行动追踪组织将航空业碳中和发展目标进展评为"严重不足"，如果不加控制，到2050年，全世界将有25%的碳排放来自航空业。

2018年，民航局印发《民航贯彻落实〈打赢蓝天保卫战三年行动计划〉工作方案》，刘启宏从那时候开始就高度重视，专门成立了打赢蓝天保卫战专项工作组。次年，民航局就进行了第一轮督查，长龙航空获评"民航打赢蓝天保卫战首批示范单位"。在找到航空燃料替代的最有效方案之前，降低耗油量看起来是这场蓝天保卫战中"杀伤力"较强的武器。

省下成本、减少碳排放，叠加的利好大大地推动着长龙航空在数字化进程中的脚步。2019年初，长龙航空平均每趟航班落地剩油由2018年初的5142千克合理优化至4915千克，平均每趟航班减少落地剩油227千克。到2022年中，长龙航空平均每趟航班落地剩油量减少到4075千克。"这个水平，是比上一年又降了122千克，相当于效率又提升了2.9%。"

别小看每一趟航班落地剩油量减少的122千克，一趟航班落地剩油量减少122千克，以长龙航空的机队规模，当年就能在上一年的基础上削减100多万元的成本支出。这还是新冠肺炎疫情期间，要是航班正常运行的年份，油耗成本降低会更加明显。这个平均落地剩油量，

差不多可以排到行业前三名。

二

其实，最初长龙航空在落地剩油量这个指标上表现得并不优秀。"早先的落地剩油量，水平只能徘徊在行业中游附近。"王健掉转话头，落地剩油量并不是越低越好，因为机上燃油量是影响飞行安全的一个重要因素。"机上有油，飞行不慌嘛。当然，没有耗到一定水平也是不安全的，落地不能超重，所以，让油量剩得恰到好处，也是一门技术活。"

换句话说，机上的燃油既不是带得越少越好，也不是带得越多越安全，而是携带油量越准确越科学。但在数字化之前，要实现"准确"这个关键词并不容易。每一次签派放行前，飞行员会与签派人员一起，基于所飞的航路、目的地机场与备降机场的天气情况，以及当天的运载量、计划飞行高度、飞行高度上的风温等一批数据，计算当天的携带油量。

"这个携带油量不是航空公司可以随意决定的，而是要严格按照局方的规定实施的。如果能够科学地控制，就可以将多余的载量用来运载更多旅客或者货物。"过去，燃油量的控制主要靠签派放行前的计算，如果能对飞行途中的油量进行实时监控，就能让剩油量更加准确。

前面说到过长龙航空的4D-15监控软件，这个软件可多维度、多剖面地对飞机运行进行监控，除了可以对飞机实时运行时间、经度、纬度、水平轨迹、垂直剖面、飞行高度进行监控之外，还有监控机载燃油数据的功能。签派员可通过系统对飞机当前机载燃油及到达下一航路点的预计机载燃油进行实时监控。系统还具备燃油偏差告警功能，如此一来，燃油监控水平提高了，安全运行能力也得到了保障。

运行部门同时结合QAR、运行管理系统（FOC）等数据的分析比对，可以及时调整、优化计算飞行计划剖面，使它和实际飞行相吻合，既可保证运行安全，又可避免非运行所需燃油的携带，减轻飞机重量，有效减少"油耗"。

拥有这个能力之后，长龙航空对民航局规定的不可预期燃油占比作出调整。"也就是说，将起飞、巡航、进近、备降与不少于30分钟空中盘旋、一次复飞所需的油量都计算好之后，还要加上10%的不可预期燃油。"王健透露，现在长龙航空可以将这个比例降低至5%。这个比例的调整也不是航空公司自己能定的，要经过民航局的批复。目前，长龙航空关于实施5%不可预期燃油的政策已获得民航局批复。

在整个数字化大框架下，这只是长龙航空节省燃油的一个小动作，像这样不起眼却切实有效的小动作还有很多。

飞机上有一个类似机载电源的部件，学名辅助动力装置（APU）。这个部件安装在飞机尾端，其核心是一台小型涡轮发动机，是飞机主发动机之外的另一台动力装置，它的作用是给飞机提供电源和压缩空气，也有一些APU可以提供附加推力。那么，APU"吃"什么来提供动力呢？其实"吃"的还是燃油。

APU 虽然小，但"吃"起油来胃口是很大的。在业内，有一个衡量 APU 使用时间的系数叫作"APU 小时 / 飞行小时系数"。长龙航空内部一组数据显示，2018 年，长龙航空的机队飞行了 91730 小时，而 APU 使用了 85308 小时，由此可以得知，APU 小时 / 飞行小时系数为 0.93。

分管公司财务工作的王进告诉我，当时他们统计了亚太区航空企业 APU 小时 / 飞行小时系数的平均数，也统计了长龙航空自己的数据。一对比这些数据，他们就发现长龙航空在这一系数上的表现并不理想，他们意识到这里需要调整。APU 使用的时间越长，不仅燃油消耗越高，而且其所产生的污染排放量与噪音越大，航空公司维护保养成本越可观。

按照长龙航空的说法，APU 开 1 小时，就要耗油 150 千克。2018 年燃油的价格约为每吨 5200 元，也就是 APU 使用 1 小时就要支出 780 元，使用 85308 小时就要支出 6654 万元，碳排放量高于 4 万吨。可能大家对 4 万吨碳排放量没有概念，根据美国环保署的数据，4 万吨碳排放量差不多相当于 8600 辆汽车一年的碳排放量或者美国 5000 个家庭一年的碳排放量。

对比 APU 在这些方面的"嚣张气焰"，想要管控它却很难，因为它的使用情况很难监控。"理论上而言，降低 APU 的使用时间并不难，只要飞机停在靠廊桥的位置并接上桥载电源，就能实现。因为在资金成本上，耗电比耗油所产生的成本要小很多，可能前者只有后者的 1/10。

然而，理论归理论，现实归现实。现实是，过去，在没有数字化手段的情况下，对停场在目的地机场的航班进行监控，是一件极不容易的事。顾杨波告诉我，飞机降落在目的地机场后，会有机务人员上去检查、保洁人员上去清洁，还有工作人员前往进行配餐，这些人并不是一起上去的，也没有固定的间隔时间。"所以过去的做法是让APU一直开着。"

从2019年初开始，长龙航空着手自主开发APU地面替代设施使用监控系统。这套系统让监控人员坐在AOC大厅里就能随时实时查看机队APU地面替代设施使用状况，然后及时干预。次年，团队又完成两期监控系统升级，引入外部飞常准（Variflight）等大数据，从而掌握飞机本场和外站地面廊桥信息、地面替代设施配备情况。系统还增加了地面APU长时间使用、APU与替代设施同时使用告警功能，增加ACARS报文下传频率，对APU地面替代设施使用实现过程管控，做到"应用尽用"，避免资源浪费，节省能源消耗。

当然，只是这样，也很难把APU的地面替代从被监控变成一种主动、自觉的行为。"之前有的时候接上了桥载电源，APU还是开着。"王进解释，缺少激励机制，监控就是监控。一旦脱离监控，大家的行为还是会回归到原来的状态。比如，将飞机停靠廊桥这个动作，如果没有激励机制，飞行员显然更倾向于开着APU，因为接上桥载电源需要他们增加一个动作——与机场对接。

为了让所有长龙人完成从被监控到自主自觉动作的转变，长龙航空在APU监控平台上加入自动生成数据报表的功能，可以自定义时

间段统计飞行机组过站期间 APU 地面替代设施使用情况并自动排名。通过定期发布排名靠前飞行机组表彰通告，激励飞行机组提高 APU 地面替代设施的使用。在受新冠肺炎疫情影响的 2020 年，长龙航空的 APU 地面年平均使用率，相比 2019 年整体下降约 12.4%，幅度不可谓不大。

值得一提的是，长龙航空在 2018 年 5 月底引入中国第一架搭载 Leap-1A 发动机的空客 A320neo 飞机。比起传统空客 A320ceo 机型，这一机型可降低 15% 的燃油消耗，平均每小时油耗节省约 400 千克，在执飞同一航线时有显著节油成效。在民航领域，采用新机型也是需要勇气的，而当年长龙航空在半年内就引进了 8 架空客 A320neo 飞机。如今，这类机型已在长龙航空机队规模中占将近一半的比例，这个占比在国内航空公司中位居前列。

三

将所有小动作串联起来，就形成了一个运行品质精益化管理的系统，系统会告诉管理者在哪几个环节做哪些工作可以达到节油的目的。

现在这个系统能告诉长龙航空的是，通过污水及时排空、清水按需添加等减少飞机重量的动作，通过晚放起落架、襟翼的动作，通过单发滑行、优化航路等动作，就能大大减少飞机"吃油"的胃口。

上面提到的很多动作，过去大多是依靠飞行员的自觉完成的，而数字化记录了航班与飞行员的每一个细微动作，管理者可以通过对这些动作的统计与分析做一些事情。比如，光是优化航路这一个动作，就包含着很多种可能。

随着民航空域的发展，"临时航线"的概念逐渐形成，民航空管部门将空域中非固定时段开放的航线信息发布给航空公司，并且实时掌握当天临时航线可用变更情况，灵活实施管制指挥和安排航班运行。这些截弯取直的临时航线，可以减少航班延误、减少燃油消耗、降低运行成本。

"现在，只要在飞行过程中没有交通冲突，飞行员临时申请更近的航路大多会被通过。"顾建华告诉我，在实际飞行中，可能有一些要素会影响飞行员临时申请的主动性。一种是主观意识造成的，绝大多数情况下，飞行员是按飞行小时取酬的，截弯取直多多少少影响了飞行员的收入；一种是客观实际造成的，过去有些飞行员不知道哪些地方可以申请直飞。

对前一种情况，行业内普遍采用设置"节油奖"的方式来解决。对后一种情况则是借助系统，让系统告诉飞行员在哪个地方申请直飞的成功率较高。2018年底，长龙航空临时航线排名还在全国排名前30名之外，到第二年9月底，就已成功跻身全国前15名。

还有几组数据：2020年，长龙航空通过航路优化节省距离约8.9万千米，节省燃油约320吨；通过临时航路节省距离约24万千米，节省燃油约860吨。2021年，通过航路优化和临时航路节省的距离与燃油则更为可观。这一年，长龙航空通过航路优化节省距离约25万千米，节省燃油约900吨；通过临时航路节省距离约35万千米，节省燃油约 1260 吨。

　　王进向我透露，2020 年，这些看上去不起眼的小动作，七七八八加起来，一年下来为长龙航空降低成本五六千万元，相当于很多上市公司一年的净利润。

　　"每个动作都会管得很细，比如前面说的排污水、加清水这些不起眼的动作。如果这个航班是短途航班，那么历史数据会告诉你，这类航班只需要加 50% 的清水。"王进说，还有一些早班机或晚班机，乘客登机后大概率就是睡觉，也不需要加满一箱清水。"按照传统的管理手段，工作人员肯定会加满了再说，如果用数据倒逼，逐渐地大家就会养成这种按需加水的意识。"

　　在王进看来，这种意识或许在长龙航空垫伏了很久，只是被大数据彻底唤醒了。加入长龙航空以前，王进在机场从事财务工作，那时候的她，就对长龙航空的精细管理留下了深刻的印象。"比如机上餐食，很多航空公司预订了 160 份，到中途由于一些原因变成 150 份，最后还是会按 160 份结算。但长龙航空不可能跟你这么结算的。"

　　尽管业财融合给王进分管的财务部门增加了极大的工作量，但这个团队几乎没有增加什么新成员。她记得，从 2016 年开始，部门就达到近 60 人的编制，现在也差不多是这个规模。靠的也是信息系统，让系统解决原先那些简单重复的工作，腾出人手向进一步的管理提升工作倾斜。

第七章 / Chapter 7

"独飞侠"好听不好当

不吃香的"独飞"航线

2021年2月25日,刘启宏站上了一方更大的舞台。

那一天,全国脱贫攻坚总结表彰大会在北京人民大会堂隆重举行,被授予"全国脱贫攻坚先进个人"荣誉称号的刘启宏得到表彰。此时长龙航空机队规模接近60架,已加入中型航空公司阵营,领先于与它同期诞生的其他"10后"航空公司。

作为民航业向民间资本第二次开闸时入行的后辈,长龙航空开始将第一次开闸时入行的前辈视为追赶目标。

很在乎速度和品质的刘启宏,却对另一件事更在乎,顶着巨额的亏损也要继续做下去。这件事就是让长龙航空的机队飞往老少边穷等地区的上空。到刘启宏站上领奖台的那一刻,长龙航空共计开通阿克苏、凯里、恩施、延安等老少边穷航线230多条,承运旅客量超过2000万人次。这些地方的发展希望与优质产品,通过230多条上千千米的空中抛物线,与外界源源不断地互动。

正是这类航线在辽阔的中国大地上空逐年密集,才纵横交错成一幅长龙航空振兴中国区域经济的航线图。但230多条航线、2000多万人次,对应的是长龙航空数十亿元的累计投入,以及数亿元的累计亏损。

一

2015年11月10日午时，长龙航空GJ8855航班首次飞抵重庆黔江武陵山机场，裹着白色祥云的蓝色机身下六个主轮先后着陆，与混凝土跑道摩擦时发出嘶鸣。在2.4千米的跑道上完成一系列降落操作后，连接机身与机坪的升降梯两侧聚拢了鲜花与摄像机，人们等待舱门开启后快步迎上去。

这一幕曾被记载在黔江武陵山机场在百度百科的推介里。在此之前，这座隅居重庆东南侧的支线机场每年旅客吞吐量不足15万人次，且没有一名乘客来自杭州萧山国际机场。此后，GJ8855航班每周向这里输送在杭州登机的数百名乘客。

这不是长龙航空开通的第一条扶贫航线，但无论是第几条，这些从杭州出发飞往老少边穷地区的航线，对目的地来说都有着非同寻常的意义。

"如果没有社会责任感，我干吗办企业，不如做一个投资人算了。"刘启宏跟我说，从短期经济效益来看，前几年还有很多长龙人认为当时没有将更多资源投入热门航线是一种遗憾，但现在大部分人看到这些航线所带来的社会效益，都觉得这些投入和亏损是值得的。"企业无论是大是小，都应扛起社会责任。虽然我们的'扶贫航线'亏损不少，但推动了老少边穷地区的脱贫致富，促进了民族间的交流与团结。"刘启宏说。

一般而言，多数民营航空公司会在初级阶段选择竞争相对弱的支线，时机成熟时转而寻找干线的机会。长龙航空在创立半年之后却将一部分力量转向老少边穷等地区的独飞航线。

2014年2月16日清晨7时整，一架喷绘有"浙江长龙航空"标志的空客A320客机满载乘客，在跑道上稳稳地滑行、提速，昂首腾空而起，穿入云层，飞向它全新的一站——洛阳。

这是浙江长龙航空自2013年12月29日客运首航以来第8个通航城市，之前上了它的通航名单的城市有深圳、武汉、成都、广州、重庆、西安、银川。这些机场中且不说深圳、武汉、广州等城市的机场，就连银川河东国际机场也是区域枢纽机场，当年，这座机场全年游客吞吐量超过400万人次，居全国第39位。

而同一年，洛阳北郊机场全年游客吞吐量还不到60万人次，在全国排名第78位。当年，长龙航空是唯一一家开通从杭州到洛阳航线的航空公司。

这一飞，就没停下来过。随后几年，围绕西部大开发和浙江对口支援城市对航空服务的需求，长龙航空又陆续开通百余条通往西北、西南等地城市的航线。北至哈尔滨，西抵银川，这类独飞航线占据长龙航空所有航线资源较大比例。

独飞航线（又称独占航线），指一家航空公司独占的航线，或有别家航空公司，但其所占份额不到30%的航线，说白了，独飞航线几乎只有一家航空公司在飞。"独飞"听起来很诱人，放在很多领域，独此一家的生意一定差不到哪里去。但民航业不太一样的地方是，所谓"独飞"，换个说法，可能是其他航空公司不愿意飞。

航空公司不愿意飞，主要原因是不赚钱、难赚钱。新航线的开发需要一定的前期投入，既然是独飞，就意味着航空公司要单枪匹马独自耕耘，甚至要下沉到乡村去做宣传，市场培育成本极高。乐观一点儿的业内人士觉得，这个培育周期可能一年半就够了，而谨慎一点儿的业内人士则认为这个周期可能需要10到20年。

很多航空公司当然倾向于用有限的运力去已经培养好的干线市场上分一杯羹，特别是东部地区的热门航线。"像在北京、上海、广州这些地方往返的航线，一般是躺着挣钱的。几乎不需要动用市场的一兵一卒，钻进去就能赚钱。"一名业内人士告诉我。这样一来，大多数航空公司都不愿意做第一个吃螃蟹的人，不愿意投入物力、人力、财力去做一个市场蛋糕。"这是市场规律，无可指责。"

就像橡实虽然含有丰富的淀粉和油，但人类却没有将它成功驯化，一个很重要的原因是，橡树生长缓慢，使大多数农民失去耐心。不像小麦，种下去不消几个月就可以得到收成；也不像杏仁，种下去三四年后就可以长成能够结果的树。种下一棵橡树，在10年或更长的时间里，农民都不会有什么收益。

21世纪初，不少中小城市建起了支线机场，可航空公司的热情不高，地方政府甚至要亲自出马，作出种种优惠承诺才能吸引航空公司。所以，民航局专门出了一条新规，给独飞航线加上"保护期"。也就是说，航空公司新开辟的西部等地区的冷僻支线航班，将获得有关补助以及一定的独飞"保护期"，在"保护期"内，航空公司拥有该航线的唯一经营权。有一段时间，这个"保护期"被设定为3年。

即便加上"保护期",培育周期长、前期流量低等因素的叠加仍不足以激发航空公司的积极性。一般来说,独飞航线能坚持1年,说明还有一定的市场需求;在1年左右的市场培育期后,接下来的2年因为没有竞争对手,旅客资源可以独享。3年以后,就算有其他航空公司分享航线,独飞航空公司也在市场上占有先发优势。

这是一种非常理想的状态,而更多的独飞航线存在的较大风险是,连续亏损两三年也没能见到盈利的苗头。此时航空公司就会陷入进退两难的境地:一方面前期投入还没看到效果,一方面"保护期"眼看着就要过期了。所以,这类独飞航线,一些航空公司飞了一两年看不到效果就撤退了。

"也不是其他航空公司没有飞这些扶贫航线,只是像长龙航空这么集中地飞这类航线的,很少。从浙江省出发的,基本都被长龙航空给承包了。"作为长龙人,尽管王玉国对损失的经济效益有点儿遗憾,但说起这一点,他的语气里更多是自豪。"之前从杭州出发的一些扶贫航线是其他航空公司在飞,看长龙航空飞了,其他航空公司就退出了。"

刘启宏不可能不了解这当中可能产生的巨额损失。以长龙航空执飞的杭州—郑州—阿克苏航线为例,从杭州飞往阿克苏要花费8个小时,这么长的时间足够飞一趟国外了。加上一开始前往阿克苏的旅客数量不多,从短期来看,该航线的开通想要获得收益是比较困难的。

"肯定是亏钱的,扶贫航线上不赚钱。"刘启宏说。他看好这种航线带来的人流、物流,比起单纯地权衡一条航线的收入与支出,他更希望长龙人把关注点转移到如何提升这些人流和物流的价值上。民航产业的投入产出比是1∶8，航空公司投入1元钱，就有8元钱的产出。"可能这8块钱不在我的口袋里，但这些钱都在我们生长的土壤上，你怕什么呢？这些价值迟早会释放出来。"

另外一件事也总被刘启宏挂在嘴边：长龙航空的崛起离不开天时地利人和。他感恩浙江这片土地，更感恩这个时代。"吃水不忘挖井人。我想，长龙快速稳健的发展，离不开社会各界一如既往的支持，感恩社会，回报社会，担起该担的社会责任。对于长龙来说，社会责任必须作为一种使命、一种信念，不可推卸、主动担起。"他说，长龙人经常在思考一个问题：航空业如何服务社会？它的方式和路径在哪里？

末了，他又反问我："人的财富要多少是够？或者说要多少才花得完？我觉得财富不是永恒的，精神才是永恒的。许多企业家所拥有的财富，可能几代人都花不完。但是作为企业家来说，既然花不完，我们还想什么？"

二

"要致富，先修路；要快富，修大路。"这是老百姓编的顺口溜，他们期盼那些深入乡镇的"毛细血管"，也期盼像航线这样能通往全国甚至全球的"大动脉"。最让刘启宏欣慰的画面是：每次首航，当地机场都涌满老乡围观，当长龙航空的飞机飞过时，他们脸上就洋溢

着走出大山的喜悦。看到这样的画面，他就很知足了。

"脱贫摘帽不是终点，而是新奋斗的起点。坚守社会责任让企业变得'有血有肉'，我们将继续用民航力量，点对点激活那些在中国版图上不起眼的区域。"刘启宏口中的"点对点激活"，也与一个时代有关。

2012年，中国贫困人口总量从上一年的1.28亿人减少到9899万人，这是贫困人口数量第一次掉到1亿人以下。这一年，中央财政用于农村贫困地区使贫困农民直接受益的综合扶贫投入共2996亿元，比上年增长31.9%。在当时来看，这是历史上扶贫投入力度最大的一年。

8年之后，刘启宏和来自全国各地的代表接受荣誉的那一刻，也是宣告我国脱贫攻坚战取得全面胜利的一刻。此时，现行标准下9899万农村贫困人口全部脱贫，832个贫困县全部摘帽，12.8万个贫困村全部出列，区域性整体贫困得到解决，完成了消除绝对贫困的艰巨任务。也就是说，8年里，平均每一年都有1000多万贫困人口脱贫。

在贫困人口逐年大批量脱贫的时候，一座座机场在全国尤其是中西部地区拔地而起。2012年，我国境内运输机场有183座，到2021年，增加到248座。2021年，我国共有定期航班航线4864条，接近2012年的2倍，航空服务网络覆盖全国92%的地级行政单元，在脱贫地区新建运输机场47座，航空服务对脱贫地区的人口覆盖率达83.6%，比2012年增加13个百分点。

过去，在国务院规定的 14 个西部省份的 634 个县市艰苦边远地区中，民众的出行成本非常高。地面交通不便与出行时间过长，导致这些地区与外界往来缺乏，这也是产生贫困的原因之一。而要保障这些地区民众的基本出行权、推动他们脱贫攻坚，发展当地的基本航空服务是必须走的一条路。

目前，整个民航业能够确保脱贫地区机场每天至少有 1 个航班联通区域枢纽机场，最多中转 1 次可联通国际枢纽机场。要知道，2012 年，中国西部地区 91 座机场加起来完成的旅客吞吐量仅为 1.81 亿人次，而当年北京首都国际机场就完成了 8000 多万人次的旅客吞吐量。到 2021 年，西部地区 125 座机场加起来完成的旅客吞吐量已接近 3 亿人次。

这还是新冠肺炎疫情期间的数据，在疫情尚未暴发的 2019 年，西部地区 121 座机场加起来完成的旅客吞吐量高达 4.03 亿人次。

在这些数字变化的背后，很多人没注意到国务院在 2012 年的一个动作：明确把民航业定为战略性产业。针对机场规划建设，当年还有一个表述是："机场特别是运输机场是重要公共基础设施，要按照国家经济社会发展和对外开放总体战略的要求，抓紧完善布局，加大建设力度。机场规划建设既要适度超前，又要量力而行，同时预留好发展空间，做到确保安全、经济适用、节能环保。"（《国务院关于促进民航业发展的若干意见》）

根据国家发展和改革委员会公布的数据，2012 年国家集中批复的机场新建或扩改项目超过 24 个，投资总额超过 1000 亿元。

一座机场就是一个支点，能够撬动一个地方的经济发展。一旦被撬动，地方经济的引擎就会轰隆作响，带领这片土地飞奔着与外界产生联系。国内有研究分析，我国机场每百万航空旅客吞吐量可以产生经济效益总和 18.1 亿元、相关就业岗位 5300 多个。试想一下，3 亿人次的旅客吞吐量能给西部地区带来多大的能量？

全球最繁忙的机场之一伦敦希思罗机场，客流量在全球众多机场中排行第三，它的愿景是：创造世界最佳机场，通过希思罗机场促进增长、就业、出口与交通连接，从而使英国保持强盛。从它的愿景可以看出来，这座机场的使命就是使英国保持强盛。很多时候，机场最主要的任务不是着急盈利，而是想方设法开通更多的航线，创造与外界频繁而紧密联系的机会。

无论是机场建设还是航线增加，都让边远地区与东部地区的距离更近一步。特别是在新疆、青海、内蒙古等地，一座机场、一条航线，可以使非省会城市与省会城市的通行时间缩短 4—18 个小时。中国民航大学有一项研究表明，民航对中国 GDP 的影响约达 5%，但在西部很多地区，这一比例可以高达 8% 甚至 10%。

有了机场，西部的鲜花、水果、蔬菜就能搭乘飞机抵达世界的各个角落。

1969 年，美国加利福尼亚州尔湾的工厂推出了世界上首个冷藏集装箱。该冷藏集装箱可以装在墙上，也可以放进波音 747 的机舱，此后上亿株荷兰鲜花被装进冷藏集装箱运往美国、日本以及世界其他地区。随后的 10 年里，荷兰的花卉种植商们从欧洲的花卉生产霸主一跃成为全球花卉生产商。到1973年，荷兰的花卉出口量将近占全球花卉出口量的1/3。

像荷兰阿姆斯特丹这样拥有大型机场的城市，从20世纪中叶开始，利用航空运输的优势促成各种临空指向型产业的聚集，带动机场附近地区的土地开发和产业调整。

到20世纪末，位于国内西南边陲的昆明斗南镇也看上了花卉销往全国乃至全球这门生意。1992年，因为卖花比卖菜赚钱，斗南镇一个小型菜市场上卖花的摊主越来越多，挤走了原来卖菜的人，把这里从菜市变成了花市。老百姓有的在街上卖花，有的用单车拉着一筐筐鲜花从斗南镇一路骑到巫家坝机场，把花卖到省外。1998年，这里的鲜花销量就冲上了全国第一。

现在，平均每天有300万—350万枝高品质鲜花从斗南拍卖市场拍出，连夜发往全国各地以及中东、日本、新加坡、俄罗斯等国家和地区。这些鲜花要发出去，90%要靠航空运输，当地人说，云南的鲜花版图是飞机用"翅膀"画出来的。从昆明出港的飞机降落到哪里，哪里就有云南鲜花的影子。

"这就是为什么有些地区宁愿补贴一些资金也要吸引航空公司到本地，要对机场进行扶持和发展。"一名业内人士解释。

到2022年，光是云南一省就修建了15座机场，这片尝到了机场流量带来的甜头的土地，计划在接下来的3年里新建5座民用运输机场。当然，并不是每一座机场都能感受到巨大的流量冲击力。在云南，昆明长水国际机场旅客吞吐量占全省的2/3，这就意味着其他14

座机场要瓜分剩下的 1/3 流量，即便如此，仍不能阻止地方拥抱机场建设的热情。

"整个航空运输是一个网络，无论机场规模大小，都是航线网络中的重要节点，大、中、小机场是相互依存的关系。"一名业内专家认为，小机场能够为大机场提供客、货流量资源，扩大大机场的辐射范围，进而带动一个省份甚至更大区域的经济社会发展。

在云南腾冲，旅游业内人士觉得，机场带来的变化是飞跃式的，哪怕是一家小小的玉石店也能从机场溢出的流量中享受到红利。腾冲驼峰机场通航之前，这里的玉石店接待的客户大多是昆明人，省外的人到腾冲要先搭乘飞机前往保山或芒市，再从那边坐大巴车颠簸上两三个小时到达腾冲。这就导致省外人不愿意到腾冲。然而，腾冲驼峰机场开航之后，这里玉石店的客户不仅有来自省外的，还有来自海外的。

距离腾冲 3000 千米以外的阿拉善盟，是内蒙古最大的一个地级行政区。这个行政区从东到西要跨越 800 千米，从南到北要跨越 400 千米，这里的老百姓过去出行主要依赖公路，然而 10 年前这里的公路密度不足全国平均水平的 1/10。2011 年，阿拉善盟被定为国家通勤航空试点地区，建设阿拉善左旗巴彦浩特、阿拉善右旗巴丹吉林和额济纳旗桃来三座机场，飞行区指标均采用 3C 标准，总投资 3.89 亿元。两年之后，承载着大漠人民飞天梦想的三座通勤机场同时开航，在这之前，国内还没有一座通勤机场。

所谓"通勤机场"，是为了方便偏远地区居民日常出行和经济往来而建设的一类机场。往返的飞机以定期或不定期航班的方式，高频次往返于飞行距离常在 400 千米以内的客源地机场、支线或部分干线机场。

过去，阿拉善盟旗与旗之间驾车出行需要 6—8 小时，有了通勤机场，出行时间缩短至 1—1.5 小时。时间一旦大大缩减，影响的绝不仅仅是出行方式，在未来的生活中，影响会潜移默化地渗透至当地百姓的生活节奏与思维理念中。三座机场让当地更多牧民百姓乘坐飞机"走出去"，也让外面的人乘坐飞机"走进来"，为当地的社会和经济带来新一轮的发展机遇。

三

进入 21 世纪，机场扮演的角色又开始了悄无声息的变化。此时，机场的羽翼更加丰满，丰满到可以覆盖周边 10—15 千米的区域。在荷兰，规划师当中流传着这样一种说法：机场迁出城市，城市紧跟着机场的步伐，机场最后变成城市。

一座机场到底能向城市释放多大的能量？这很难量化。不过，评判一座机场的价值与意义，仅仅看短期内的盈利状态，可能就会错过它带来的长远意义。

位于美国中南部的田纳西州有一座小城，叫孟菲斯。在 20 世纪 70 年代之前，美国的老百姓听说这座小城大都是因为摇滚巨星"猫王"，而在美国之外，很少有人知道这么一座小城的存在。毕竟，那时候，即便是在美国，它也被称为"美国南部最不活跃的城市"，只有棉花种植和棉花现货贸易支撑着这座小城的经济。但如今的它，已是全世界知名的"世界货运之都"。

改变这座小城命运的是当地机场。1973年，当地机场迎来了联邦快递（FedEx）的总部；5年之后，又迎来了联邦快递的超级转运中心。在后来几十年里，孟菲斯与联邦快递互相成就，孟菲斯机场发展成为全球最大的货运机场，直到2010年被香港国际机场超越。其实孟菲斯机场修建于20世纪20年代，只是在从20世纪20年代到70年代的漫长的50年里，这座机场的存在感不强。

如果只看经营指标，这座机场因为本身定位为公益，又是以货运为主，所以盈利能力较为一般。由于获得稳定的政府补贴，每年盈利才为正数。然而，这座机场的伟大之处在于，用一种平凡的业绩创造了一座了不起的城市。

2008年，孟菲斯大学的研究者们想要评估这座机场对城市的影响力。他们发现，该机场间接地影响着这座城市近一半的经济，它为孟菲斯周边5个县、市的经济总共注入了286亿美元，为当地居民带来近80亿美元的收入和22万个就业机会，其中34.3%的就业与航空客运、货运及机场建设有关。离机场几千米的地方有一座小镇，这座小镇也被机场彻底改变，它以联邦快递为核心，成为孟菲斯真正的中心。

联邦快递是这座城市里最大的私营企业，它搭建了一个由仓库、运输公司、工厂以及办公区构成的经济体系。这一体系对孟菲斯就业的贡献也十分可观，为孟菲斯提供了30000个就业机会，是孟菲斯的最大雇主。在航空城产业辐射下，与联邦快递相关联的物流业、制造业、医疗服务业、计算机维修业、旅游业等产业在孟菲斯发展迅速。

有数据显示，大型枢纽机场客运量每增加100万人，将拉动地方经济增长0.5个百分点，增加就业岗位1万个；机场每创造100个工作岗位，会间接创造610个其他行业的工作岗位；空港每增加10万吨航空货物，将创造800个工作岗位；每新增1班异国国际直达航班，可为当地增加1500多个就业机会。

国内中部地区也有一座城市因为机场而重获新生，那就是郑州。郑州的机场是在1942年修建的，当时只有一条300多米的土跑道，这座机场与这片土地的互相成就，要等到20世纪末与21世纪初的两次蜕变才真正拉开帷幕。第一次蜕变发生在1993年，郑州的民航专用机场开工建设，当时河南人民勒紧裤腰带也要建一座国际机场。20年之后，这里发生第二次蜕变，也就是郑州航空港经济综合实验区正式获批。

2010年11月底，一位知名企业家应邀出席郑州航空城总体规划评审会，在接受记者采访时，他明确表示："我之所以将产业选择在郑州，是因为我看上了这里的飞机场、人口和位置。一个城市之所以能发展，是因为这里有好的交通、好的建设和好的工作机会，人们自然愿意住在这个地方，航空城就是符合这一点。"

郑州航空港经济综合实验区是在2013年3月7日获得批复的，当年5月5日，航空港经济综合实验区的国有企业、外资企业、民营企业、金融机构等110家单位就举办了一场招聘会,招聘会上提供了4600多个岗位。对于当地百姓而言,航空港区建设,带来的最直接的好处就是就业。入驻实验区的有一批国际企业巨头、一批高端服务企业,这些单位和机构在招聘会当天吸引了1.6万名求职者。一些海外留学生还委托父母前来打探行情。这一切在告诉我们:机场不仅提供就业机会,还为当地留住了高端人才。

在实验区获批的第二年,这片土地完成生产总值413亿元,是2010年的14.8倍。实验区的生产总值同比增长18%,超过河南全省平均增幅9.1个百分点。其中,手机总产量达到1.43亿部,约占全球手机供货量的1/8,一个全球重要智能终端生产基地正在这里形成。装载着智能手机的运输车会直接开进机场,一箱箱的手机被装上飞机,运往世界各地。

"一座机场最关键的是航线的布局,你的航线伸到哪里,就意味着这座机场所在城市的产业触角能伸到哪里。"刘启宏说。国外从20世纪70年代开始形成航空城的概念,随着中国城市化进程的发展,机场也会成为城市都市圈的核心,这是必然趋势。

当机场的航线网络越织越密集时,围绕通达城市所能布局的产业触角自然也会越伸越长。一旦超出当地的产业容量,就会向周边县、市甚至省外渗透。

航空大都市概念的提出者约翰·卡萨达认为,航空大都市的最主要价值在于它能够使企业快速连接全国及全球范围内的供应商、客户和合作伙伴。落户在航空大都市区域内的企业多为现代高科技以及高附加值企业，通俗来讲就是"坐得起飞机"的产业，比如高新技术、生物医药、电子商务、高端商业服务企业。这些企业比那些位于都市市区的企业更依赖远程的供应商和客户。

对这些公司来说，时间不仅是成本，更是金钱。通过无缝连接高速公路、铁路和空运，航空大都市能帮助本土、全国性以及国际性企业降低时间成本，提升其比较优势和商业运营效率，推动区域和区域内企业发展"速度经济"。与"规模经济"和"范围经济"相比，"速度经济"同样重要。

即便不提航空大都市这样"高大上"的概念，机场也能为一座城市的命运输出朴实而深远的影响，而在很大程度上，老百姓的命运也被城市的命运左右着。所以，当一座机场以规划的面貌出现在城市的蓝图里时，就被寄予了厚望。

2016年5月27日，成都天府国际机场开工。当天，不少当地居民赶到周边的山坡上，想要见证这一重要时刻。早在2013年，成都市简阳芦葭优化场址就被确定为这座机场的选址，但选址确定到正式开工之间又隔了差不多3年，也让当地百姓盼了3年。一听说机场开工，甚至有在外打工10多年的当地百姓一大早从外地骑2小时摩托车赶到芦葭围观开工仪式。

在赶到那片小山坡之前，他们中有些人已经跟家人盘算过了，等机场建好了，回来做点儿小生意。离机场施工地比较近的百姓，在机场开工之前就尝到了甜头——先期施工的企业租下了他们的房屋。从工程车陆续进场的那一刻开始，那些在城市半空作业的机械臂带动的

就不再只是机场的施工进度,而是机场所在地的 GDP 与就业。

2019 年,民航局定点扶贫机场建设项目——新疆于田万方机场开工。到第二年,机场就招录了 80 多名当地百姓,从事保安保洁、工地浇水、清理机场砂石等工作。机场还在施工阶段,就经常有周围村镇的老乡骑着电瓶车特地来参观,向工作人员打听:"听说这里要修机场了?我们过来看一看!""真的今年底就能用了?"也有不少年轻人热情地过来问能不能帮上什么忙,或者想在工地上找一份工作。在他们看来,有了机场,哪怕没有机会飞出去看一看,能到机场谋一份生计,也是一件值得期待和增长见识的事。

尽管一开工就能拉动就业,但这片土地要想插上一对翅膀,还要等到通航。机场建好了,百姓依旧坐不起、坐不上飞机,这种情况,西部地区一些机场也遇到过,青海就是其中之一。不过,青海机场公司不等不靠、主动担当,通过广泛研究欧美基本航空服务计划做法,提出"通廉航空"模式。

青海东南部有一个地方叫果洛,当地有一家传统酸奶的主要生产商,过去这家企业为了更广阔的前景选择发展牦牛奶粉产业。做这个选择之前,企业主们没有想到地理位置所带来的阻力会有那么多。在购置生产设备时,厂家都像商量过似的向他们表态:因交通不便,一旦设备在奶粉生产过程中发生故障,厂家不能保证在鲜牦牛奶保质期内从北京赶到果洛进行维修,因此有可能造成巨额损失。在寻求专业人才的支持时,对方一听说工作地点是果洛就放弃了。

这些阻力在"通廉航空"模式下被"一键解决",设备顺利投产，人才同步就位，在该模式启动的当年，格桑花乳业就为全州6县2000户牧民带来每户每月1800元的收入。

开航容易，撤退难

有了机场，在荒僻之处建造一座世界级城市极有可能——好比在极不可能的地方另建一座洛杉矶或达拉斯，例如曼谷。这是《边缘城市》的作者乔尔·加罗（Joel Garreau）说的，在他眼里，从空中呼啸而过的飞机可以像互联网一样不费吹灰之力拉近两座城市之间的距离。

这里有一个前提，就是有飞机愿意在空中放下起落架降落到这座机场，离开了这个前提，地方政府所有的努力都无法兑现为肉眼可见的经济效益。

2013年10月2日上午，凯里上空的雾气还在弥漫，但在距黄平县城12千米、距凯里市区54千米的凯里黄平机场内，却赶来了四乡八寨的乡亲们。他们是来迎接第一批从几千千米以外飞来的客人。在这一天之前，平均每天有2万名游客踏上这片土地，他们只能通过高速公路或铁轨抵达这里，也只能通过这两种方式离开。在当地有关部门的预测里，几年之后，一年将有20万人、800吨货物搭载飞机来到这座城市。到那时候，每天平均约有6架飞机会在这座机场起飞或降落。

之所以作出这一预测，是当地政府认为黄平机场至少有两大支撑点：第一，它地处国家级风景名胜区舞阳河景区内；第二，它距离西江千户苗寨比较近，特别是将来修通机场到凯里的高速公路之后，从机场到西江，只需1小时左右的时间。

一

对比全年的游客接待量，"20万人"是一个非常不起眼的数据，但对于当地企业和百姓而言，这中间释放出来的机遇是值得期待的。凯里黄平机场通航之前，一名凯里的投资商将他的公司注册成集团公司，他做这个动作的原因是机场。在他看来，机场通航能够大大缩短省外到凯里的时间，他可以从省外引进更多人才。

不过，如果更多的航班选择飞越而不是降落在凯里黄平机场，那么所谓的"预测"也将失效。尽管从2021年的数据来看，凯里黄平机场的发展曲线在当地政府预测之内，但中间仍有不少曲折。

2016年，《关于大力发展支线航空、增加凯里黄平机场航线的建议》中提到，由于凯里黄平机场处于经济欠发达地区、位置偏远、不可能承受过高的票价，导致执飞的航空单位运营成本较高。这份文件透露，通航15个月后，凯里黄平机场就没有航空公司再执行飞行任务了。机场从2015年2月开始进入停航状态，到2015年9月才恢复黄平直飞广州的一趟航班。

从2015年民航机场吞吐量排名也可以看到，这一年凯里黄平机场的旅客吞吐量仅为 7486 人次，在全国排名靠后；而上一年，它的旅客吞吐量将近 6.25 万人次。2015 年的旅客吞吐量差不多只有 2014 年的 1/10。不过，这种情况并没有持续很久。2015 年 8 月 1 日下午，凯里黄平机场迎来复航后的首班飞机，而且复航的速度很快，因为这一年在停航几个月的情况下，飞机的起降架次仍然比上一年高。

到 2016 年底，凯里黄平机场的旅客吞吐量恢复到 9.41 万人次的水平，飞机的起降架次达到 5862 架次，几乎是上一年的 4 倍。也是在这个时候，贵州省苗疆侗乡旅游股份有限公司以黔东南州人民政府航线运营平台的名义，向长龙航空申请以"购买运力"的方式合作开通航线。

"凯里来找我们的时候，我们也没有时刻，哪儿有时刻？"刘艺告诉我，但由于黔东南对航空飞行的迫切需求，刘启宏几乎没有犹豫就答应了，没有时刻，就拿现有的时刻改造。长龙航空原本有一条杭州直飞成都的航线，在那之后就变成了经停航班，经停站就是凯里。直飞航班改造成经停航班，就意味着中间要增加一次起降，这不仅涉及时刻调整，而且，一来一回还要增加各项成本支出约 3 万元。"关键原来从杭州直飞成都是一个客流量比较充足的航段，改成经停，显然会影响竞争优势与经济收益。"

一般来说，经停航班的票价低于直飞航班，虽然按照双方协议约定，对方政府会向长龙航空支付航线补贴款，但这并不一定能够弥补航线改造所带来的损失。"开这条航线主要是为了短段的事儿，而收益主要靠长段，但长段的客流量又肯定没法跟以前比。"刘艺说。权衡了这中间所有的利弊，长龙航空还是开通了这一条航线。在刘启宏看来，开通一条航线的社会效益与象征意义往往会超过它带来的经济效益。

2017年3月26日17时，浙江长龙航空的飞机降落凯里黄平机场，杭州—凯里—成都航线首航成功。这一趟航班从2017年3月26日执飞至2018年3月24日，班期为每周一、三、五、日。在当地政府眼里，航班的开通将加快黔东南州对外开放的步伐，大力提升黔东南州旅游配套服务水平，并大大推动黔东南州旅游的井喷式增长和经济发展。

不过，现实的曲线依然朝着双方预测与期望的反方向演进，航线开飞后，承诺长龙航空的航线补贴并没有到位。

每年10月的最后一个星期日开始到第二年3月的最后一个星期六，航空公司要执行冬春季航班计划。换季之前，航空公司要对航线重新进行优化调整，趁着这个档期，长龙航空工作人员试图尽量避免损失扩大，打算取消经停凯里的计划。当地政府得知这一消息后，承诺一旦解决冬季航线编排的问题，补贴款就兑现。不过，最终的结果并不理想，航线编排好了，补贴款却没有见到，工作人员被迫取消了航线计划。

"一开始，这些扶贫航线其实谁也说不上来意义和影响，然而，一旦要取消这条航线，所谓的'意义'就跳出来了，双方才发现这是不能轻易取消的。"刘启宏坦诚地告诉我，连他自己一开始都没有明确地认识到这类航线存在的意义与价值。

二

　　2017年冬航季换季期间，长龙航空没有继续安排杭州—凯里—成都航线，这让当地政府着急了。2017年12月，当地政府一队人马紧急来到杭州，对长龙航空提出了两大需求：一是尽快恢复航班，二是适当降低补贴额度。当然，政府方面同时承诺，会尽快筹集资金解决补贴款拖欠和保证金问题。恢复航班并不是一件容易的事，因为一旦从航线计划中剔除了一条，要重新获取时刻资源就是不太可能的事。

　　但当地政府反复跟长龙航空强调，这条航线对当地意义重大，无论是杭州还是成都，都是消费能力相对较强的城市，与这两座城市的来往有利于激活当地的经济与人气。听了对方的困难与解释，长龙航空冒着损失再次扩大的风险，从东西部扶贫协作的大局出发，决定重新开航。当年，双方签订第二份航班运力购买协议，执行期限为2018年1月10日至2021年3月27日，比上一份协议整整延长了两年。

　　为了履行开航的责任，长龙航空立即向民航局和民航西南、华东地区管理局申请相关运行手续，2018年1月10日18时25分，长龙航空GJ8679航班在凯里黄平机场缓缓落地，杭州—凯里—成都航线正式复航。复航过程中，一个不为外人所知的细节是：为了置换出成都机场时刻，长龙航空取消了收益较好的成都—兴义—珠海航线。虽然都在贵州，但由于兴义万峰林机场的通航时间比凯里黄平机场早上几年，万峰林机场的旅客吞吐量更为庞大。2016年，与凯里黄平机场 9.4 万人次的旅客吞吐量相比，万峰林机场的旅客吞吐量已接近 52 万人次；2017 年，凯里黄平机场的旅客吞吐量激增至 42.5 万人次，而万峰林机场的旅客吞吐量已高达 92.2 万人次。

除了潜在的经济效益，更直接的损失也摆在长龙航空面前。临时更换航线导致长龙航空对兴义方面构成合同违约，违约损失高达 436 万元，给公司带来了负面影响。

非要找一个理由来解释这种行为的话，只能是"责任"。"责任越来越大，担子也越来越重，压力也很大。压力来自很多方面，有政府对你的信任，还有老百姓对你的期望。"刘启宏告诉我，有的时候，看起来长龙航空是在圆地方老百姓的梦，其实也是在圆自己的梦。"所以，付出的一分辛苦、一分耕耘，后面肯定会有收获，这些都不用去想的。"

第二份航班运力购买协议签订之后，尽管补贴款还是没有兑现，但长龙航空依然将杭州—凯里—成都航线当作最重要的对口帮扶航线持续运营，不计成本培育付出。2018—2019 年，由于航线换季导致该航线短暂失去成都机场的历史时刻，长龙航空一边通过调整自有时刻力保航线持续执行，一边寻求各方的支持。

2018 年 10 月 28 日，凯里黄平机场原有航班暂停运行。按照机场方面的说法，是因为中国民航 2018—2019 年冬春航季航班计划调整。当年 12 月 9 日，凯里黄平机场恢复运行杭州—凯里—成都航线，这大概也是机场停航之后第一条恢复运行的航线。有一段时间，长龙航空甚至成为这座机场的"独飞侠"，其他航空公司都因为补贴未能兑现先后离场。这种情况整整持续了一个航季。

这类航线大都背负着将发达省份的资源导入欠发达地区，从而缩小国内中西部地域差异的重大使命。尽管这类航线是民营资本受到热烈欢迎的领域，但大多数民营资本仍希望尽快从这些亏损航线中撤离。

"一条不赚钱的航线，我们使劲飞，老板能高兴吗？别说是民企老板了，就是一家国企，也不一定允许顶着亏损随便去飞。"在刘艺看来，这些航线没有刘启宏的首肯与支持，根本不可能飞起来，"一家民营企业主动挑起这样的担子，还想着要在这中间寻求一定程度的作为，这就少之又少了。"

军人出身的刘启宏不会轻易下达"撤退"的指令，即便这条航线是长龙航空到目前为止亏损最严重的航线，他仍没有选择"及时止损"。"如果我们停飞了，这个机场就没有航班了，所以我们一直在坚持。"截至2021年3月27日，杭州—凯里—成都航线共执行1365班航班，总共运输旅客近30万人。

这条航线为黔东南州架起了与东部发达城市杭州、西部中心城市成都的空中桥梁，既为杭州对口帮扶黔东南州工作提供了极大便利，又为黔东南州推进脱贫攻坚事业作出了重要贡献。在没有补贴的情况下，2019年春运和暑运期间，长龙航空曾主动安排加班，将杭州—凯里—成都航线加密到每天一班。2019年10月27日，长龙航空开通了深圳—凯里—西双版纳航线（后因新冠肺炎疫情，该航线自2020年1月31日起停飞）。在协议期满后，考虑到黔东南州巩固脱贫攻坚成果的需要，2021年3月28日至2021年10月30日期间，长龙航空继续安排了每周 3 班的杭州—凯里—丽江航班。

"这些加班时刻如果用来飞其他航线，经济效益会好很多。但是考虑到这个地方的扶贫需要，所以作了一些资源倾斜。"刘启宏说。其实长龙航空做的这一切，当地政府一开始并不完全了解。一次，当地政府作扶贫工作汇报时，提到了长龙航空所做的工作，对方才知道长龙航空在几年内默默付出了这么多。"我们出了一部分的钱，为地方经济带来的利益却是很大的。"刘启宏又提到了民航领域 1∶8 的黄金比例，"就是说我们支出的每 1 块钱，可以为当地带来 8 块钱的产值。"

2020 年 5 月，刘启宏还专门飞去凯里黄平机场考察，对这条航线的巨大亏损有了更深刻的了解。"不过我们不是去'止损'的，而是去坚定当'独飞侠'的决心的。我们还结对资助黔东南州百名贫困学生，为对口帮扶出力。"刘启宏说。

像杭州—凯里这样支援全国老少边穷地区的航线，长龙航空先后开设了上百条，它也成为杭州萧山国际机场独飞航线、新开航点最多的航空公司。

这些对口帮扶航线的开通，使得绿水青山里盛产的优质农副产品快速飞向东部地区的千家万户，纷至沓来的航空旅客为帮扶地区带来更多的旅游收入，快速促进了帮扶地区与发达地区的人员、货物和贸易往来。到 2022 年，长龙航空累计承运旅客超过 4600 万人次、货邮 43.9 万吨。多年来，它在扶贫航线上累计投入数十亿元，累计亏损数亿元，对扶贫事业投入可以说是真正的"不计成本"。

越是飞向贫困地区，越要快

2018年12月19日21时53分，由郑州新郑国际机场起飞的长龙航空GJ8781次航班平安降落在阿克苏温宿机场，并于次日9时30分由阿克苏起飞前往郑州。首航之后，杭州—郑州—阿克苏航线每天都会执行。

"12月19日，这个日子我记得清清楚楚。"刘艺告诉我，当时开通这一航线的计划遭到了不少人的反对。这些人觉得，这条航线一旦开通，就等于撕开了一道口子，一道会吞噬公司利润的口子。再说了，一天一班在他们看来也是很难承受的。这些都没能说服刘启宏，他们只能劝说他能不能将这条航线延迟到第二年夏天再执行，坚定的刘启宏并没有听取这个建议。

"不行，我答应对方了。他们也很困难，现在杭州到阿克苏都需要转机，很不方便。"当刘启宏下定这个决心以后，消化困难的任务就落在了长龙航空身上。"我们在一个月内走完了流程审批、航权时刻的审批。时刻肯定得先腾出自己的，拿我们自己的时刻飞的。"王玉国回忆。先不说在一个月内让一条航线开通有多么不容易，单单腾出自己有价值的时刻挪给扶贫航线，就是一件很了不起的事。更何况，这种以牺牲经济效益为代价的腾挪已经不止一次出现在长龙航空内部。

一

关于这类机场的时刻，民航总局在《关于促进小型机场发展的若干意见》中有明确要求：对小型机场直飞至北京、上海、广州等三个城市的航班，原则上每天保证往返1班；小型机场直飞至省会城市机场或地区性枢纽机场的航班，每天至少保证往返1班。在确定航班时刻时，要适当考虑给予较好的时段。

"那是支持小机场的实实在在的重大举措，但落实起来需要克服许多困难。"曾有业内人士撰文称，小机场申请航班时刻，先找航线所在地的地区管理局，地区管理局说没时刻，让先找航空公司。航空公司则说，现有时刻是我的，你们要到了我就飞；要不到，用公司现有时刻飞要价较高。显然，并不是所有航空公司都愿意为这类航线的亏损买单。

然而，曾有过军旅生涯的刘启宏对社会责任有着更为清醒与笃定的认识："军人就是人民需要去哪里，就要奉献到哪里。"从20世纪90年代开始，他就关注公益。那时他就愿意拿出100万元，和同伴一起在中国老龄事业发展基金会设立中国老年爱心护理基金，为500位老人免费安装心脏起搏器，资助困难老人实施白内障手术。

"服务人民，回馈社会"是刘启宏常挂在嘴边的话，在他看来，航空公司应该充分发挥自身的优势去承担企业的社会责任，利用行业的特色来做精准扶贫。"不光是航空公司，实际上我相信，所有的企业家，只要对社会担当和社会服务有决心，企业就会越做越大。"

在刘启宏的一再坚持下，通往阿克苏的长龙航空航班在那一年冬天顺利起飞。当地机场的负责人都被长龙航空的执行力、行动力感动了。"对方觉得，这条航线会影响公司的经济效益，却能这么及时地开通，是一件非常不容易的事。"刘艺说，虽然这类航线一般都会有政府补贴，但补贴的那点儿钱在飞机起飞几分钟之后就花完了。

不过，让刘启宏欣慰的是，航班的开通实实在在为当地经济发展与两地交流带来了便利。新疆阿克苏地区和兵团第一师阿拉尔市位于南疆，自2010年下半年起，由浙江省对口支援。到长龙航空第一架飞机在两地之间架起空中桥梁时，已有1140名浙江干部、人才在阿克苏工作，援疆人数位居全国19个援疆省市第一位。当时，长期往返于两地的浙商有5000多人，在此之前的两年里，从浙江到阿克苏旅游的游客超过8万人次。

杭州与阿克苏相距4600千米，随着对口支援工作的深入，两地交往越来越频繁。不过，在2018年12月19日之前，每天只有一趟航班前往新疆阿克苏，中间要经停乌鲁木齐。由于天气、场地等因素，这趟航班经常延误，有一次，一名援疆干部花了三天时间才辗转到达阿克苏。杭州直飞阿克苏经停郑州往返航班开通之后，从杭州前往阿克苏，显然又多了一个选择，而且，在很多人看来，这是一个更加科学、便利的选择。

这条航线完全是在刘启宏主导和不断要求下，在看得见损失有多大的前提下坚持开通的。2019年，在航线开通的第二年，阿克苏温宿机场的旅客吞吐量达到171万人次，比上一年整整多了42万人

次；飞机起降架次 1.74 万架次，比上一年多了 5766 架次。对于这种"不计成本"的坚持，刘启宏有自己的解释："当年浙江省的干部在阿克苏看望援疆人员时说，'要像大漠胡杨一样扎根新疆，像天山冰雪一样融入新疆，把阿克苏当成第二故乡'。民航业的力量是很强大的，我希望我们的坚持会让老少边穷地区人民燃起希望。"

在旅游业方面，光 2018 年就有 186.98 万人次从浙江到新疆，其中很大比例是搭乘这条航线进疆的，这对于拉动贫困地区第三产业发展作出了积极贡献。另外，2018 年浙江有 10 座城市开设共 100 家阿克苏农产品专卖店，阿克苏有 16.74 万吨农产品销往浙江，销售额达 22.86 亿元。尤其是一些高档农产品都是由民航航班保障运输的，它们早晨还在阿克苏的田头，晚上就上了浙江老百姓的餐桌。

尽管这条航线的经济账还是处于亏损状态，但并不妨碍长龙航空一直坚持到现在。当地普通老百姓提起长龙航空，经常说"亚克西"。这三个字在维吾尔语中是"好""优秀""棒"的意思。为了表达对援疆干部的敬意，航空公司行李托运一般经济舱最重 20 公斤，可长龙航空还特别放宽到 40 公斤。

长龙航空做的一切，在刘启宏眼里是理所当然又微不足道的。他始终觉得，作为一名企业家，应该承担也必须承担社会责任，包括融入社会的需要和地方政府的发展当中。"取之于民，要用之于民。"他没有一点儿迟疑地告诉我，"作为浙江本土的企业，在浙江地方政府和地方经济发展有需要的情况下，我们都义不容辞。"

在刘启宏眼里，责任不分大小，责任所释放的能量取决于每个人如何看世界、看未来，如何看待自己的价值与人生。"你的位置高、能力大，你就可以从宏观上去考虑。不过，就算是小企业或者个人，也可以有大作为。"

二

2015 年 9 月，在恩施州扶贫开发办公室悬挂的地图上，恩施州 8 个县（市）、88 个乡镇、729 个重点贫困村 92 万绝对贫困人口的分布、脱贫、小康时间进度，被红、紫、蓝、绿、褐五种颜色标注得一清二楚。

在一个月之前，这里的精准扶贫工作提出了"挂图作战"的战略构想，工作人员们打算绘制扶贫时间表，逐一减少贫困人口。当时恩施州 8 个县市还是武陵山区连片扶贫试验区重要板块、湖北省"一红一绿"战略支点和脱贫攻坚主战场。到 2014 年底，这里建档立卡的绝对贫困人口仍有 92 万人，他们集中在边远区、深山区、高寒区，因灾、因病、因学、因婚返贫概率高。

按照当年的计算，每年减贫 16.7 万人，每月减贫 1.4 万人，每天减贫 460 人，恩施州才能同步实现小康。这是一项艰巨的任务。据说那年恩施州 8 个县市的书记办公室里都有一幅本县市地图，攻下一个贫困村，就在地图上插上一面红旗。在他们的宏伟目标下，5 年之内，红旗将漫卷土苗山乡。当年全州就减少贫困人口 25.62 万人，超额完成年度任务。2015 年，恩施州又给自己定下了一个目标：全州计划

减少贫困人口 26.15 万人。

第二年 10 月 27 日，中央首次将恩施州纳入东西部扶贫协作范畴，明确由杭州对口帮扶。此时相隔 1200 千米的两地，彼此都不知道将来会产生什么样的化学反应。当所有人都只接收到目标，对未来的把握还比较模糊时，总部在杭州的航空公司长龙航空却迅速地行动了。

明确恩施州由杭州对口帮扶的第五天，也就是 2016 年 11 月 1 日 7 时 50 分，从深圳宝安国际机场飞来的长龙航空 A320 客机缓缓降落在恩施许家坪机场，8 时 35 分客机再次呼啸升空飞往山西太原武宿机场。自此，深圳—恩施—太原往返航班正式开通。当时深圳—恩施段全价票为 1400 元，但长龙航空的销售票价仅 4.8 折起，约 680 元；恩施—太原段全价票为 1230 元，长龙航空的销售票价仅 3.8 折，约 480 元。

在《2016 年恩施州经济形势分析》中，太原—深圳航线被重点提及。当年，恩施许家坪机场成为国内重要的支线机场，全年航班起降逾 4000 架次，同比增加 536 架次，旅客吞吐量达到 49.6 万人次。在当地政府眼里，这是民航受高速、动车开通影响下滑以来，恩施许家坪机场触底回升再创历史新高的一年。

实际上，早在几年前，恩施许家坪机场就经历过一个高峰期。

2006 年，恩施许家坪机场完成一期扩建工程，可起降波音 737、空客 319 等中等机型。2006—2009 年，恩施许家坪机场年旅客吞吐量如坐火箭般蹿升，从 16 万人次跃升至 47.2 万人次，这一数据甚至超过 2010 年恩施市常住人口的一半。不过，随着高速公路、高铁等触角延伸至这片土地，机场不再是当地人远行的唯一选择。在 2010 年之前，从恩施到重庆自驾要 8 个小时，从恩施到武汉要 11 个小时，即便是到隔壁的宜昌也要 5 个小时。当高速公路与高铁将出行时间大大缩短时，恩施许家坪机场的旅客吞吐量急剧缩水，到 2011 年跌至谷底。

2011 年开始，恩施许家坪机场大胆走出去，营销各大航空公司，努力争取州政府政策和资金支持。2012 年开始，旅客吞吐量上升，达 24 万人次，后又逐年攀升，所以，2016 年恩施许家坪机场顶多算是重拾辉煌。几年后再看，这些数据又不值一提了。

杭州与恩施同处于北纬 30°之上。北纬 30°，主要是指北纬 30°上下波动 5°所覆盖的范围，北纬 30°线贯穿四大文明古国，是一条神秘而又奇特的纬线。北纬 30°线在我国偏南部地区穿过，它经过的每一座城市都有独特的自然景观与风土人情。不过，在长龙航空杭州—恩施—西安航班开通之前，这两座都被北纬 30°线眷顾的城市，交集并不多。

恩施州内 2 个 AAAAA、18 个 AAAA 级旅游景点集群，并没有被杭州这座城市的人们熟知，在很长一段时间内，尽管飞机架起了两地的空中桥梁，但杭州人并未将恩施纳入计划中的旅游目的地。杭州—恩施航线开通半年后，长龙航空一下子亏损 6000 多万元，航线难以为继。

"我们的航班都是经停恩施，两头各挂一个大型机场，这也是出

于自身效益的考虑。但这种航线设计的方式，也比较消耗航空公司的资源。就拿杭州—恩施—西安来说，本来杭州与西安的时刻可以拿来分别开一条线，现在就只能被恩施绑在一条航线上了。"刘艺解释，"往返算算航段就更多了，来回6个航段，所以，当人流量不足时，光靠补贴是远远不足以支撑航线支出的。"

这是杭州、恩施两地的重要廊道，坐飞机2.25小时左右，如果坐动车，要花9.5小时。一旦航线取消，两地之间的互动与交流又将回到原先的真空状态。为保住两地间唯一的空中走廊，恩施州政府领导带队赴长龙航空总部协商，不仅要保住航线，而且要实实在在地撬动市场。

让刘启宏高兴的是，长龙航空飞往恩施的航线迅速扭亏为盈，一年后，杭州飞往恩施的机票变得一票难求，实现了每年20%的人流量提升。到2020年底，长龙航空在恩施许家坪机场共开通4条航线8个航点，当年前8个月恩施许家坪机场旅客吞吐量为46万人次，其中长龙航空贡献12.2万人次，占比26.5%。在机场8家执飞航空企业中，长龙航空所占的比例是最高的。

三

当杭州飞往恩施的机票一票难求时，2017年恩施许家坪机场的旅客吞吐量从上一年的49.6万人次提高到77万人次，航班起降架次从上一年的4050架次上升到20027架次，相当于航班密度增加到近

5倍。到2018年,恩施许家坪机场的旅客吞吐量首次突破百万人次。

"我们的航班开通之后,飞往恩施的飞机密度确实是大了很多。飞机密度越大,去的客人也就越多。"为了让我听明白其中的逻辑,刘艺拿公交班次打了比方,"如果一个地方的公交车隔1小时才有1班,去的人肯定就很少;如果每隔5分钟就有1趟,从这个地方出来或到这个地方的人就会多很多。"一开始,杭州飞往恩施的航班是"半排",后来加密到每天一班。

所谓"半排",是航空公司内部术语,意思是一周飞周一、三、五、日或周二、四、六。"一开始加密主要是为了增强飞往恩施的便利性,所以往这里多投入运力。不过,后来几年是因为这里的旅游市场热起来了,满足运力需求就要安排这么多。"刘艺说,"我们也是不遗余力地支持这条航线,当然,后来这条航线也成为我们的扶贫航线中为数不多实现'自我造血'的航线。加密的时候,我们都没要政府补贴,因为航线已经有能力赚钱了。"

有时候,为了将更好的时刻向恩施倾斜,甚至只能牺牲飞往其他城市的航线时刻。"我们手上只有那么点儿好资源,只有非A即B的选择。"刘艺坦诚地告诉我,"反正好的时刻给了恩施,就意味着肯定有另一个城市的时刻变差了。"

恩施飞往杭州的航班,一开始落地杭州萧山国际机场的时间是凌晨1时左右,这样一来,杭州的旅客到家睡觉可能就要到凌晨三四点了,影响第二天正常上班。为了上班,旅客需要提前一天返程,就会影响整个旅游体验。有人建议调整航班时刻,这是一个很合理的建议,

但对于长龙航空而言，这并非一件容易的事。

"如果拥有的时刻资源多，当然愿意腾出来方便大家，但现实是为了保证恩施一个地方的时刻，我们可能需要调整很多个航班。"尽管这个动作长龙航空费很大劲儿才能完成，但为了凸显扶贫航线的重要性，赶在2017—2018年冬春季航班换季，长龙航空还是向恩施兑现了一个好的时刻。从2017年10月29日起，长龙航空GJ8657杭州—恩施—西安航线，杭州起飞时间比原来提前10分钟，西安回程恩施起飞时间由原来的21：50提前到17：35，恩施回杭州起飞时间由原来的23：04提前到19：35。

这一调整，使得航班在西安起飞的时间提前了4.25小时，这并不是调整一架飞机的起飞时间就能办到的。"我们用自己的时刻安排两架飞机来对飞，让旅客可以在恩施玩到当天下午，又能在晚上七八点钟落地杭州，大家都高兴。"刘艺说，相对于机队规模大、时刻资源丰富的大型航空公司，长龙航空的调整能力会弱很多。仅仅是调整一个航班，难度系数就特别大。

不过，在长龙航空的理念里，既然已经投身于这些扶贫航线，就应该将长远利益放在短期利益之前，将社会价值放在经济利益之前。为达成西安—延安的"一日经济圈"，长龙航空开通了西安—延安航线，从当时的市场需求看，这条航线所能输出的经济效益显然不大。"忙活半天可能是亏的。"但刘启宏意识到，当地政府考虑开通这条航线肯定有不一样的出发点。

在航线开通之前，从延安到西安只能通过火车，而且最晚的班次是在下午 4 时左右；如果自驾，两地之间的通行要三四个小时。这一车程，大大阻碍了两地交流与沟通的动力和激情。"这类航线的社会意义就远远超过了经济意义。"2020 年 9 月 8 日，长龙航空董事长刘启宏获中国人民政治协商会议浙江省委员会系统"最美政协人"荣誉称号。"最美"两个字落在自己身上，对于刘启宏而言，与其说是荣誉，不如说是又接过了一项使命。

获得这项殊荣之前的一个多月，长龙航空引进了第 50 架飞机。与以往引进的飞机不同的是，这架飞机的到来预示着长龙航空迈入一个全新的历史时刻，成为中国航空业中又一家中等规模的航空公司。

左手使命，右手规模，对刘启宏来说，是同样的分量。

在长龙航空迎来第 50 架飞机的前两天，浙江区域内一条消失了 10 多年的航线也复活了。2020 年 7 月 21 日起，长龙航空每天都有一班往返杭州和温州两地的航班，这条航线在 20 世纪 90 年代带动了两地的经贸往来，但最后却因半路杀出的杭温动车被挤出运输市场。2002 年前后，随着浙江 4 小时高速公路圈的形成，高速公路客运把杭温车程缩短到大约 5 小时，杭温空中航线的优势受到挑战。为吸引客流，民航与高速公路之间还曾掀起过价格战。此后，沿海客专甬温段的开通又将两地车程缩短至 3 小时，而最后将杭温航线一脚踢出去的则是横空出世的杭温动车。

杭温航线在长龙航空的运作下复活，有一个很关键的前提。2018 年 7 月 5 日，浙江省人民政府办公厅印发《关于建设民航强省的若干意见》，指出，到 2022 年，构建全省"空中 1 小时交通圈"，全省通用航空经济规模超过 600 亿元。当时，浙江省内仅剩温州、舟山、台州三市还未实现到杭州的"1 小时交通圈"。

杭温航线重新在空中画出一道抛物线，为构建浙江省"空中 1 小时交通圈"提供了可能。为了让这条航线具有更大的实用价值，长龙航空还参照高铁二等座票价制定了最低价格，又紧锣密鼓地开通了温州—茅台—丽江旅游航线。

2020 年，长龙航空完成了打造"全国 4 小时交通圈、全球 12 小时交通圈"的战略规划。在浙江省内，以杭州萧山国际机场为主运营基地，以宁波、温州为副运营基地，形成"一主两翼"战略；在全国乃至世界范围内，紧紧围绕浙江省委省政府、杭州市委市政府的部署，立足杭州，扎根浙江，飞遍全国，走向世界。

学会自己"造血"

从 2022 年 7 月 1 日开始，恩施州咸丰坪坝营景区每天接待 2500 多名游客，这个数字接近去年同期的 1 倍。这个景区有 400 多间客房，当时已全部被预订，预订的单子已经排到 8 月中旬。坪坝营景区旁的老街上，一家民宿的 285 间房也基本被订完了。在恩施州，一到假期就"一房难求"的现象持续了好多年，那时候当地大大小小所有酒店、民宿都会被游客占满。

这一年，恩施州 11 个重点景区从 6 月 21 日到 7 月 21 日接待游客近 62 万人。一开始这里每天接待 8000 多人，后来每天接待的游客量就涨到 37000 多人。要知道恩施州的常住人口也就 345 万人，光是这一个月接待的游客规模已接近常住人口的 1/5。2015 年，恩施州的游客接待量是 3700.5 万人次，到 2021 年，游客接待量达到 6681.68 万人次。这个体量是当地常住人口的近 20 倍。

一

也就是说，哪怕所有人都从事与旅游相关的行业，1 个人也需要服务 20 名游客。2020 年的时候，就有杭州市帮扶恩施州工作队的工作人员告诉媒体，恩施州正在打造以生态文化旅游为首的四大千亿产业，有 40 万人在"家门口"吃上了旅游饭，一方绿水青山转化成了金山银山，已探索出旅游牵手扶贫的新路子。这名工作人员还特意强调："可以说航空为旅游插上了'金翅膀'，旅游为扶贫找到了'金钥匙'。长龙航空扶贫航线的开通在这一过程中至关重要。"

但刘启宏和我聊起长龙航空给恩施带来的变化时，反复跟我解释一件事："大多数扶贫航线也好，红色航线也好，航班飞过去之后能不能把一个旅游市场带火，光靠航空公司的力量是远远不够的。恩施就是一个非常典型的例子。对于恩施的变化，我们不敢谈自己的功劳，只能说在这个地方拼命发展自己的时候，我们积极地参与并实践了。"

在刘启宏看来，这是一个多方力量共同合作与发力的结果。刘启宏这么想，自然有他的理由。

前面说了，杭州—恩施航线开通的前半年，长龙航空一下子亏损了6000多万元，航线难以为继。这时候，恩施州政府领导带队赴长龙航空总部协商，之后双方共同努力，才使得两地这条唯一的空中走廊继续运营并开花结果。

从2017年开始，两地就想推动杭州市职工（劳动模范）赴恩施开展疗休养活动。杭州市帮扶恩施州工作队努力拓展杭州职工疗休养相关范畴，而恩施州旅游委员会与杭州市及各区县（市）总工会进行对接，同时协调在杭的多家旅行社赴恩施州开展实地踩线活动，为职工疗休养做好前期准备。为了进一步优化全州旅游环境，恩施州旅游委员会还开展了为期一年的恩施旅游市场环境专项整治行动。

在双方的共同努力下，杭州滨江区率先尝试"旅游扶贫"，最终推动杭州全市职工疗休养政策的调整。浙江省总工会、省发改委等5个厅局联合发文，自2018年4月13日起，浙江省职工可以跨省疗休养。当年5月中旬，浙江省第一个跨省疗休养团从杭州出发，目的地就是恩施。

在浙江省第一个跨省疗休养团出发前一个月，恩施州旅游委员会还在杭州市专门举办"杭情施意·恩施等你"旅游推介会，恩施市、利川市、建始县等7个县市代表轮流上台宣传自己县市的旅游线路，让现场500多名观众直观了解恩施州的民俗风情。针对杭州市民，恩施还推出了景区门票和酒店4.5折的优惠，消息发布一个月后，各类网站总点击量过亿。

此时的长龙航空也在趁热打铁，精心打造"杭情施意·恩施等你"

主题航班。一场与恩施美景有关的摄影展被搬到万米高空之上。乘客一进入客舱，映入眼帘的便是一款又一款恩施美景：穿行于深山峡谷之中的巴东神农溪，拥有百里绝壁、千丈瀑布的恩施大峡谷，震人心魄的利川腾龙洞，神奇神秘的恩施土司城，山水险峻幽美的建始石门河……一幅幅风景图贯穿整个客舱，可谓"步步有景，处处有画"。

二

"我们的独飞航线，大部分是飞了就亏钱的。"但刘启宏想的是，"只要我们紧紧围绕浙江省委省政府、杭州市委市政府的战略部署，尽可能多地开通航线，满足浙江和对口支援地区老百姓的出行需要，就能为双方的经贸往来提供更多便利，最后总能实现社会与经济的双重价值。"

之后，长龙航空与恩施之间结成了非常强大的合作关系。"双方之间形成了一定的信赖与默契，后来又开辟了多条国内航线与国际航线。"在刘启宏看来，一旦双方达成良性合作，就不再是帮扶与被帮扶、补贴与被补贴的关系。"只要大家合力把市场培育起来，即使没有政府补贴，航空公司也能通过客座率的提高，解决航线盈利的问题。"

在长龙航空的眼里，恩施的成功是因为实现了政府、机场、航空公司"三位一体"，很好地规划了这座城市上空的航线。尽管恩施境内的高速公路与高铁在 2010 年、2011 年陆续开通，但境内高速、铁

路沿线地质构造复杂，地形地貌多样，地下暗河多变，线路桥隧比重大，动车设计时速不超过 200 千米，2020 年之前小客车高速限速 80 千米每小时。

比较之下，航空的快速直达性在这里仍然有一定优势。恩施确立了"航空先行、陆路支撑、水运补充、管道辅助"的综合交通发展方针，在地方财政并不宽裕的情况下，2019 年安排航空专项补贴资金超过 2 亿元，支持恩施机场开辟航班、加密航线，并且全额承担恩施机场国际楼改建 5445 万元项目资金，支持航空口岸建设。

在 2022 年的官方介绍里，恩施许家坪机场通航国内城市 19 个、航线 15 条（每天 6 个航班往返武汉），航线网络辐射华北、华东、中南、西南、西北等地区，航线结构日趋合理，辐射功能不断增强。这一年，在恩施许家坪机场的 25 个进港航班中，由长龙航空执飞的有 8 个。

在恩施许家坪机场旅客吞吐量突破百万人次的 2018 年，据官方介绍，这座机场航班平均客座率在 70% 左右。放眼全国，这种上座率都比较少见，显然这里的航线品质比较高。机场也关注旅客敏感的机票价格，在营销过程中，机场的市场部门会尽力争取营运各航空公司的优惠政策，在机票折扣上给予很大的优惠空间。像恩施—南京航线，单程票价也就 200 多元，几乎是动车二等座价格的一半。因为工作人员的争取，进出这里的航班多次推出特价机票、1 元机票活动，使旅客享受到真金白银的优惠。

2019 年 6 月 18 日，恩施从湖北省政府口岸办得到消息，国家口岸办批复同意中外籍客运飞机从恩施许家坪机场临时出入境，也就是说，这座城市的对外开放迈入了新时代。

恩施许家坪机场国际航站楼建设规模为5318.8平方米，设计年起降约600架次，年旅客吞吐量10万人次。按相关规定，恩施许家坪机场2019年的进出境人次达到2.5万人次以后，恩施州口岸筹建办将向国家口岸办申请恩施航空口岸正式开放，让恩施机场成为真正的国际机场。成为一座真正的国际机场，将搭建起恩施对外开放更加快捷的空中通道，大大缩短恩施山城与全国乃至世界各地的时空距离，为地区经济发展插上腾飞的"翅膀"。

这是一种理想状态，但现实是，各家航空公司担心从这里出发的航线并不能带来经济效益，一开始都陷入了观望状态。打破僵局的仍然是长龙航空。2019年6月30日16时12分，从澳门起飞的GJ8900次航班载着107名来自港澳台地区的游客，平稳地降落在恩施许家坪机场。这是恩施州航空口岸临时开放后执飞的第一条港澳航线，成为恩施许家坪机场连接世界的开端。"我州对外开放的发展史上，将会浓墨重彩地记住这一刻。"这是当年恩施新闻网的一篇报道的表述。

这浓墨重彩的一笔之后，恩施上空又陆续画出从恩施到柬埔寨暹粒、越南岘港、泰国芭堤雅的国际抛物线。

2021年7月10日，杭州市援派恩施州的29名专业技术人才圆满完成工作任务，返回杭州。他们是杭州市2020年3月选派到恩施州挂职的教师、医生和农技人员，也是杭州市援派恩施的最后一批专业技术人才。在此前一年，在我国与联合国共同举办的"减贫与南南合作"高级别会议上，中国政府正式发布《消除绝对贫困　中国的实践》，"杭恩携手扶贫新模式"成为全国东西部扶贫协作领域唯一入选案例。

历时4年多，杭州与恩施的东西部扶贫协作工作圆满结束，不过，长龙航空与恩施的故事还在继续，并且这条空中走廊已具有制造"黄金"的能力。尽管长龙航空可以不遗余力地支持这些航线，但航线拥有"自我造血"能力，是刘启宏最愿意看到的。这当然是因为长龙航空再也不用在这条航线上承受亏损了，更关键的是，这条航线拥有"自我造血"能力，意味着那座城市拥有"自我造血"能力，意味着城市里的百姓与产业拥有"自我造血"能力。

这也是一条扶贫航线的最高使命。

与恩施的剧本还在续写，当新一轮东西部协作启动时，长龙航空又马不停蹄地奔向下一个目的地。2021年，是国家新一轮东西部协作工作起步之年，根据中央对新一轮东西部协作工作部署，浙江不再结对帮扶湖北省恩施州、贵州省黔东南州和黔西南州、吉林省延边州。按照"一省对一省"的原则，浙江省今后结对帮扶四川省，在原先结对40个县的基础上，新增加28个县，共结对四川省68个县。

这一年5月的最后一天，新一轮浙川东西部协作新闻发布会在浙江杭州举行。接下来，浙江将聚焦结对地区的脱贫和易返贫人口，深入推进就业帮扶、产业帮扶、健康帮扶、社会救助等措施，对症下药消除返贫风险点。

发布会之后，长龙航空就开始计划开通浙川高高原航线，逐步实现浙川东西部协作及对口支援地区机场航线全覆盖。以海拔这个指标排名，我国海拔最高的 10 座机场中有 4 座分布在四川，海拔最高的稻城亚丁机场同样位于四川。海拔在 2438 米以上的机场起降的航线被定义为"高高原航线"。相对于一般机场，高高原机场的运行环境要复杂得多，所以中国民航局对高高原机场的运行限制极为严格。

开通高高原航线，首先要引进新的对应机型，执飞这一类航线的"网红"机型是空客 A319。"当时我们的机队机型以空客 A320 为主，这种机型没有办法执飞海拔超过 2500 米的机场，需要引进空客 A319。"刘启宏说。在国内航空公司中运营的 A319 飞机占全民航机队数量不足 5%，是一个相对小众化的机型。"要向厂家引进，根本不可能那么快，只能选择租。"

当时国内一家航空公司正好有一架空客 A319 闲置，长龙航空就找上门去了。

5 个月之后，长龙航空在成都的航班转场至成都天府国际机场运行，开通至襄阳、杭州、温州、宁波、银川等多条航线，逐步形成经天府国际机场通达全国各地主要城市的 50 余条中转组合航线，并对经天府国际机场中转的旅客推出商铺优惠券、中转休息室特惠等多项航空出行中转服务。

2022 年 3 月，长龙航空接收了旗下第一架 A319 客机，这也是整个机队里的第 61 架飞机。

第八章 / Chapter 8

孤勇者

武汉！武汉！

2020年3月19日17时15分，长龙航空GJ6001航班降落在杭州萧山国际机场。当首批浙江省援鄂医疗队队员小跑着下舷梯时，等候在两旁多时的空乘人员为他们递上了一束束鲜花。

这些为我们拼过命的人，在当天还得到了一份由刘启宏准备的特殊礼物——长龙航空国内或国际往返机票一套。据了解，这份礼物的赠送对象为每一名浙江省援鄂医护人员和省内抗疫医护一线人员，总价值逾1000万元。

当这场最高礼遇的接机仪式结束后，那架被命名为"诗画浙江"，将151名医护人员一个不落地安全护送到杭州的飞机，静静地停在机坪上，它圆满完成了这趟航班的使命。这是第16架执行"守护天使"行动的飞机，在它之前，长龙航空15架包机承运1300余名医护人员和60余吨物资驰援湖北。

一

不得不提的是，航空业是新冠肺炎疫情中受伤最为严重的行业之一，在最艰难的时候，各家航空公司日均损失都以千万元人民币起步。国际航协在当时直接无奈地表示："毫无意外，2020年将是行业财政年度史上最糟糕的年份。航空公司在2020年平均每天削减开支10亿美元，但仍遭受前所未有的损失。"

在这样的重压之下，长龙航空一次又一次执飞抗疫保障任务。

有一组数据大部分人不太关注。中国民航局于 2020 年 2 月 21 日首次发布各大航空公司因抗疫产生的运输信息，此时大多数民营航空公司执行运输任务只有个位数，有些仅执飞了一两架，而长龙航空已执飞 15 架，是执飞保障任务最多的民营航空公司。

长龙航空为什么会成为执飞保障任务最多的民营航空公司？后来才得知，原来是疫情发生不久，刘启宏第一时间代表长龙航空向上级部门主动请缨。他明确表达只要抗疫需要，长龙航空就使命必达，不计成本完成医护人员和物资运输任务。

刘启宏请命之后，长龙航空立马切换至与新冠病毒赛跑的模式。

2019 年 12 月底，江城武汉正沉浸在迎接一个新十年的喜庆中，一种人类历史上从未出现过的新型病毒却在此时露出了邪恶的獠牙。2020 年 1 月 23 日，武汉疫情防控指挥部发布 1 号通告，机场、火车站离汉通道于当天 10 时起暂时关闭。

疫情暴发、物流受阻、恐慌情绪等因子交织在一起，让防疫物资的供应出现了较大的缺口。尽管这一状况在国内强大的工业体系与各界支援下快速扭转，但在封城后较短的一段时间内，武汉等疫区医院接连发出的物资短缺信息就像一条一条求救信号般催促着刻不容缓的支援。

北京时间 2020 年 1 月 29 日 22 时 44 分，长龙航空 GJ8792 航班从乌兹别克斯坦首都塔什干上空起飞，在次日凌晨 3 时 24 分抵达成都。这不是一趟普通的航班，这架飞机承运中铁隧道局集团捐赠的

65万件防疫物资，而且是免费承运。长龙航空是在1月27日晚上接到中国驻乌大使馆的指示，接到指示后，长龙航空迅速响应，立即联络乌兹别克斯坦国家机场集团官员。第二天上午，长龙航空会同中国驻乌大使馆、中铁隧道局集团人员共同完成了塔什干机场物资运输的海关、安保协调工作，并得到了机场的明确批准。

当长龙航空在乌兹别克斯坦紧急行动时，其旗下的西南分公司在国内与成都海关开展协调工作，于当日获取海关快速清关入境的支持。总部相关工作人员也在同步行动，他们根据航班销售情况和预计旅客人数，制定了确保物资运输的稳定可靠方案。工作人员还提前申请航班载量，到现场清点运输物资，确保航班配载运输的稳妥可靠。

在当地海关、机场与长龙航空通力合作之下，这些物资在成都完成物资提取及通关后，于机坪移交给深航ZH9446成都—广州航班运输，并捐赠至广州南部战区空军总医院，驰援疫情防控。

一场空中接力实现了完美的无缝衔接。GJ8792航班是一趟成都直飞塔什干的航班，在执行这趟重要任务之前的19天，航线才刚刚开通。就连长龙航空的西南分公司，成立也不过1年，但这些都没有妨碍这趟航班出色且迅速地完成任务。

这是长龙航空第一次用飞机把外部的希望带向疫区，但远远不是最后一次。2020年元宵节后的第一天，当时新冠病毒还在全国肆虐，对病毒的恐慌情绪仍在蔓延。当天16时23分，长龙航空GJ8675航班从杭州萧山国际机场起飞；24分钟后，GJ8683航班起飞；62分钟后，GJ8773航班起飞；71分钟后，GJ8761航班起飞；79分钟后，

GJ8729 航班起飞。这是当天驰援武汉的 5 架包机，此次护送的是杭州集结的 576 名医疗人员和部分医疗物资。

机长黄志伟执飞的是 GJ8761 航班，当飞机还在跑道上滑行时，驾驶舱里响起："华龙 8761，杭州进近，我谨代表浙江空管对你们机组人员以及支援武汉的所有医护人员致以最崇高的敬意，希望你们保重身体、早日凯旋。你们辛苦了！"

"空管说得很突然，当时有点儿懵，我只回复了一句'谢谢，非常感谢'。"作为 80 后，黄志伟在 2020 年春节前一周看到了预先安排的航班假期计划。按照计划，他会在除夕夜 21 时落地杭州，之后休息两天，再继续执飞。执飞四天休息两天，每天飞 2—4 趟，是黄志伟一周工作的常规节奏。

这种节奏被新冠肺炎疫情打乱了，虽然黄志伟仍在执行飞行任务，但航班频次比起往年春节明显少了很多。正月初六开始，航班取消的频率越来越高。有数据显示，2020 年 1 月 10 日—2 月 3 日，国内计划执行航班约 47 万架次，实际执飞航班 38 万余架次，实际取消航班 9 万余架次。从取消航班情况来看，2 月开始，每日取消航班均在 1 万架次以上。

面对日益严重的疫情，黄志伟有些坐不住了。"如果国家需要送人送物资的话，我一定会报名。"在跟父亲聊天时，他有意无意地打着"预防针"。

向疫区运输医护人员和医疗物资的任务，来得比他预想的还快。2 月 9 日 12 时，处于航班备份状态的黄志伟接到公司下达的紧急任务。所谓"航班备份状态",是航空公司临时调配执飞的航班时能够及时补给的飞行力量。

毫无疑问,这是一项紧急任务,长龙航空接到这项任务已是当天上午10时。这个突然压到肩上的任务有两大难点:第一,留给长龙航空准备的时间极为有限;第二,在极短的时间内要让5架飞机起飞。这是长龙航空第一次遇到这种情况。接到此次包机任务后,1个小时内,长龙航空调集了所有的生产资源,确保飞机按时起飞。

"这是一种保障能力。这不是简单的飞机和人的问题,它有很多技术环节,包括航路申请、运行监控等,一个非常缜密与完整的保障体系。"王健告诉我,5架飞机同时起飞,对于长龙航空的运力保障,空勤人员包括所有物资准备、机上准备等,都是极限能力的考验。因为这是一项非常规性的计划,又是集中出港的5架运力。

机长黄志伟接收的指示是,4小时后他要执飞前往武汉的航班。"接到这个电话,没有顾虑是假的。"黄志伟并不担心个人是否会被感染,因为飞行员的身体素质是过硬的,但一个从疫区回来的人难免担忧会影响到家人的身体健康。所以,在出发的这一天,他让家人搬到了位于杭州余杭的家中。

杭州—武汉这条航线,黄志伟以前执飞过很多次。这不是一条特殊航线,所要降落的武汉天河国际机场是中国中部首家4F级(简单来说,4代表飞机基准飞行场地长度在1800米及以上,F代表能够承载的飞机体量最大、型号最多,可承接A380等大型客货机起降)民用国际机场,也就是说飞行条件是不存在高难度挑战的。

但 2 月 9 日当天，飞往武汉的 5 趟航班全都实行双机长制度。这种制度在平原地区的机场以往很少启用，目的是更好地保障航线安全。

执行任务的 5 套机组由高级别的飞行教员、检查员等组成。黄志伟是长龙航空年轻飞行员中的优秀代表，2002 年被中国民用航空飞行学院招收为大改驾学员，2004 年毕业于澳大利亚 BAE 飞行学院，迄今已有逾 15 年飞行经验。2019 年 5 月，他又被聘为局方委任代表。

起飞前，公司领导召集 5 套机组以及专业航医开了一个集体准备会，这是黄志伟过去没有遇到过的。在会上，他再次感受到此行责任重大。作为机长，他必须让自己静下心来在非常短的时间内做好飞行预先准备。预先准备包括阅读航行资料、安全文件，查看卫星云图，了解目的地机场细则，绕机检查，做驾驶舱准备等。放在平时，机长可以提前一天做这些准备工作，而 2020 年 2 月 9 日这一天，留给机长的时间只有不到 4 个小时。

结束预先准备的黄志伟，在候机厅见到穿戴统一服饰的医疗队成员，男士大多顶着平头，很多女士则留短发。尽管这种景象不止一次地出现在媒体报道中，但当黄志伟第一次在现场亲眼看到这一幕时，心里依然不是滋味。"他们中很多人和我年龄相仿，也是上有老下有小，却为大家舍下了小家。"

17 时 34 分，他所执飞的 GJ8761 航班比预先计划提前 20 分钟起飞，是当天 5 架飞机中第 4 架起飞的。约 1 小时飞行时间后，航班降落至武汉天河国际机场。黄志伟看着当天的天河国际机场，灰蒙蒙

的，机坪上停着很多架不执行任务的飞机，却没有多少人。往常降落在这里时，来来往往都是忙着运送行李、输送旅客的车辆与地勤人员。

二

"我执飞的那几次，武汉机场也是特别冷清。" 5 天后，又有 4 架客机、2 架货机共 6 架包机在 1.5 小时内从杭州萧山国际机场起飞，运送浙江省医疗队共 453 名医护人员和约 32.3 吨物资驰援武汉。机长王河执飞的 GJ6011 航班是当天第 5 架包机。那天武汉下着雨，飞机从一座座大桥上空掠过，这座昔日很繁华的城市仿佛突然安静下来。

武汉天河国际机场是国内八大区域性枢纽机场之一，在新冠肺炎疫情暴发之前，这里的年旅客吞吐量超过 2700 万人次，在全国机场中排名第 14 位。每天，在这座机场起降的飞机超过 500 架，高峰的时候，1 小时内就有 39 架飞机起降。当天，王河执飞的航班即将降落在机场，过去无线电频道里空管不断喊话的嘈杂声没有了，空管让他自行按程序降落。"以往，空管隔几分钟喊话一次，'下一点''下一点'，那天没有。"王河告诉我，"因为当时整个武汉上空就我们几架飞机。"

在天河国际机场降落之后，王河和其他机组人员没有像往常一样打开驾驶舱门，也没有走下机舱检查飞机并给飞机加油。只有机务穿着全套防护服下去检查飞机。透过舷窗，王河看到廊桥那边站着一个穿着地面服务工作服的小姑娘，他说，她望向这几架飞机时，眼神流露出离开的渴望。"当时对病毒的恐慌还是比较严重的,大家面对疫情还是有很大的心理负担,因为不确定自己会不会被感染。"王河说。

在杭州萧山国际机场登机时,王河看着从廊桥那边走过来的医护人员,很多人的面色比较凝重。"他们是父母,也是儿女,但他们都义无反顾地走向了危险的一线。有些可能还是背着父母悄悄申请去的一线。"那天,王河特别有感触,即兴在广播中说了一些话:

尊敬的驰援武汉的白衣战士们,中午好!这里是机长广播,我是本次航班的机长,欢迎您乘坐浙江长龙航空 GJ6011 次航班,由杭州前往武汉,我们的飞行时间预计为 1 个小时 15 分钟,武汉的地面温度预计为 15℃,有小雨。根据最新收到的天气状况,由于受到航路雷雨天气的影响,我们飞行中可能会遭遇一些轻到中度的颠簸,请您不必过多担心。如果您有什么需求,请您与我们的客舱乘务员联系。

我谨代表浙江长龙航空及全体机组成员向大家表示崇高的敬意,感谢您在疫情严重的关口逆风前行,奉命于危难之际,助人于情急之中。与您同行,全体长龙人感到无比神圣与幸运。作为一名 80 后党员机长,我非常荣幸能够护送各位医护人员出征。昨晚全杭州乃至全网的朋友圈也都被各位的壮举感动,我们祝福各位平安顺利。

期盼凯旋之时,再次与各位重聚蓝天白云之巅。生命守岁,共克时艰。武汉加油,白衣天使们加油,中国加油!

这些话让机舱里的医护人员停下了手中的动作，广播一结束，机舱内响起了掌声。当时，跟王河一起执飞这趟航班的是另一名机长——长龙航空总飞行师王宏，这样的配置显然不一般。"整个过程中，长龙航空真的是体现出很强的社会责任感。"王宏说，比起副驾驶员，机长的飞行小时费一般会高出1—2倍。

在王宏看来，这种责任感一方面是面向社会的，一方面是面向员工的。当时刘启宏反应速度很快，迅速安排公司采购到一批防疫物资并安排了相应的防疫措施，几乎所有防疫物资都是按照最高级别进行配置。对于这些，刘启宏有一个朴实的解释："第一，公司的每一名员工不被感染，也就没有给社会添乱；第二，保障我们的一线员工，也能为社会作好服务和保障。"刘启宏最为自豪的是，到2022年8月，长龙航空的员工没有一例感染。"一例也没有。"他反复跟我强调。

2020年4月3日，最后一批浙江省援鄂医疗队队员返回，也是王河执飞的第7趟医疗队包机任务。

那天的机长广播，王河依然清楚记得："幸得有你，家国无恙，我履行了我的承诺。今天恰好是我的生日，我把所有援鄂医疗队队员全部安全地带回了杭州，这是一份最好的生日礼物。"机舱里，医护人员唱起生日歌，这个场景令他终生难忘。不过更让他意外与惊喜的是，公司还偷偷在机坪为他准备了一个简短而隆重的生日仪式。

"一开机舱门，就看到客舱部的很多同事摆了一个心形，手捧鲜花站在那儿。董事长捧着蛋糕，蛋糕上是一名机长和两名医护人员形象，还写着大大的'GJ2018'。那是我当天执飞的航班号。"后来，王河说起当日的情景还是很激动，"从2013年来到长龙航空，每年生日我都在执行航班任务，那一年也不例外。但公司一准备惊喜，就给我来个大的。"

每一名承担过抗疫包机任务的机组人员，都留下了一段特殊的记忆。在王宏的办公室里，至今还摆放着一幅稚嫩的漫画，漫画画的是他，这是一个小朋友送给他的。"这是后来《都市快报》组织的一个活动，让我们把事迹写成文字发给他们，让小朋友们画成Q版漫画。"王宏笑着说，"你看他画的，比我本人还要酷。"

孤胆英雄为什么是它？

刘启宏是湖北襄阳人，疫情重灾区是他的故乡，这大概是他主动请缨的一个重要原因。在接机现场，他动情地说："非常感谢浙江省援鄂医疗队为湖北疫情防控工作所付出的辛勤努力。作为浙江人自己的航空公司，浙江长龙航空将继续全力保障好浙江抗疫医护英雄和全体浙江人的出行。"

不了解刘启宏的人，可能琢磨不透他的动机。毕竟，在抗疫名单上，排在长龙航空之后的同行，很多都比它规模更大、知名度更高。但了解刘启宏的人，就一点儿都不奇怪他在疫情最严重时的挺身而出。

一

　　一边是浙江人自己的航空公司，一边是迫切等待驰援的故乡。在刘启宏眼里，那些飞机在途中留下的一条条抛物线，此刻不再只是他常常提起的"空中金桥"，而是"生命之桥"；他所护送的也不仅仅是一名名值得敬仰的医护人员，更是家乡人民的期待与希望，是一颗颗可以驱逐病毒与死亡的生命火种。

　　所以，当英雄归来时，即便面临着疫情带来的商业次生灾害，刘启宏也要献上一份价值逾千万元的厚礼。如果说送医护人员上那一方看不见硝烟的战场时，他还夹杂着"浙江人自己的航空公司"的情结，那么接机时他大概只是以湖北人这一身份出现的。作为湖北人，他要替家乡人民送上一份饱含着敬意与感激的厚礼。这大概是他表达"浙鄂情怀"最真切、最直白的一种方式，符合他一贯知恩必报的行事风格。

　　不过，排除湖北人这项因素，刘启宏大概率也会作出这样的决定。在很多场合，刘启宏都曾谈起社会责任，或许有人觉得他的谈吐很"官方"。但几次接触下来就能发现，他是把"社会责任"挂在嘴上，也是真的记在心里。践行社会责任，甚至可以说是刘启宏创立长龙航空的初衷，也是最高使命。更难能可贵的是，长龙航空践行社会责任，不是简单地做公益，而是用产业力量点对点激活那些在中国版图上不起眼的区域。

　　由一架架飞机播下的产业种子，在一片土地上生根发芽、开花结果，就会生成一股巨大的力量。正因为看重这股力量，在疫情最严峻的时候，长龙航空总能站在产业的高度上采取自己的行动。

往年元宵节一结束或者在节前，几个热门城市的火车站就开始热闹起来了。但在2020年这个特殊的年份，春节返程潮下的北京南站、杭州东站等的人流量没有回到往年的水平。比较北京南站上一年的数据，客流下降了六七成。长龙航空总部所在的浙江是劳务输入大省，有近2000万外来务工人员在浙江工作，这部分务工人员约占全省用工总量的一半。这是一支庞大的队伍，如果这些外来务工人员被疫情困在家乡，浙江经济社会的发展显然会受到很大影响。

当时的浙江说不着急是不可能的。2020年元宵节后第2天，浙江省委、省政府印发《关于坚决打赢新冠肺炎疫情防控阻击战全力稳企业稳经济稳发展的若干意见》，推出30条举措为企业开工复工排忧解难。

2月18日，为期40天的2020年春运正式结束，全国铁路、道路、水路、民航累计发送旅客14.76亿人次，与2019年同期的29.8亿人次相比，下降50.3%。按照惯例，每年春运从腊月十六开始，正月二十五结束，在40天内集中发送春节期间绝大部分回乡及返程客流。而这一年1月9日，新冠肺炎疫情还没有暴发，国家多部门会商后曾预计，当年春运期间全国将发送旅客约30亿人次，与上年相比略有增长。

新冠肺炎疫情的暴发让一切都起了变化，春运后半程客流大幅下滑，2020年春运成为史上第一个没有返程高峰的春运，总客流也创下近年新低。

在当年春运结束的前两天，2月16日17时30分，长龙航空GJ8025航班从四川广元机场起飞，抵达杭州萧山国际机场。这趟航班同样特殊，飞机上载着154名浙江嘉善县企业的返岗员工，这也是全国第一趟复工包机的航班。其实，长龙航空在采取一些行动时并没有想到后续会产生多大的能量与影响，大部分时候，是刘启宏从社会责任角度作出的判断。然而，很多行动往往起到意想不到的效果。在GJ8025航班完成包机任务之后，多家航空公司像商量好的一样，发布了内容相似的接受政府、企业包机的海报，大致意思是响应各地政府有序复工的号召，全力支持企业尽快恢复生产，为此承接政企包机业务，接送企业员工平安往返。

像嘉善这样的情况，包机返岗的所有员工不用支付机票钱，长龙航空的包机等相关费用由嘉善县政府承担三分之二，员工所在企业承担三分之一。尽管有人承担成本，但有航空公司的工作人员说："包机服务主要是立足于响应国家号召大力支持复工复产来开展，从经营角度看，包机并没有给航空公司带来利润，仅仅是飞行运行成本支出。"

显然，从账面上看，这并不是一笔划算的买卖，无法带来利润，却又需要在极短的时间内配合包机方完成航线申请、机组人员配置等复杂手续。所以，一开始，其他航空公司对这件事的热情没有那么高。嘉善县政府的工作人员曾对媒体透露，最初的包机谈判并不是那么顺利。"很难，非常难。包机要提前半年就跟航空公司预订，而我们希望明后天就能有包机。谈了五六家航空公司都没谈妥，直到后来找到长龙航空。"让这名工作人员感动的是，"以前长龙航空没有开通过杭州至广元的航班，为了首次执飞顺利进行，还专门派出一位副总裁。"

这场始于长龙航空的复工包机计划，伴随着设计简单的宣传海报迅速在网络和社交媒体上扩散。在不到1天的时间里，发展成为一场几乎涉及国内所有运输航空企业的声势浩大的活动。这也可以算是疫情之下开启的全新包机模式。尽管多家航空公司表示基本会按成本核算定价，但在当时仍有七成航班被取消，飞机日利用率不足两小时的情况下，开展这一类包机"副业"就有了一举两得的效果：一边可以减少飞机停场费用，保证一定的现金流收入，一边还能解决各地的复工难题。

到2月20日，距离第一次复工包机仅仅过去4天，长龙航空又有了新的举动。这一天11时2分，长龙航空GJ8891包机航班载着杭州市帮扶黔东南州工作队166名成员，从杭州萧山国际机场起飞前往贵州凯里。该航班是全国首个保障对口支援帮扶工作队包机航班。黔东南曾经是贵州省内脱贫任务最为艰巨的地区之一，也是全国扶贫开发工作的主战场，到2019年底，这里的贫困人口从2013年的120.6万人减少到4.86万人，13个国家级贫困县实现脱贫。

与黔东南两地结对以来，杭州投入了数十亿财政帮扶资金，派遣了数以千计的帮扶干部和专技人才，打出了一套劳务协作、消费扶贫、产业扶贫相结合的"帮扶组合拳"。到2020年，黔东南仅剩下2个贫困县从江县和榕江县，也就是说进入脱贫冲刺的最后阶段。这一

年，应该是当地攻城拔寨、集中攻坚的一年，是一鼓作气、迈向胜利的一年，但突如其来的疫情打乱了预定的节奏。

让杭州的帮扶工作队尽早进入黔东南，把黔东南的务工人员尽早接到杭州，便成了保证节奏不被打乱的重要一环。凯里是杭州市对口帮扶的黔东南州州府所在地，当时，长龙航空是凯里机场仅有的几家在飞的航空公司之一，这项使命便自然而然地落到长龙航空肩上。

2月20日16时59分，GJ8891包机航班从凯里起飞，载着120余名返杭的贵州黔东南州籍务工人员安全抵达杭州。长龙航空以最高标准、最严要求全流程做好服务保障，确保务工人员健康、安全地踏上返岗之路。这一天，来自杭州的干部、企业家、教师、医生、游客借着这条连接两地的特殊"生命线"奔赴黔东南，黔东南的务工人员又借着这条"生命线"返回杭州。

这趟包机航班让推动两个地区建设的两支重要队伍在同一架飞机上完成了接力，为黔东南带去了一股双向奔赴的力量、一种脱贫致富的希望。

在之后一段时间里，长龙航空执飞的包机航班越来越频繁，机组及时飞往全国各地将务工人员接回杭州，又将在外求学的高校学子送回家乡。

2月22日18时6分、18时15分，长龙航空包机航班分别从成都和贵阳机场起飞安全抵达杭州，飞机上分别搭载164名四川籍和160名贵州籍务工人员。同一天18时9分，长龙航空GJ8683"诗画浙江"号包机航班从阿克苏机场起飞安全抵达杭州，飞机上搭载的是 97 名返回杭州的新疆阿克苏籍务工人员。这是新疆首班复工包机，承运的是阿克苏地区开展防疫防控以来第一批出疆人员。

这一天，也是浙江迁入人口规模指数追上上一年的一天。在此之前，2020 年的这一指数与上一年有着巨大的差距。当时有媒体梳理全省春节后人口回流情况并画了曲线图，从图上可以看到，两年的指数在这一天交汇。这一天以后，2020 年的迁入人口指数开始超越上一年，也就是说浙江的人口迁入规模逐渐恢复。

虽然人口迁入规模不能完全等同于复工率，但也在一定程度上说明，企业恢复正常生产运营所需的劳动力到岗越来越多了。在这一过程中，长龙航空的包机航班起了积极作用。当一架架飞机飞往全国各地"抢人"时，背后是一台台迫切等待重新运转的机器，是一座座急于恢复、走向正轨的城市。

那一年 10 月 23 日，交通运输部召开全国交通运输系统抗击新冠肺炎疫情表彰大会。会上，长龙航空被授予"先进集体"称号，董事长刘启宏、机长雒浩被授予"先进个人"称号。在表彰大会上，一串串数据被曝光。到那一天为止，长龙航空共执飞 28 架次包机，承运 2900 余名援鄂人员、100 余吨防疫物资驰援湖北，飞行架次居全国航空公司第五位。注意，这些数据是国内所有航空公司一起排名的，包括所有国有航空公司、大型航空公司。

面对疫区医疗物资短缺的困境，长龙航空免费从乌兹别克斯坦、日本、泰国等地运回各类防疫物资 160 余万件，共计 18 余吨；先后执飞复工复产复学包机共 80 架次，帮助 8300 余名务工人员、学生

返岗返学，成为助推经济快速恢复的"空中先行官"。

在抗击新冠肺炎疫情的过程中，长龙航空无论是董事长还是普通一线员工，都在工作岗位上默默坚守，以自身实际行动彰显着责任与担当。刘启宏董事长坚持不忘初心、牢记使命，以高度的社会责任感投身防疫抗疫、助推民航发展和经济恢复，以卓越的企业家精神带领这家民营航空公司，建立起援助湖北疫区的"空中应急通道"和复工复产复学的"空中运输通道"。

或许正是社会责任感与企业家精神，让这家航空公司在极其不平凡的 2020 年也能展翅翱翔。这一年，长龙航空引进了 11 架飞机。这个速度超过很多大型航空公司。此时长龙航空机队规模达 57 架，迈入中型航空公司行列，累计开通国内外客货运航线 400 余条，累计安全飞行近 61 万小时，运输旅客近 3300 万人次，运输货邮近 31 万吨，对杭州萧山国际机场航班增量、旅客增量贡献率在各驻场公司中名列前茅。

这一年，长龙航空深入开展防空停监控项目研发，创造首个"发动机百万小时零空停"安全纪录，连续 3 次以"零发现项"的优异成绩顺利通过 IOSA 审计，打赢蓝天保卫战各项工作得到局方充分肯定。与此同时，长龙航空维修机库也在这一年开始兴建，按照规划，交付运营将在 2 年后。

还有一件不容易被外界关注，公司本身也没有大力宣传的事情也在这一年悄悄发生：9 月 27 日，浙江长龙集团有限公司完成工商注册，注册资本 3.5 亿元人民币。几个月后，在一个公开场合，刘启宏表态："长龙航空将加紧建设维修保障基地、国际航空培训康养基地，新设飞机维修工程有限公司以及进出口、飞机租赁等公司，谋划建设长龙·天空之城（航空总部主基地），涵盖航空智造、航空服务、创新研发、艺术文博、航空体验、主题游乐、总部办公、高端商务与未来社区等功能，研究在自贸区内新设飞机总部租赁公司、航空资产管理公司等业务。"

想来，在这一时间点组建集团，或许正是长龙航空谋划跨向多元化发展的第一步。

二

新冠肺炎疫情让这家航空公司以孤胆英雄般的形象出现在公众面前，实际上这家公司对于紧急状态的处理，有一套与自身规模不那么匹配的成熟高效的运转体系。

"能不能帮帮他们，送到成都！"2021年6月7日下午，长龙航空接到一个紧急求助电话，一对母子在西藏挖虫草时被棕熊袭击，生命垂危，要转院至位于成都的四川省人民医院治疗。这对母子是西藏本地人，伤势严重，伴有高烧，且无核酸证明，无健康码。

疫情防控期间，按规定，这种情况是不允许登机的。但特殊情况，能不能有特殊处理？

"帮！生命至上。这样的旅客我们要救。"刘艺在请示刘启宏后决定打通运送通道，要求运控靠前指挥，并发出重要航班保障指令给西

北分公司和西南分公司。

此时母子俩虽然在西藏当地已经接受检查和治疗，但头部创伤严重且生命垂危，要转院到成都接受进一步救治。原本母子俩计划乘坐西藏航空拉萨直飞成都的航班赶赴目的地医院，没想到这趟航班取消了。为了赶时间，他们想从西安转机前往成都，而这个时间段只有一个航班最合适，就是长龙航空 GJ8877 航班。

"他们只能讲藏语，所以只有通过我来跟你们交流。"陪同母子俩就医的人略懂汉语，简单地交流了两句。在将母子俩送往成都的过程中，长龙航空成为很关键的一环，然而这背后还需要很多单位的通力合作。

这时候，长龙航空的各个分支非常迅速地切入每一个流程：有人联系成都疾控中心，询问防疫要求；有人联系成都双流国际机场，希望急救车能直接从机坪开到医院，以最快速度救治母子俩；有人联系空管部门，希望能打通一条最短的路径到达成都；有人在西安咸阳国际机场监控伤员病情，为伤员办理登机手续……

看着母子俩外伤严重，伤口被纱布裹了一圈又一圈，10 岁的儿子连站立都无法做到，工作人员们只能期盼所有通道都能顺利打通，让母子俩尽快得到救治。GJ8877 航班乘务长按照疾控部门要求，询问了母子俩的旅居史。

"他们一直在西藏，没有去过其他地方。"陪同人员转述，"想要你们救救他们。"

"一定会好起来的，你们要有信心。"乘务长安慰道。

按照防疫要求，客舱最后三排位置全部空出给母子俩就座，长龙航空在防疫与生命至上之间寻求最大平衡。当天 19 时 11 分，GJ8877 航班关舱门，19 时 38 分顺利起飞。飞行过程中，机组人员一直陪在母子俩身边。"我们心情都挺沉重，虽然只有 1 个多小时的行程，但免不了去担心他们的状况。"对于当时的心情，机组人员现在回忆起来还是很清晰。

20 时 58 分，GJ8877 航班在成都双流国际机场落地。

"多亏空管部门、西安机场和成都机场。"说起当年的情景，长龙航空的工作人员感谢了一连串相关单位，"他们积极协调，航班得以尽快放行、快速落地。感谢成都机场和成都急救中心，让救护车进入机坪直接将病人送往四川省人民医院，为伤员们争取再争取救治的时间。"可能，在长龙航空工作人员看来，当时他们已经和母子俩捆绑在一起。长龙航空不是在帮他们完成任务，而是在和他们一起完成任务。

第二天，从医院传来好消息，母子俩生命体征稳定。经历这场生命接力的每个人都松了一口气。

还有一个故事也能反映这一套体系的运转效率。2017 年 8 月 9 日下午，浙江省残疾人体育训练指导中心的教练员、运动员、工作人员一行 22 人，原定乘坐厦门航空的航班从杭州前往西宁参加 8 月 9 日—14 日由中国残疾人联合会、中国残奥委员会主办，青海省残疾人联合会承办的 2017 全国残疾人公路自行车锦标赛暨第五届环青海湖残疾人公路自行车赛，因天气原因，航班取消。厦门航空工作人员至长龙航空值机柜台寻求协助，希望改签至长龙航空 GJ8789 杭州—西宁航班。

长龙航空地面服务部值机主任梅欣第一时间查询 GJ8789 航班情况，同时将现场情况上报公司领导。长龙航空高度重视，要求地服在公司运行规定内全力保障，并立即成立保障工作小组。经过紧张的协调，最终确定接收 2 名教练和 12 名残疾人运动员，其中 2 名残疾人运动员申请机上轮椅。由于团队人数较多，旅客服务分部经理、副经理和当日地服值班经理现场全程协调，提前安排真情关爱特殊旅客服务小组成员备好轮椅在值机柜台等候，协调安检使用绿色通道，并将旅客信息通报至西宁曹家堡国际机场，要求提前做好航班到达保障准备，15 时 57 分，航班顺利起飞。

地服人员在飞机上与乘务员完成交接后，乘务员引导旅客入座，为他们提供毛毯，全程安排前后乘务员细心照顾。落地后，乘务员帮助旅客将拐杖取下，并协助下机。过了一阵子，一封来自浙江省残疾人体育训练指导中心的感谢信被传真至长龙航空，对这个团队全力保驾护航，帮助浙江残疾人运动员按时征战赛场表达了真挚的谢意。

第九章 / Chapter 9
制造"永动机"

飞机在，这个行业不会消失

2022年元旦过后的第一个工作日，湖北宜昌一座机库内，停好了来自2家航空公司的6架飞机。技术人员正在对这些庞然大物进行拆解与维修。此时，这座机库的订单已全年排满，没有余力再接纳需要维修的飞机了。

半年之后，6月26日，杭州萧山国际机场，一座新的机库正式投入运营，3架空客A320飞机于机位上分别接受1C检、2C检及发动机更换（业内简称"换发"）。这是浙江第一座大型飞机维修机库。这座填补了浙江空白的机库，是长龙航空创新智能维修保障主基地的一期机库。

一

2021年底，国内有运输航空公司65家，民航全行业运输飞机期末在册架数4054架。而2013年底，长龙航空首架客机冲向云霄的那一刻，国内运输航空公司为46家，民航全行业运输飞机期末在册架数只有2145架。也就是说，短短9年时间，国内增加了1909架飞机。有一条非常简单的逻辑：当国内整个机队的规模在扩大时，飞机的维修保障需求也在上升。

这是现状，而对未来市场的预期更为乐观。波音在2015年就预测，未来20年中国将需要6330架新飞机，到2034年，机队规模将达到7210架。随着低空空域开放的扩大，航空维修的潜在市场也将被进一步挖掘。2019年9月，波音在北京发布2019版《中国民用航空市场展望》报告。报告称，中国当年的机队规模占世界民航机队的15%，到2038年，该比例预计将增加到18%。这一增长趋势将使中国在未来10年中成为世界上最大的航空市场，伴随而来的是3900亿美元的维修和工程服务需求。

前面说过，长龙航空在2021年产生的维修费用差不多是3亿元，平摊到每一架飞机上是500万元左右。这是一个非常保守的数字，一般飞机平均6年进行一次大修，而因为长龙航空机队的机龄普遍比较年轻，仅有十几架飞机经历过大修，这意味着更多的大修成本还在酝酿阶段。还有一个关键的数字也值得我们关注：长龙航空70%左右的维修保障工作由内部消化，只有30%左右需要送出去。

"3亿元这个成本是指送出去维修的30%，以及航材购买成本，没有将内部维修的人力支出包括在内。"刘建军告诉我，现在长龙航空维修工程师团队有六七百人，这也是一笔庞大的支出。一家刚刚迈入中大型航空企业阵营的航空公司就要面临这么大的维修支出，放眼国内航空业，这显然是一个非常可观的市场。在新冠肺炎疫情暴发之前，我国航空维修规模已达到872亿元，规模在"奔跑"，但这种激情并没有传递给国内的维修能力。

中国民航旅客运输量已经连续18年稳居全球前两位，要论匹配，我们应该成为全球重要的飞机维修基地了，但这一趋势显然还没有出现。有一组数据显示：国内维修单位只具备29%的部附件维修能力，全行业承担的维修产值不足市场总产值的 25%。维修能力没能及时跟上民航运输量的步伐，有很多因素，但如果先将原因抛在一边的话，可以发现一个区域的维修能力可以拉动产业聚集效应。

一个强大的航空维修产业，不仅能保障航班的正点运营，而且能成为激活地方航空资源、集聚高端产业要素、拉动地方经济增长的重要产业。在这个方面，欧美国家已经给我们作出示范，它们的航空业在世界运输市场占据重要地位，其航空维修业更是全球市场的引领者。

其实，国内主要维修企业与国外维修企业在业务构成上差不多，都包括发动机、机身、航线和附件维修四大块业务。要说差距，主要是被业务的深度和广度拉开的。而差距的产生还是因为国内航空公司对这块业务的理解不足。国内主要的维修企业，其主要业务来自母公司的支持，第三方业务占比很小。国内大多数航空公司都将自己的机库看作是航空公司机务维修力量的一部分，而不是将它当作一个独立的产业板块来对待。

这看似只是理念的不同，但背后涉及的是资源投入与政策倾斜。如果只是把机务维修当作维修力量的一部分，出发点就是成本思维，机库里所产生的消耗就会被当作一项成本加以控制；如果把机务维修当作一个独立的产业板块，出发点就是投资思维，认识到机库需要大量的资本、研发与人才，从而激活它作为一种产业的活力。

"国内一部分民营航空公司一开始连 A 检都要外包，到机队规模增长到三四十架的时候，才考虑把一部分维修保障业务拿回来自己做。"刘建军说。显然，这都是决策层出于成本考虑而非从投资角度出发作出的选择。在一些业内人士看来，如果航空维修不能上升到产业的高度寻求独立发展，那么它也就很难成为国际市场上的主角。

近两年，一些城市与企业也开始意识到这一点，广东开始打造世界级飞机维修制造产业集群，成都也在瞄准全球航空维修制造高地这一目标。而在过去的很长一段时间里，航空维修产业并没有在市场经济发达的浙江掀起波澜。"杭州萧山国际机场虽然是全国十大机场之一，但论机库，跟很多城市的机场没法比。你到西安咸阳国际机场、昆明长水国际机场去看看，那里的机库都是连成一排的，北、上、广就更不用说了。"刘建军说，浙江却连一座大型机库都没有。他告诉我，这可能也是受上海的影响，离上海太近了。"当然，过去没有本土航空公司也是原因之一，大型航空公司当然更愿意把资源投放到邻近的上海。"

就像长龙航空选择将总部放在浙江一样，这种空白有着自己的历史因素，但在一部分人看来，这也是解锁未来的密码。2019年12月30日上午，随着长龙航空GJ8888航班降落杭州萧山国际机场，旅客连先生走下飞机，成为杭州萧山国际机场当年第4000万名旅客。杭州萧山国际机场正式跃升为"4000万级"全球最繁忙机场，在新冠肺炎疫情暴发之前，机场上空每2分钟就有1架飞机起降。

在刘启宏看来，飞机在这里起降越频繁，维修保障的需求就越大。当然，并不是每一座繁忙的机场都能给民营航空公司这个机会，刘启宏坦言，因为是在浙江，长龙航空才有机会与勇气去建设自己的大型机库。

更让刘启宏有底气的是，2017年3月，浙江省公布《浙江省航空产业"十三五"发展规划》。该规划展望，到2025年，浙江省实现航空制造业产值3000亿元，通航运营服务业营业收入突破500亿元，打造成全国领先的航空制造高地、全国通用航空业发展示范省，使浙江省航空产业发展走在全国前列，航空维修也被列入产业发展重点。

二

从某种程度上说，MRO是一台永动机。MRO是英文maintenance、repair、operation的缩写，字面意思是维护、维修和运行，在民航业，指飞机维修、维护和大修。理论上，只要我们需要一架架飞机完成空中桥梁的使命，MRO就能吐出宝藏，顺着航线掉进永不停顿的产业发动机里。理由很简单：当民航运输业景气时，大多数航空公司会加密航线航班，扩大机队，对MRO的服务需求自然也水涨船高；行业不景气时，即便部分航班被取消，机器该检修的还是得检修。

只要飞机在，维修行业就不会消失。

空客曾在2016年作出预测，认为未来20年商用飞机售后服务市场的规模将达到3万亿美元，其中MRO市场规模将超过1.8万亿美元。不过，在民航领域，这些充满诱惑力的数字并不会像别的行业一般让淘金的人群一窝蜂地赶来。因为即便很多人揣着资金，也很难摸清楚这扇大门是朝哪个方向敞开的，它的安全风险、投资规模、产出周期等任何一个因素，都有可能第一时间吓退前来淘金的局外人。有数据显示，与普通产业7年的发展周期相比，航空维修市场的年增长率达4%—5%，其发展周期长达13年。

现在，进入这个场子角逐的有三类竞争者：原始设备制造商（OEM）、航空公司投资的维修企业、其他第三方机载设备维修企业。这是一个三足鼎立的局面，但这个三角结构的平衡也很容易被打破。其中，第三方机载设备维修企业数量虽然不少，但规模相对较小，没有明显优势，而OEM与依附于航空公司的维修企业手里则各握着一副独一无二的好牌：前者掌握着飞机的原始数据，后者掌握着飞机的飞行数据。

OEM的市场份额与影响力主要集中在技术含量较高的发动机和附件维修市场，其中发动机维修的比例更高。这是附加值较高的两个板块，不过OEM主要为境外企业，目前进入国内市场的OEM不多。在过去，很多发动机一旦出现问题就面临被送出境维修的情况。这也一定程度上催生了这个行业对国内维修企业的更多需求。

在这些局面叠加之下，依附于航空公司的维修企业将目光瞄向附件维修、大修、客改货等领域。比如长龙航空创新智能维保基地项目的维修项目就涵盖大修、客改货等深度维修工作，主要服务于国内国际航空公司、飞机租赁公司、公务机等。2022年6月投入使用的部分只是整个基地的一期机库，这座机库从2020年开始兴建，花了2年多时间交付运营。机库由维修大厅和附楼组成，总建筑面积18325

平方米，可同时停放 3 架窄体飞机或 1 架宽体飞机。机库可容纳宽体机 A330、A350、B787、B777，窄体机 A320、B737 等机型。

"对维修团队来说，一方面，原来在机坪上风里来雨里去的，有了机库，工作环境一下改善了。另一方面，每天晚上在杭州萧山国际机场过夜的飞机就有 200 多架，它们也会有维修需求。"刘启宏对于这个基地有更长远的战略考虑，这从基地的命名中就能看出一二，但他的描述并没有过多强调它的战略意义。

这很符合刘启宏一贯的风格，无论是在短时间里实现机队规模的扩大，还是一条条扶贫航线的开通，他始终只强调行动，很少谈及战略。不过，从一些简单的官方描述中，我们还是能了解到这座基地的雄心在哪里。

在机库投入运营之前，长龙航空大部分飞机要飞到日照维修。"我们比较过全国的价格，日照那边相对便宜。但长龙航空是没有飞日照的航班的，所以飞机飞到日照不仅要空机来回，还得安排机组人员跟过去。"王进告诉我。如果总部有维修基地，就可以趁着在机场过夜的飞行空档期对飞机进行维护。"就光是这一块，机库建成后，我们的成本就可以节省 10%—15%。更何况，我们还能承接第三方业务。"

不过，在日照的这一段维修时光对长龙航空来说并非完全没有进益。2019 年至今，长龙航空已在日照自主完成 A320 的 C1、C2 检共计 30 余架次，结合维修体系发展需要及市场需求，2022 年 6 月获取 A320（CFM LEAP）C2 检维修能力。按照计划，长龙航空还在

2022 年完成 A320 的 V2500/GTF 补差，并启动 A320 的 C3 检维修能力建设。

客改货，是这座维保基地特意强调的一项业务。一架飞机的寿命在 35—40 年，但它并非一辈子都在完成将旅客从一个目的地送到另外一个目的地的使命，它"后半生"大概率会成为一架货机。按照飞机的全寿命管理理念，最好的利润增长点就是进行客改货，客机被改装成货机后，可以继续服役 10—20 年，从而为航空公司和租赁公司创造更多收益。

以往部分老旧机型也会被转售到东南亚、非洲等地区，而如今持续旺盛的航空货运需求开始推动更多退租飞机进入客改货通道。眼下，我国大多数航空货运还主要依靠客机腹舱完成，货机贡献只有 1/3 左右，而美国货机的贡献率大约为 90%。专门为货运而设计的民用飞机还很少，大多由客机改装而成。

一般一架飞机会在执行客机任务 18—20 年时完成从客机改装为货机的身份转换，因为这个阶段之后客机维护成本会逐年升高。当飞机不再运送乘客时，其娱乐设施、座椅、餐板等就变得不实用了，要一一拆除；而飞机上高价值的发动机、控制系统等部件在改装前会被小心翼翼地拆下来保存，以待后期安装。拆除工作完成后，飞机要经历切割蒙皮、安装主货舱门、加固地板、恢复电气系统、喷漆、试飞等一系列客改货操作。客舱设施拆除后，飞机的维护成本将大幅降低。

对一个单价动辄上亿元的庞然大物进行改装，相当于做一场难度系数不低的外科手术。曾有人算过，如果独立计算，人体器官有 300

多个，而1架飞机涉及的大大小小航材就有26万个。在客改货的过程中，不变的是飞机原有的动力、飞控、导航等系统，改变的是电气、灯光、结构等布局。

波音在《2022—2041年商业市场展望》中预测，未来20年里，全球货机数量将增长80%，其中改装货机将占到交付货机数量的2/3。该报告预计约有2800架生产加转换的飞机交付，其中大约50%取代退役飞机，其余的将扩大机队以满足预计的客流量增长。

新冠肺炎疫情的发生，让国内公务机维修市场逆势上扬。将公务机送到国外定期检查或维修开始变得不方便，许多公务机运营商和飞机机主转而选择国内的MRO，作为国外MRO的替代方案，国内公务机的定检维修业务不降反升。

10年前，中国公务机市场处于飞速发展阶段，机队规模成倍增长。尽管市场火爆，维修业务却迟迟未成形。机主常常要把公务机送至大洋彼岸的美国进行定期检查或者维修，每年的公务机定期检查大多在新加坡完成，一来一回要几周甚至几个月的时间。现在，就公务机基础设施建设而言，中国已进入亚太地区第一梯队。

浙江因为民营企业多、市场经济发达，进出的公务机航班也很频繁。一个比较陈旧的数据显示，杭州的机场2014年公务航班量达到1066班，增幅达24.5%。当时，杭州公务航班已经呈现出逐年增长趋势，有业内人士预判杭州有望成为国内最大的公务机市场之一。

"听说我们的机库开建了，就有好几家公务机使用单位主动找上门来跟我们谈。"朱丹告诉我，对于公务机机主而言，在定期检查与维修之外，飞机的停放、航线时刻的申请、机组人员的配置都是市场的需求。如果将维保看作长龙航空一个独立的产业板块，未来这一块也将成为一条龙托管服务的突破点。

三

这个行业有自己天然的护城河，这种特性会拖住一部分看着蛋糕垂涎的投资者的脚步。它的门槛高，这个门槛不仅体现在资金量上，还体现在技术与人才需求上，这些直接将一部分竞争者拦在护城河之外。

对于航空维修而言，"一把扳手打天下"的时代早已被锁进历史档案馆。从 2009 年由波音公司推出全新型号 787 开始，飞机技术发生了日新月异的变化。比如大量复合材料的使用，不断将飞机运行数据传递到地面的传感器等，这些也将 MRO 企业卷入更大的资金与技术投入之中。而这些投入什么时候能产生收益，并不是一个容易回答的问题。这样的一问一答，会劝退好些资本，因为没有一个管理层有底气在自己的任期内保证投入会带来显著的利润增长。

在所有的技术应用中，大数据技术会在未来的飞机维修业务中扮演更加重要的角色。从理论上讲，大数据技术通过收集飞机的运营数据并对它们进行分析，可以帮助航空公司提高零部件和发动机的服役时间。这些数据由航空公司的飞机生成，由制造商跟踪，被维修企业使用。到底谁拥有这些数据？其衍生价值如何分配？其实这些关键问题还没有被厘清，就连探索都还有很长一段路要走。不过，可以确信的是，未来谁拥有可靠的大数据，谁就会占据售后服务市场的主导地位。

长龙航空创新智能维保基地项目是浙江省重点建设项目，这个项目无论从命名还是定位上都有一个不能忽略的关键词：智能。基地以实现维修智能化为目标。所谓"智能化"，就是将"信息数字化、生产自动化、过程可视化、结果可量化、决策智能化"融入维修生产和日常管理。

现在这么干的很多是发动机MRO企业，但最终整个飞机行业都将感受到数据分析所产生的巨大影响，它打开了视情维修的大门，可以为航空公司节省很多钱。这听起来是一项很有诱惑力的技术，当然并非所有MRO企业都会对它产生兴趣，甚至在一些完全没有航空公司背景的MRO企业看来，这就是一把双刃剑，因为它会拉长飞机的维修间隔，减少航空公司在飞机维修上的支出。

另外，预测性维修技术前期投入是巨大的，哪怕是选择购买平台服务的形式都需要付出高额的成本。与此同时，这种预测性维修有一个关键前提，就是MRO企业要取得足够庞大且有效的数据量，对于第三方MRO企业，这是实现预测性维修过程中很难闯过的一道关。它们手里没有飞机制造商的数据，要获得飞机的飞行数据也不是一件容易的事，大多数航空公司对于交出机队数据这件事并没有那么慷慨，甚至可以说极为谨慎。

摆在眼前的困难很多，而实际可能获得的收益却是难以计算的。

比如告诉航空公司，预测性维修能减少飞机停场的具体次数，从而提升飞机利用率，使运营收益升高；或者提前发现小故障，减少大修成本等。这些数据在账面上都不那么容易被量化与计算。怎么说服股东接受预测性维修方面的投入，以及说服航空公司交出自己的运行数据，是这类MRO企业需要解决的两大难题。

相对地，如果是一家有航空公司背景的MRO企业，它所面临的阻力会少很多，而源自内部的动力却大得多。这类MRO企业至少在获取自家航空公司的运行数据方面是不存在阻力的。在这部分数据的基础上，它们可以在长年累月的飞行跟踪、维修跟踪中搭建起自己的预测模型。

有一条如今广为人知的逻辑：当模型获得的数据越多，它学习到的知识也越多，从而让算法越来越精准，并在这个基础上裂变出更多有效的数据模型。更重要的是，它们没有第三方MRO企业对维修间隔变长的顾虑，维修间隔变长原本就是它们的驱动力之一。它们也不需要向自己的客户解释维修间隔变长可能带来的收益。

当然，它们也会遇到所有MRO企业都会面临的一个问题，就是其他航空公司不愿意共享数据。这是一个要交给时间才能破局的问题，在破局之前，它们至少能比另一类MRO企业先得到自家机队的运行数据，从而提早迈出一步搭建数据模型。所以，它们只需要在准备好资金与技术力量的同时，让自家航空公司的掌门人意识到大数据之下预测性维修的重要性。

偏偏长龙航空连这一步都可以直接跨过去，因为它的掌门人刘启宏是公司中最早认识到大数据之重要性并投身于实践与应用的人。

"拥抱数字是企业发展的使命，也是企业创新的态度体现。"刘启宏说。事实上，业内也认为，从某种程度上说，数字化是航空公司的最高形态。数据是基础，是航空业未来发展的决定性因素。通过有效的大数据采集、有序的大数据流动、科学的大数据分析，研究行业发展趋势，发现潜在商机，形成新的商业模式，对于提高安全品质、运行效率、经营和服务能力、决策和管理水平都至关重要。

刘启宏发现，航空业最大的特点就是产生大量的客流、物流、现金流、贸易流，同时产出各种大数据。随着人工智能、5G技术逐渐成熟，航空业对技术特别是数字技术的依赖性越来越高。"浙江省政府把'数字经济'作为'一号工程'来抓，杭州又是国家数字经济创新发展的试验区。我们始终在思考：身处浪潮之中，要如何成为浪潮？"刘启宏说，"作为航空业的代表，我们要打造航空服务业的数字创新高地。"

数字化应用必将深刻影响航空公司的未来。如果在数字化应用方面走在前面，航空公司或将迎来新的发展空间，如果无法把握住这座"金矿"，就可能落后于这个时代。然而，大数据驱动并不是建立技术团队就能实现的，而是需要整个公司内部构建鼓励冒险、宽容失败的创新文化氛围，以及要素齐备、运营高效的创新生态系统建设，培育适宜创新的"土壤""空气"和"阳光"。

四

不可否认，无论大数据如何逼近并影响MRO这个行业，有一个群体都无法被取代，就是机务维修人员。每一架飞机安全起降的背后，都站着对维修"锱铢必较"的工程师。

机务维修人员是行业的俗称，主要负责飞机适航状态检查并排除故障缺陷，其正式称谓为维修工程师。成为一名维修工程师，需要相对较高的资质，要获得大专及以上学历，要经过严格的培训，最终放行人员还要持有执照。

"技术人员的能力特别重要，他们是保障航空器持续适航和飞行安全的中坚力量，每一架上天的飞机都要经过机务的细致检查维修才能放行。"刘建军告诉我，维修工程师被称为"飞机安全的守护神"。这些"守护神"的培养周期很长：一名大学毕业生成长为一名合格的维修工程师，要经历数年的时间；而要成长为一名优秀的维修工程师，至少要经过10年的历练。

刘建军估摸了一下说："至少需要5—8年的培养，工作20多年才可能摸清整个飞机系统。"当这一群体的培养步伐很难加快时，国内飞机引进的速度却快马加鞭，显然市场供需优势站在技术人员这一边。

从2021年6月到年底这段时间，长龙航空要求公司级管理干部每月开展1次下基层活动、1次劳动日活动，部门级干部每月开展2次下基层活动、2次劳动日活动，分部级干部每周开展1次下基层活动、1 次劳动日活动，每月通报 1 次。刘启宏明确要求："干部下基层不能'作作秀'，而要真正'把腰弯下去'，发现问题，解决难题。"

管理干部不仅要下基层，还要参加劳动日"把手伸下去"才行。劳动日涉及航线、定期检查等共 16 个岗位，管理干部在取得一线岗位授权后直接参与一线维修工作，其主要目的是解决一线维修工作中遇到的问题，通过优化生产支持来提升一线维修工作效率。长龙航空还建立起两张清单，一张是正面的，一张是负面的，对于列入正面清单的积极鼓励，对于列入负面清单的则会严惩。每个人工作的优劣都有对应的奖励与处罚，长龙航空实行积分制，职级晋升与积分多少直接挂钩。

第十章 / Chapter 10

基业长青

追求利润，更追求广泛的理想

写到这里，对长龙航空的观察也接近尾声了。对于一家客运开航不过10周年的航空公司而言，显然还没有抵达它的伟大时刻，但也就是从短短10年的无数个时刻中，都能感觉到这是一家高瞻远瞩的公司。

《基业长青》一书中对于"高瞻远瞩的公司"有一个简单的定义：它们是为理念所驱动而不是纯粹为利润目标所驱动的公司。当然，不是说这类公司对利润或股东的长期财富没有兴趣，而是说，它们追求利润，也同样追求更广泛、更有意义的理想。追求利润的目标并不主导一切，但是高瞻远瞩的目光能够让公司在发展中同时达成两种目标。

就像《基业长青》的作者所说，利润就像人体需要的氧气、食物、水和血液一样，没有它们，就没有生命。但是，这些东西不是生命的目的。

一

我所接触过的每一个长龙人，都对自家公司的成长性充满了期待。这些从大型航空公司出来，抱着与这家新生航空公司一起成长的念想而聚到一起的人，在陪伴公司走过第一个10年之后，这一想法非但没有减弱，反而越来越强烈。"谈恋爱、结婚、生子，我人生中的很多重要时刻都是在长龙航空完成的，我要在这里退休，等小孩长大了，还要推荐他来这里工作。"有一个年轻的长龙人这么告诉我,她边上的同事笑着打趣:"可以给你的忠诚度打 100 分。"

其实,这不是单单用忠诚度可以解释的,对公司的成长性没有足够的信心,不可能有这样的人生打算。也可以解释为,这只是一句玩笑话,但日常沟通中的自然流露或许正是一个人最真实的想法。

这些没有经过手工特调的"真",说明这家航空公司所坚持的理念与它的实际步调是一致的。很多公司的掌门人会谈到自己的社会责任与崇高理想,但少有人像刘启宏那样,在机队羽翼还没有丰满时坚持将航线开往老少边穷地区,在自身行业受到重创时义无反顾地让一架架包机深入疫情重灾区。有些公司所履行的社会责任,往往处于与自身产业割裂的状态,或许会设立一项公益基金,或许会捐建一座希望小学,更用心一点儿的,或许会用一个独立的板块去实践自己的产业扶贫。而刘启宏是将"社会责任"这 4 个字融入自己所开辟的航线,这种责任感是融入肌理又深入骨髓的。

问起一般公司常做的那些公益事业,刘启宏将接力棒递给了其他长龙人:"我们公司很多人在默默做公益,你可以去问问他们。"

作为一名机长,王河从大学毕业以后就一直默默资助一批又一批学生。等他从一个稳定的体制内岗位出来,加入长龙航空的飞行队伍,丰厚的薪资待遇让他在这条公益道路上越走越远。"我已经记不清资助了多少个学生了,大多数都没有见过面,他们也不知道是谁在资助。"王河资助学生都是通过在教育系统当老师的亲戚,选择生活困难、品学兼优的学生。

王河掰着手指算了一下，他资助第一批学生是在 2004 年，距离 2022 年已经 18 年。"不出意外，这批学生已经参加工作了。当时能力有限，只是资助他们完成了义务教育阶段。"王河记得当时资助的数目也不是很大，一年几千块钱。"我当时也不过是一个月薪三四千块的普通公务员，当了机长之后，月薪高了很多，每个月可以用来资助的钱也多了很多。"现在王河每个月有一笔固定的开销用于资助学生，在五六千元左右，有时候还会有额外支出。

　　2022 年，王河资助了三年的一名高中体育生想冲刺理想的大学，需要 3 万元补习文化课。这笔钱对于王河而言，金额不小。"一次性拿出 3 万块钱，我也有点儿头疼，但还是咬咬牙给了。"

　　另一名受资助的青岛大男孩在王河眼里特别内向，2022 年疫情不是很严重的时候，王河还计划了一场简单旅行。男孩儿跟着王河从杭州坐火车到温州，又从温州飞到临沂，接着从临沂飞到西宁，最后从西宁飞回了青岛。在这趟旅行之前，男孩儿还没出过远门。让王河印象深刻的是，见到男孩儿的时候，他脚上穿的鞋是王河几年前送的。到了杭州，王河又从里到外给他置办了一身新的行头。

　　那天问起王河有没有计算过这么多年前前后后资助了多少钱，他说从来没有。现场粗略地估算，王河个人的资助金额已有几十万元。在王河眼里，这也不是一件稀罕事，身边默默资助别人的同事有很多。

　　长龙航空客舱部甚至因为大家做着同一件事，干脆自发形成了一个公益组织。无论是公司的还是社会层面的活动，这个组织都会快速行动起来，有时候都说不清这个组织实际属于哪个单位。组织内的成员都是利用休息时间，参与各类公益活动。"大家平时都有飞行任务，都是趁没有飞行任务的时候参加。"李倩倩也是客舱部的一员，她会在没有飞行任务的时候抽空策划一些公益活动。

"这个组织形成之前，大家都自顾自地做着一些公益活动，因为我们的航线很多是飞往老少边穷地区的，对那里的一些情况是实地感受过的。"有了组织之后，他们定期向这些地方捐赠一些过冬的物资与图书。

从2014年开始，这个公益组织开展的捐衣活动已有12期，一对一资助浙江省淳安县、贵州黔东南、四川大凉山等地的贫困学生已有8年，结对帮扶的学生超过30名。除了这种长期组织的公益项目，他们每隔一个月就要组织一场主题公益活动。"我们组织的活动，大家都是抢着参加的。"许海亚也是客舱部的一名乘务员，她加入长龙航空的第一年也想参与一个捐助项目，想不到却被告知捐助名额已经没有了。"大家都想捐，也不留名，就是每年固定地给对方打钱，没有人会想着告诉对方我是谁，是哪个公司的。"

第二年，许海亚要求参与捐助的时候还是没有得到名额，直到第三年。"我的上一份工作也是乘务员，但在其他航空公司没有感受过这种氛围。"作为各类公益活动的策划者，李倩倩更能感受到大家对于这份公益事业的热情："经常有同事追着问下一个活动什么时候组织，天一冷，大家又开始追着问捐衣活动什么时候开始。"

在长龙航空，不单是做公益，见义勇为的故事也经常发生。2020年8月，长龙航空维修工程部的工作人员老聂把两个素不相识的小男孩儿从死亡线上拉了回来。"当时我正带着孩子在浅水区玩水,突然听到呼救声,四处张望,发现远处两个男孩儿正在水里沉浮、挣扎。"凭借经验,老聂知道孩子肯定溺水了。"我看没人过去救,就让妻子管着孩子,马上跳进了水里。"老聂说,当时衣服、裤子、凉鞋都来不及脱。

2021年5月,一面印有"见义勇为 挺身而出"的锦旗被送到长龙航空总部大楼。锦旗所表彰的故事发生在当年3月25日。那天下午,在杭州萧山区义蓬购物中心门口发生一起车祸。"我是空乘人员,也曾当过护士,学习过专业的急救知识,请让我来!"一个急促又清亮的声音穿过人群,请命救助伤者。这个冲到交警面前请命的人是长龙航空客舱部乘务员张艾,她当时正在休假。她的请求得到了交警的同意。

她跪在伤者身旁,按照日常训练的空乘急救知识和实操救助经验,观察伤者的瞳孔是否放大,并在伤者耳边呼唤,直到伤者眨了眨眼表示意识清醒,她继续观察伤者的生命体征。120救护车到达现场后,张艾立刻向医生说明现场情况,并协助急救团队把伤者抬到救护车上。在医院进行详细的检查后,医生对张艾的表现给予了肯定。

此后,张艾从来没有提到这件事,直到收到锦旗。

这种氛围究竟是怎么形成的?大家可以零零碎碎说出很多故事,却很少有人能归纳其成因。拿公益来说,有些人认为,是从别的单位过来的人一直有资助的对象,不想因为跳槽而中断了资助,久而久之,其他人也受到了影响。这个说法有一定的道理,却又好像不能说明全部。"我们有些航班客座率并不高,但还是坚持在飞,为什么?因为带动一个地方的经济发展,首先要把这个地方的人气带起来。"许海亚说。在大部分长龙人看来,这种氛围是被一股自上而下的力量影响的。

在他们看来,董事长刘启宏就是一个拥有大爱的人,他会自发地参与国家的一些扶贫项目与紧急救援项目,扶贫项目往哪儿走,航线计划就跟着往哪儿走。"这种贯彻公司整个发展的理念,是可以一层一层地向下影响到每一个人的。"一些长龙人告诉我。而且,这种大爱不是宏大的、抽象的,而是能具体落到每一个员工身上的。许海亚是一个较早感受到这种大爱的人,面试当天,她就认定了这家航空公司。

那天,面试结束之后,从省外过来的许海亚准备坐飞机返程。那是 2013 年底一个下着雨的日子,因为参加面试,许海亚和几个一同面试的人都穿得比较单薄。当时长龙航空总部大楼虽然靠近机场,但并不好打车,迟迟打不到车的她们等来了一辆从公司园区开出来的商务车。里面的人问了她们的情况就喊她们上车。"要不是驾驶员后来告诉我们,我们都不知道当时车上的人是老板和几个高管。"许海亚说。她从来没有想到一个老板会绕路送几个来面试的人。

"那你也不算什么,我来面试的时候,老板还请我们几个吃火锅了呢。"一旁的乔波听了许海亚的故事,插了一嘴。这些仍在一线服务的长龙人如今回想起面试那一刻,才发现让他们下定决心从一家大型航空公司出走,加入一家名不见经传的航空公司的理由可能就是这

些细节。

在公益活动方面，长龙航空还有一个比较有意思的地方：让中高层管理人员一起参与。长龙航空曾多次资助贫困学生，但都是以管理人员个人的名义，资助金额却是管理人员与公司各出一半。刘启宏大概是想通过这种方式，自上而下营造出一种浓厚的氛围。"火车跑得快，全靠车头带嘛。"王河笑着说。

这也是刘启宏了不起的地方，他不是一个人在追求进步与卓越，而是用一种润物细无声的方式，带领公司内部所有人走向进步与卓越。

二

王瑞是长龙航空食堂的面点师傅，只要是工作日，他的团队都会在凌晨4时20分左右起床，在5时之前赶到航景路89号公司总部的食堂开始一天的忙碌。"5时必须到岗，因为6时20分之前要完成五六百份一线员工的餐食。"这样的外带餐食，王瑞的团队每天要打包五六百份，多的时候要打包800多份。

因为每天都有很多机组人员、维修人员等不能到食堂吃早饭，王瑞的团队就会帮他们准备好摆上柜台，到了就取走。从到岗到摆上柜台的1.5小时里，王瑞的团队要炒米饭、蒸馒头、煮鸡蛋、熬粥、烙饼……"大家都在忙活，忙活的事情不一样。"王瑞告诉我，"不过目标是一致的：在6时30分之前把早点都准备妥当。"

王瑞的团队最拿手的活儿是面食。每一个前来长龙航空的客人都会被"安利"一碗 biang biang 面，面条只有宽宽、长长的一根，口感筋道。哪怕是天天在食堂吃饭的长龙人，也时常为了这一口面，去绕了几道弯的队伍后面排队。就连附近机场驻场单位的同行，有时也会慕名前来。"在疫情之前，我们的面粉、醋、菜籽油都是搁西安用咱们自己的航班空运过来的。"王瑞说，被列入空运名单的还有辣椒，"我们用的不是本地辣椒，而是陕西的秦椒。那是辣椒之中的佳品，人称'椒中之王'。"王瑞告诉我，千里迢迢把食材和调料从西安空运过来，都是刘启宏要求的。

对于这一点，刘启宏有自己的一套简单而又接地气的逻辑。"我们公司的员工很多是西北人，特别是维修工程师，我就想着让他们在杭州能吃到家乡的味道，能把心定在这儿，把飞行安全保障做得更好。"他并不掩饰，"有点儿'要抓住他的心，就先抓住他的胃'那个意思。"

在王瑞看来，从山西空运过来的食材成本高了不是一点儿半点儿，不过，要不是受疫情影响，食堂还是不会选择就地取材。"就地取材后，食材品质可能有点儿不一样，但口感上是不会下降的。我们会选择本地等级较高的食材。"王瑞原先在西安一家国企当主厨，一开始从西安到杭州，是因为接受了一项委派任务：对长龙航空的面点团队进行培训。

对于那段日子，王瑞有着清晰的记忆。2018 年 5 月 28 日，是王瑞从西安抵达杭州的日子，培训为期 1 个月。在那 1 个月里，长龙航空相关部门的负责人曾多次向王瑞表达希望他留下的愿望，只是一开始王瑞不留下的理由远远多于留下的理由。"杭州和西安差着1300多千米，当时家里的小孩还在上初中，家里人也觉得我留在西安更合适。"但这些理由最终都没有阻止王瑞留下来，2022年已是他在长龙航空的第四个年头了。

究竟是什么原因让王瑞选择留下？除了一份更加稳定的工作之外，让王瑞下定决心的是整个公司的氛围。"这里的中高层领导都很包容，遇到问题可以敞开了跟他们说。"王瑞说，领导们会耐心地倾听并尽可能地帮助解决。王瑞碰到刘启宏的机会并不多，能和他沟通上几句的机会更少。然而，难得见到的几次，每次刘启宏都会问他："有多久没有回老家了？在这里工作怎么样？"

王瑞对刘启宏的评价很高，他说没有见过如此有气魄的老板。正因为这一点，王瑞还从西安叫来了几个跟随他多年的同事，组成了一个小团队。"老板当年对团队作出的允诺，都一一兑现了。"前面说过刘启宏喜欢美食，他出差去其他地方吃到喜欢的美食，就会建议王瑞的团队去学习一阵子，回来给长龙航空食堂的菜单上添一道新美食。

刘启宏或者其他领导很少跟王瑞提"食品安全"以外的要求，但王瑞的团队给自己定了一个小目标：一周内菜品不得重样。"要让每个人都满意很难，但至少可以让大家吃个新鲜。"

我见到王瑞是在2022年11月底，这时候杭州开始降温，王瑞为了让长龙人每天都吃上热气腾腾的菜品，又琢磨了好几道面点。粉汤羊血配馍就是其中一道。"把油炸的腐竹、老豆腐、鹌鹑蛋等搁汤里边儿一烫，汤是咱们熬的秘制骨头汤，出锅就是热气腾腾的一碗。"

王瑞说，再配上那个馍，冬天吃起来就感觉麻辣鲜香。"冬天要是吃干拌的面，还没等你找着座位呢，可能就凉了。"

肉夹馍也是长龙航空食堂的一绝，外酥内香，肥瘦相宜，口感让人叫绝。王瑞的团队几乎每天都要做肉夹馍，早前每天做300个，"根本不够卖"，现在每天要做500个，仍然一抢而空。随着长龙航空机队规模的不断扩张，来自全国各地的员工越来越多，王瑞希望自己的美食能适应更多人的口味。

休假的时候，王瑞喜欢到杭州比较有名的小吃街去逛逛。"有些东西光听人说好吃不行，得自己去品尝。"吃到美味的，他就会想法子在食堂做出来。现在为了方便员工，他们还推出了外卖，员工可以在线上提前一两天下单，到了时间去自提。外卖包括馒头、饺子等多种面食。这样的待遇虽然在一些体制内单位并不算什么，但放到一家还在加速发展中的民营企业，还是非常少见的。

三

2022年暑假，刘启宏用来招待宾客的10多米长桌上迎来了一批又一批小客人。他们几十号人围坐在一起叽叽喳喳，面前摆放着精致的儿童餐，有意大利面、烤鸡翅和冰激凌，桌子中间整齐地摆放着一列吉祥物和机模。小客人们哪儿见过这阵仗，一下子闹腾开了。

这些小客人大多来自杭城中小学，他们刚刚在长龙航空总部大楼上完一堂生动的航空知识课，被载到机坪上的维修机库看了真正的大飞机，又马不停蹄地跑到航材库围观了飞机内部的零部件。一上午的行程被安排得满满当当，原以为行程表上的航材库会是冷门，但没想到，这些小客人围着讲解的工程师，对航材库里的发动机、黑匣子等零部件产生了浓厚的兴趣。这样的航空研学，长龙航空利用暑假2个月免费办了很多期。

小客人可以从这里得到很多关于飞机问题的解答，比如：飞机是怎么飞起来的？飞机为什么不会迷路？飞机在空中的时候为什么会拖着白尾巴？神秘的黑匣子真的是黑色的吗？

航空研学的点子是研学项目分管领导朱丹提出来的，刚开始支持这个点子的人并不多，觉得这件事跟他们的主业关系不大。一开始提出这个点子，朱丹的想法既纯粹又接地气：一是先把浙江的客户群体聚集起来，二是输出长龙航空的品牌形象，三是为即将建成的创新智能维修保障主基地的工业旅游探路。"虽然是浙江本土唯一的航空公司，但听说和了解长龙航空的浙江人还只占一个很小的比例。"朱丹希望通过一种更有益的方式，提升长龙航空在终端市场的影响力与知名度。

从2021年3月开始，长龙航空组织的"航空知识进校园"系列活动不定期展开。长龙航空组队带着航空知识进入校园，短短1个小时，教员们用风趣、生动的语言与学生来一场互动。教员们是经过精心挑选的，在1小时的活动里，安排了飞行员、维修工程师、安全员、空乘等专业角色。活动内容不仅有专业知识解读，而且涉及与师生礼仪相关的内容输出。

最初，长龙航空组织这类活动要找学校沟通，让对方清楚地了解活动涉及的内容与希望达成的效果，努力说服对方。在双方沟通中，长龙航空是那个绝对主动的角色。让朱丹意外的是，这样的局面在几次走进校园之后很快得到了扭转，越来越多的学校主动找上门寻求合作。"有些学校原定一个年级的学生参加培训，看了课程设计与彩排后又调整到两个年级。"朱丹说，"很多错过活动的学生都来问我们还会不会再去一次。"

在与学校的合作、磨合中，"航空知识进校园"系列活动也探索出了更多新玩法。

学校提出，希望长龙航空制定"一校一策"的服务制度，将学校需求融入课程设计。"比如，很多学校有自己的科技活动周，他们就希望我们的课堂能放在那段时间。"长龙航空课程设计负责人解释。"一校一策"，意味着课程设计、教研内容以及PPT都无法一套模板用到底，这与长龙航空以往针对专业人才的培训经验是不同的。"每场活动下来都会有复盘，针对各个年龄层的接受能力，作研究之后将课程内容再次完善。"

长龙航空设计的课程针对小学、初中、高中3个阶段。针对小学与初中阶段，公司会安排一线骨干讲师进行授课，普及航空常识；针对高中阶段，则会安排高管级别的讲师进行授课，用他们自身的经历来分享对航空这一职业的梦想。配合该系列活动的进行，长龙航空还为对应学校的教师提供机票优惠福利包，让教师享受与公司员工相当的内部折扣。

长龙航空希望利用这些活动回馈社会、反哺教育。但课程设计事实上已超出这部分收益，让更多中小学生对航空这一职业有了更深入的认识。当走进校园的机会越来越多时，朱丹希望能在更多学生的心里播下一粒粒航空的种子："我觉得作为一家企业，在培养下一代方面应该多少发挥点儿作用。"

人才缺口一直是困扰民航运输业的问题之一。几年前，曾有机构大胆预测，到 2020 年，中国民航专业人才的需求缺口或达百万级。

眼下看来，受新冠肺炎疫情影响，这一缺口还不至于达到如此触目惊心的量级，不过，一组机场数据显示，中国机场建设一直保持在较快的速度。"十三五"期间，我国民航基础设施建设总投资 4608 亿元，创历史新高，新建、迁建运输机场 43 个，区域枢纽机场发展迅猛，全国千万级机场达到 39 个。

2021 年，是中国民航大学建校 70 周年。它在 70 年里培养了一大批服务于民航运输业的高端人才，校长丁水汀按大脉络把人才培养分为 "30 年 + 30 年 + 40 年"。

他说，中华人民共和国成立后的 30 年是 "起步 30 年"，这个时期是 "军航代民航"，主要培养机务和空管的技能型人才。接着是 "跟进 30 年"，中国开始用大量欧美装备建立起真正的民航，在培养高水平应用型人才的同时，了解和引进国外适航规章，建立自己的规章体系。之后进入 "自立自强 40 年"，对人才的需求转向 "创新型人才的培养"。

不过，要真正培养适合未来发展需求的民航人才，并不是一件简单的事。国内的大部分学生对民航运输业的印象仍停留在飞行员、空乘等大众熟知的岗位上，对于运筹学、程序管制、航空气象学、航空公司运行控制、飞行计划等学科的认知却处于空白状态。

而国内输出民航专业人才的速度，仍未能跟上中国民航发展的步伐。业内人士常用一组数据对比凸显中国民航从业人员在数量上的更大需求：目前国际民航平均人机比是 100 ∶ 1，而我国民航业平均人机比是 200 ∶ 1。

民航专业人才的培养不是一件一蹴而就的事。曾有专业人士指出，购买引进飞机的数量可以年均增长百分之十几到百分之几十，可是飞行人才培养在安全第一的前提下，受教学资源、体制等多方面限制，很难有大的突破。航空公司自身具有特殊性，航空相关法规规定，航空从业人员必须达到一定的经验积累才符合行业的要求。而针对处于安全最前沿的飞行员和维修人员，这一点尤为严格。如此一来，此类人才的培养周期被拉长。

其中，飞行员的培养更是一个复杂的系统工程。飞行员除了要掌握相关的理论知识和接受模拟机训练之外，还要积累各种气候条件下的飞行经验。中国民航局总飞行师于振发曾解释："如果从高中毕业生开始培养一名副驾驶员，约需要四年半的时间；如果从大学毕业生开始培训，约需要两年时间；从担任副驾驶员开始到担任机长，至少需要 8 至 10 年。"

由此，超预期的航空人才需求与人才培养长周期之间的矛盾日益突出，核心技术人才的短缺，尤其是经验丰富的高级技术人才匮乏，成为制约中国民航运输业未来发展的重要因素。

四

在美国，从20世纪90年代开始有一项"雏鹰计划"。

这项计划由美国实验飞机协会发起，向8—17岁青少年提供乘坐通航飞机体验飞行的机会，同时公益性开展航空科普教育。该计划自1992年发起以来，已有超过43000名志愿飞行员驾驶他们自己的飞机或租来的飞机参加带飞活动，有来自90个国家的200多万名青少年体验了通航飞行。

这场活动，放在每年7月的最后一周。活动中，你可以感受到所有参与者对飞行的憧憬与热爱，让飞行与飞行规则不再是远离百姓的神秘元素，而是能让普通大众广泛参与、体验的事务，这种切实的体验与其他交通出行方式并没有什么不同。在活动中，青少年们可以看到特技飞行表演，航空套材、零部件销售，参与室内外的航空论坛、讲座，展厅里也有供孩子们体验的飞行模拟器、与航空有关的各种玩具等。

根据美国实验飞机协会的调查统计，参加"雏鹰计划"的青少年成为飞行员的概率，是没有参加的青少年的5.4倍。"雏鹰计划"是一项很有意义的事。尽管不是每一个参加计划的孩子都会成为飞行员，但是飞行经历会让每个参加活动的孩子对这个领域、这个世界有一种新的认识与看法。在那里，孩子们可以亲手组装甚至体验飞行，从而激发其对飞行、对蓝天乃至对宇宙的兴趣与创新热情。

长龙航空也希望通过开展"航空知识进校园"系列活动和航空研学课程打造中国版"雏鹰计划",活动的口号是"播下一粒航空种子"。这些系列活动单次看起来规模不大,却是一项繁杂的工程。长龙航空办一场活动,几乎是调动整个公司的体系,成立了专项工作组,工作组包含协调组、课件组、商务组。

"每次行动都会涉及飞行、维修、客舱、地服、保卫五类讲师,一场下来,演职人员加上讲师就需要超过20人的团队。"研学项目分管领导朱丹解释。这些工作人员都是趁没有飞行任务时抽出时间参与这件事。"大家为了课堂效果都非常认真,一位飞行员讲师可以在家里反复练习几十遍,晚上11时发给指导老师练习视频,早上7时又发一份。"

对于航空公司而言,这是一件相对耗费团队精力的工作,所以,迄今为止,还没有一家航空公司愿意规模化地开展这类活动。但在长龙航空看来:"航空公司对于高精尖人才处于渴求状态,我们仍在追赶发达国家在航空事业上的发展速度,这需要相对漫长的发展过程,需要全生命周期地缩短与它们之间的差距。"

尽管长龙航空并不避讳该活动在航空公司与其他单位之间能达成"优势互补、资源共享、互惠互利、共同发展"的双赢局面,但在参与这类活动的工作人员看来,公司希望达成的社会效益远高于经济效益:"几场活动下来,我们一次都没植入过自己的广告。"

浓厚的飞行文化氛围是由多方面因素形成的。在一些国家,大众的认知里，无论驾驶汽车还是驾驶飞机，都是一样的，所以飞行并不特别神秘，人们更多将驾驶飞机看作是一种比驾驶汽车更高等级的技能或者兴趣爱好。与此同时，有些国家对飞行员理论素养的要求非常高，一名飞行员在飞行训练前必须取得英语模拟陆空通话考试合格证、飞行专业英语考试合格证、航线运输驾驶员执照理论考试合格证、商用驾驶员理论考试合格证、仪表等级理论考试合格证。

在航空研学的课堂上，长龙航空的课件不仅涉及操作知识、物理常识，而且飞行员当场用流利的英文提问，这都让学生们真切地知道当下需要学习哪些知识才能接近航天梦。

打造中国版"雏鹰计划"是一个持续且漫长的过程，事实上，以长龙航空现状，也只能完成这个计划中极为微小的一部分。要知道，在美国，每年一届"飞来者大会"，上万架飞机密密麻麻停放在地面，而且吸引的是几十万名观众。有的家庭举家出动，开着房车，在大会举办地搭起帐篷住上几天，观看飞行表演、学习飞机制作等知识成为他们休闲度假的一种方式。举办一场"飞来者大会"，能给当地和州的经济带来约 1.1 亿美元的收入。

在美国，这已是一项全民皆知的活动，而长龙航空眼下做的不过是一个不起眼的开头。不过，它现在所播下的种子，谁也说不准哪一天就长成了参天大树。

参考文献

1.《国际航空运输协会 2013 年年报》。

2.［美］吉姆·柯林斯、［美］杰里·波勒斯：《基业长青：企业永续经营的准则》，中信出版社 2002 年版。

3. 钟山：《"干支通　全网联"大有可为》，《今日民航》2022 年第 1 期。

4. 张逸俊：《浅谈预测性维修对航空维修业的影响》，《航空维修与工程》2021 年第 2 期。

后记

第一次接触长龙航空是在民航第二次"开闸"的当口,我在浙江省内一家财经期刊当记者。"开闸名单"里有一家浙江航空公司,引起了我的好奇,尽管这则新闻在当时可能并不起眼。我找到长龙航空的联系方式,拨电话过去,辗转找到他们对外宣传的部门。对方说他们正忙着接飞机,暂时腾不出人手来接受采访。

说实话,这个理由听起来并不委婉。后来才知道,那个阶段他们确实忙得昏天黑地又焦头烂额。加了QQ后,这事也就搁下了。2017年左右,那个QQ头像又一次亮起,对方说明来意,希望有机会和我所在的期刊合作。这对杂志社而言,自然是一个好消息。

从那个时候开始,我有机会重新认识与深入了解这家航空公司。跟踪这家航空公司时,我跟很多人一样有一个疑问:为什么它能发展得这么快、这么稳?一开始,我接触这家航空公司其他管理层的机会并不多,很多报道只能说是蜻蜓点水,但我对它的发展逻辑充满了好奇。

　　因为有了合作，我和长龙航空宣传部门相关负责人的接触日益增多，他们的专业与执着令人钦佩。大概3年前，我们提及一个话题，那就是能否让更多的人了解长龙航空是怎么成长起来的，有可能的话，形式是一本书。没过多久，我们便愉快地达成共识，长龙航空宣传部门愿意联系内部各个体系为采访提供便利，并一同深入探讨与行动，大到搭设框架，小到考究用词。在此，我们感谢为本书的采访提供帮助与支持的长龙人，他们在一到两个小时的采访和随后的谈话中耐心回答我们的问题，展现了一个真诚、拼搏与向上的长龙航空。

　　感谢刘艺、党建平、朱丹、郑东、王健、王进、王宏、王玉国、刘建军、徐文龙、孙寅、余倩、顾建华、黄小翔、顾杨波、严渊、王河、汪涛、许海亚、李倩倩、乔波、王瑞、徐业刚等为本书提供的支持与帮助。特别感谢邓珍妮从本书的策划、采访到出版提供了全程的支持与帮助，没有她的帮助，我们很难在短时间内联系到最合适的采访对象。最后感谢很多业内人士在成稿后给出很多指导，让我们避免了一些专业领域的错误，如果还有疏漏，错在我们这些局外人对这个行业仍存在很多认知盲区。

　　不得不说，很多企业有的短板，长龙航空也有；但很多企业没有的优点，长龙航空也有。这是一个极有冲劲的团队，当别人都在求四平八稳的时候，它在寻求突破。如果说一开始这种寻求仅仅是为了生存，那么后来已经成为一种习惯。10年里，刘启宏连续不断地提出目标，又一个一个地实现了。尽管在团队眼里，那些目标最初也像极了老板画的一张一张大饼，但现在他们对每一个新提出的目标都笃信不疑。

这些人加入长龙航空之前，并不坚定地认为它会成为一家规模较大的公司，但他们还是义无反顾地从过去的办公大楼跳槽到杭州萧山一栋破旧的两层小楼内。他们本质上也是一些不甘于现状、寻求突破的冒险家，他们的性格里多多少少有着与刘启宏趣味相投的部分。

刘启宏定下的高远目标之所以能够实现，其中的关键就是这支团队。他们的执行力之强、效率之高，让所有模糊而又远大的目标逐渐清晰、坚定地走进现实。

如果本书能让大家对民航业、航空公司有一点新的认识，对大家所处的行业有一些启发，那就是对我们的创作最好的交代。

图书在版编目（CIP）数据

生长如潮：你不知道的长龙模式 / 吴美花，高国军著 . -- 北京：红旗出版社，2023.11
ISBN 978-7-5051-5363-9

Ⅰ.①生… Ⅱ.①吴… ②高… Ⅲ.①航空公司—企业史—史料—浙江 Ⅳ.①F562.6

中国国家版本馆 CIP 数据核字（2023）第 198278 号

书　　名	生长如潮——你不知道的长龙模式
著　　者	吴美花　高国军

责任编辑	赵　洁　刘云霞	封面设计	董托龙
责任校对	郑梦祎	版式设计	高　明
责任印务	金　硕		

出版发行	红旗出版社		
地　　址	北京市沙滩北街 2 号	邮政编码	100727
	杭州市体育场路 178 号	邮政编码	310039
编 辑 部	0571-85310198	发 行 部	0571-85311330
E-mail	498416431@qq.com		
法律顾问	北京盈科（杭州）律师事务所	钱　航　董　晓	
图文排版	浙江新华图文制作有限公司		
印　　刷	杭州广育多莉印刷有限公司		
开　　本	710 毫米 ×1000 毫米	1/16	
字　　数	263 千字	印　张	23
版　　次	2023 年 11 月第 1 版	印　次	2023 年 11 月第 1 次印刷
ISBN 978-7-5051-5363-9		定　价	88.00 元